위대한 목회

후배들과 나누고 싶은 목회 이야기!

위대한 목회

이천휘 목사 지음

나침반

위대한 목회를 향해 달립시다!

목회는 주님께서 맡기신 양을 먹이고 보살피는 일(요한복음 21:15-17 참조)로서 생명을 살리는 일이기에, 위대한 일이라고 믿고 있습니다. 그리고 주님께서 저를 이 위대한 일을 위해 부르심에 평생 감사하고 있습니다.

35여 년 전 지금의 부평제일교회 건물을 짓기 시작했습니다.

그 전까지는 20평 남짓 되는 작은 단독주택이 예배당 겸 사택이었습니다.

그런데 한 교회에서 심심한 유감을 표해왔습니다. 그리 멀지 않은 곳에서 사역하고 계시던 목사님이었습니다. 인천의 작전동은 자기네 교회 지역이기 때문에 여기에 개척하면 안 된다고 저를 점잖게 타이르셨습니다.

그 교회와 우리 교회는 1.5km 정도 떨어져 있었습니다.

두 교회 사이에 다른 교회들이 여럿 있었는데도 유독 우리 교회만 내키지 않아 했습니다.

사람들의 왕래가 극히 드문 동네였습니다. 허허벌판에 80여 채 집이 모여 있는 게 다였지만 아무리 설득을 해도 고개를 가로 젓기만 할 뿐이었습니다. 같은 감리교단에 속해 있다는 것이 그 이유였습니다.

　그러나 다행히 시간이 지나면서 저를 인정해주셨습니다.

　제가 나름 열심히 목회하고 있고, 우리 교회에 적게나마 사람들이 모이고 있다는 얘기가 좋게 전해진 모양이었습니다. 그리고 그 목사님은 지방회의 감리사가 되셨습니다. 제게 미안한 마음이 들으셨는지 어느 날 저를 봤으면 좋겠다고 연락이 왔습니다. 개척 교회를 돕기 위해 모아놓은 지방회 예산 5백만 원 가운데서 2백만 원을 저에게 건네주시겠다고 했습니다.

　"감리사님, 저는 고생을 좀 더 하겠습니다. 저보다 더 어려운 처지에 있는 분을 도와주시지요."

　당시 부평제일교회 부근의 땅이 한 평에 7만 원씩 거래되고 있었습니다. 부지를 30평이 가까이 구입할 수 있는 제법 큰 금액이었습니다. 당시 제게는 교회 건축이 가장 큰 화두였습니다. 반가운 소식이 아닐 수 없었습니다. 수중에 아무것도 가지고 있지 않을 때였습니다. 그 돈이 들어왔다면 정말 많은 도움이 되었을 것입니다.

　그럼에도 그 목사님의 제안을 거절했습니다.

　하나님이 아닌 다른 데에 손 벌리면서 목회하고 싶지 않았습니다. 다른 무엇보다 사람에게 의지하려 했던 제 속마음을 그만

봐버린 이유가 가장 컸습니다. 하나님 앞에 제 뜻을 내려놓는 시간을 가져야 했습니다. 마음이 아팠습니다. 열정을 가지고 하나님께 헌신했지만 저는 그저 작고, 연약한 존재일 뿐이었습니다.

개척 후 3년 만에 교회 건축을 시작했는데 실제로 2백만 원이 모자라 교회 건축이 가로막히는 상황은 벌어지지 않았습니다. 건축에 필요한 모든 것이 적절한 때에 가장 적당한 방법으로 채워지고, 더해졌습니다. 처음부터 마지막까지 하나님이 친히 이끌어주셨다고 저는 지금도 고백하고 있습니다. 연약함을 인정하고 주님께 더욱 매달리니 사람들 눈치를 보지 않아도 되었습니다. 남들에게 비굴해질 일도 없었습니다. 오히려 떳떳하게 건축하며 목회할 수 있었습니다.

이런 과정들을 통해서 저는 하나님 안에서 끊임없이 내 마음을 다듬는 일이 목회라는 것을 조금씩 배워갔습니다.
내 마음을 비워야 하나님이 일하실 수 있는 자리가 생긴다는 것도 깨달을 수 있었습니다. 기도 외에는 다른 방법이 없었습니다. 사람을 향한 기대를 접고 오롯이 하나님을 찾는 연습을 계속해야 했습니다. 그것이 제가 목회를 짊어질 수 있는 유일한 길이었습니다.

목회자라는 이유 하나만으로 미움을 받은 적도 있습니다.
아파트 5층에 살 때였습니다. 4층의 주민 한 분이 층간 소음을 핑계로 틈만 나면 시비를 걸어왔습니다. 정말 조심조심 걷는데도 시끄럽다고 난리였습니다. 계속 소음을 일으키면 교회로 쳐들어 오겠다는 항의문을 엘리베이터 안에 붙여놓기도 했습니다.

심지어 새벽기도회에 가려고 준비하고 나가면 저희 집 현관문 앞에서 눈을 부릅뜨고 기다리고 있기도 했습니다. 이만저만 놀란 게 아니었습니다.

저희가 뭐하나 밤새 감시하는 것 같았습니다. 저희 가족이 겪는 정신적 고통도 이루 말할 수 없었습니다. 언제 또 소리 지르며 올라올지 몰라 늘 가슴 졸여야 했습니다. 이러다가 제 정신마저 이상해질 수 있겠다는 생각이 들 정도였습니다. 제 마음을 지키기 위해서라도 하나님께 매달릴 수밖에 없었습니다.

밑층의 불만이 거셀수록 더 간절히 두 손을 모았습니다. 저까지 손가락질 하며 싸우고 싶지 않았습니다. 아무래도 저희가 거처를 옮겨야 할 것 같았습니다. 여기서 도저히 못 살겠다는 말이 절로 나왔습니다. 목회에만 마음을 쓸 수 있도록 새 집을 허락해 주시길 구했습니다. 교회에다도 사택을 다른 곳으로 옮겨달라고 부탁했습니다.

어느 날 1층에서 집을 내놓았다는 소식을 들었습니다.

정말이냐고 여러 번 되물었습니다. 굉장히 싼값에 나왔기 때문이었습니다. 사택의 실소유주에게 맡겨두었던 전세금과 큰 차이가 없었습니다. 사택을 구입할 수 있는 좋은 기회였습니다. 교회에서도 비슷한 가격이면 제 말대로 하라고 의견을 같이 해주었습니다.

502호에서 102호로 단숨에 내려왔습니다. 1층은 베란다 밖에 자그마한 텃밭까지 가꿀 수 있었습니다. 예쁜 꽃들을 심어놓고 얼마나 흐뭇하게 바라봤는지 모릅니다.

1층 집을 구입하라고 기도하게 하신 것이라고 저는 믿고 있습니다. 5층까지 오르내리는 수고를 들일 필요가 없는 것 하나만으로도 편하고 홀가분했습니다. 얼굴 붉히던 4층 주민에게도 가볍게 인사를 건넬 수 있게 되었습니다. 목회가 즐거워진 것도 물론입니다.

제가 경험한 하나님은 항상 마지막 순간까지 기도하게 하십니다. 당신을 의지하는 마음을 한시도 놓지 않게 하시려는 것 같습니다. 그리고 모든 것을 합력하여 선이 되게 하십니다. 제가 바라고, 구한 것보다 늘 더 큰 선물을 준비해놓고 계셨습니다. 기도했을 때 힘든 상황이 복된 환경으로 변화되는 것을 지켜볼 수 있었습니다.

"목사님! 그동안 목사님이 경험해온 목회 이야기도 써주시면 안 될까요? 후배 목회자들에게 정말 필요한 책이 될 것 같은데요."

저의 첫 번째 책인 〈위대한 모험〉의 출판기념회가 열린 날이었습니다. 몸소 찾아와주신 지인 한 분이 다른 책도 써달라는 부탁을 덕담 삼아 전해주셨습니다.

하지만 그냥 흘려듣기에는 너무나 공감이 되는 주제였습니다.

처음 목회를 시작했을 때 목회자로 잔뼈가 굵은 멘토가 곁에 없는 것이 가장 아쉬웠습니다. 선배들의 경험과 조언을 가까이서 들으며 사역했다면 보다 내실 있는 목회를 할 수 있지 않았을까 생각해본 적도 있었습니다.

신학대학에서 듣고 배운 교회의 모습과 교역자로 맞닥뜨린 목회 현장이 너무 달라 당황스러웠던 기억도 있습니다.

수십 년이 지난 지금도 갓 졸업한 전도사들의 입에서 공부하긴 했는데 당장 써먹을 수 있는 게 별로 없다는 말이 나옵니다. 목회 현장을 잘 모르니 어떻게 목회해야 하는지 갈피를 못 잡게 되는 것입니다.

목회를 가르치는 교수님도 젊은 시절 짧은 기간동안 교회를 섬기다 유학 가서 공부하고 온 분들이 대부분입니다. 자신의 오랜 목회 경험을 가지고 강의하는 교수님을 찾아보기 어렵습니다. 생생하고 풍성한 현장 이야기를 학생들에게 들려주기가 쉽지 않습니다. 학문으로 연마하는 목회와 현장에서 익히는 목회가 어우러지지 못하는 여건이 여전히 아쉽습니다.

그러면서 또한 과연 내가 무엇을 말해줄 수 있을지 잠잠히 돌이켜봤습니다.

무릎 꿇고 매달렸던 지난 시간이 주마등처럼 스쳐 지니가며 40여년간 노력한 내가 아닌, 노력하게 하신 하나님을 경험하고 배운 목회를 후배들에게 나누고 싶어졌습니다. 하나님이 하신 일을 전하면 될 것 같았습니다. 목회를 두 어깨로 짊어진 사람만이 들려줄 수 있는 이야기이기에 한 번 더 용기를 냈습니다.

사례와 경우가 똑같지 않겠지만 사람들이 모인 곳이기에 목회자들이 각자의 사역 현장에서 마주치는 일과 많이 닮아 있을 것입니다.

공감할 수 있는 내용을 담고자 했습니다. 저의 경험이 후배들의 목회에 작은 디딤돌과 격려가 되기를 바라는 마음입니다.

이 책을 대하는 이들 모두 하나님께 귀하게 쓰임 받는 훌륭한 목회자가 되기를 소망합니다.

위대한 모험, 위대한 목회를 기도하는-

이천휘 목사

"운동장에서 달음질하는 자들이 다 달릴지라도 오직 상을 받는 사람은 한 사람인 줄을 너희가 알지 못하느냐 너희도 상을 받도록 이와 같이 달음질하라 이기기를 다투는 자마다 모든 일에 절제하나니 그들은 썩을 승리자의 관을 얻고자 하되 우리는 썩지 아니할 것을 얻고자 하노라"(고린도전서 9:24,25)

목차

1
사명과 소명

하나님의 부르심을 받아야 한다.

1. 반드시 확인해야 할 두 가지

목회자가 되기 위해 반드시 확인해야 할 게 두 가지가 있다.

그 중 하나가 소명이다.

소명(召命)은 하나님의 부르심을 뜻한다. 하나님이 나를 목회자로 택하신 것이 맞는지, 하나님의 부르심을 받았는지 분명히 짚고 넘어가야 한다는 말이다. 일반 직업은 내가 고르고, 선택하지만 목회는 다르다. 목회는 하나님이 맡겨야 감당할 수 있는 거룩한 직분이다. 그래서 목회를 성직(聖職)이라고 부르는 것이다.

하나님이 나를 부르시지도 않았는데 굳이 목회를 하겠다고 나서면 직업 목사가 될 수밖에 없다. 부활하신 예수님도 "이 사람은 내 이름을 이방인과 임금들과 이스라엘 자손들에게 전하기 위하여 택한 나의 그릇이라"(행 9:15) 바울을 불렀다는 것을 명확히 말씀해주셨다.

이 부르심이 반드시 있어야 한다.

소명을 받은 자만이 목회자가 될 수 있다.

꼭 확인해야 할 다른 하나는 사명이다.

사명(使命)은 소명을 얻은 자에게 맡겨진 임무이다.

어떤 일을 감당하기 위해 소명이 주어졌는지를 살펴봐야 한다는 말이다. 똑같이 목회자로 부르심을 받았더라도 맡겨진 사명은 조금씩 다를 수 있다. 부르심에 충성하려면 사명이 있어야 한다. 사명을 붙들지 않고서는 절대 목회를 감당할 수 없다.

예수님이 바울을 부르신 이유는 그로 하여금 예수님의 이름을 이방인, 임금들, 이스라엘 자손들에게 전하게 하기 위해서였다. 다시 앞을 보게 된 바울은 세례를 받고 회당을 다니며 예수님이 하나님의 아들이심을 전파하기 시작했다. 자신의 끔찍한 과거 행적을 사람들이 기억해내자 바울은 더 힘을 내서 예수가 그리스도라고 증언했다. 자신의 부르심과 사명이 무엇인지 명확하게 알고 있었기 때문이었다.

목회와 세상 일은 확연히 구별될 수밖에 없다.

무엇보다 그 출발점부터 다르다.

목회는 내가 죽기 위해서 하고, 세상 일은 내가 살기 위해서 한다. 주님의 일을 위해 내가 죽는 게 목회이고, 내가 먹고살기 위해서 남을 이겨야 하는 게 세상 일이라는 말이다. 그래서 소명과 사명을 따르는 일은 하나님을 나타내 보이고, 세상 일은 나의 의를 드러내게 된다.

목회자라고 해서 선한 목자만 있는 것은 아니다.
자신이 먹고사는 데에만 관심이 있는 삯군 목자도 존재한다.
삯군 목자는 필요에 따라 양을 잡아먹는다. 반면에 선한 목자는
나를 희생해서 양을 살린다. 양을 살리면 양이 젖도 주고, 새끼도
낳아준다. 예수님이 말씀하신대로 나를 죽이면 결국 살게 된다.
한 알의 밀이 땅에 떨어져 죽으면 많은 열매를 맺는 것처럼 죽음
을 통해 진리를 경험하고, 그 안에서 참된 생명을 얻게 되는 것이
다.

2. 아버지의 기도와 부르심

초등학교 4학년을 거의 마칠 때였다.
아버지는 나를 둘러업고 병원으로 달리셨다. 한 번 시작된 기
침은 멈출 기미를 보이지 않았다. 농사를 지으시느라 늘 밭에 나
가 일하셨던 부모님은 자식들에게 세심하게 신경 쓸 여유가 없
었다. 처음에는 가벼운 감기이거니 하고 넘겼다. 하지만 너무 오
래 방치해두는 바람에 이미 손쓰기 어려운 상태에 와 있었다.
"천휘야! 너는 잠깐 밖에 나가 있어라."
진찰을 마치자 의사 선생님은 나를 병원 복도로 내보내셨다.
의사 선생님이 나무라듯 말씀하는 소리가 들렸다.

"왜 이제야 오셨습니까? 치료할 시기를 놓쳐버렸어요."

"원장님, 제가 집을 팔아오라면 집을 팔아오고, 땅을 팔아오라면 땅을 팔아오겠습니다. 하지만 제발 우리 아들은 살려주셔야 합니다. 네?"

진찰실 문틈으로 아버지가 통사정하는 모습이 보였다. 일찍 데려왔더라면 살릴 수 있었는데 못난 애비 탓에 이 지경이 되었다는 후회와 죄책감이 진하게 묻어 있었다.

"장로님, 최선을 다해보겠지만 크게 기대하시지 않는 게 좋을 겁니다."

사형선고나 다름없는 얘기를 듣고 돌아오는 동안 아버지는 계속 흐느껴 우셨다. 업혀 있는 내가 눈치 챌까봐 숨을 크게 쉬어보며 진정하려 했지만 어깨는 계속 들썩이기만 할 뿐이었다. 철없고 어린 나에게도 상황이 심상치 않아 보였다. 이제 나는 이제 틀렸다고, 더 이상 살기 어렵겠다고 생각하지 않을 수 없었다.

하지만 그 날부터 아버지의 기도가 바뀌었다.

새벽 1시경이었다. 내가 깨지 않게 이마에 손을 댈 듯 말 듯 하며 기도하고 계셨다. 두 눈에서는 굵은 눈물이 뚝뚝 떨어지고 있었다. 어찌나 절절하게 기도하시는지 차마 눈을 뜰 수 없었다.

"천휘의 기침을 멎게 해주시고, 연약해진 몸을 회복시켜주시옵소서. 우리 천휘를 고쳐만 주신다면 이 아들을 기꺼이 당신의 종으로 바치겠습니다!"

그 뒤로 꼬박 1년을 누워서 지내야만 했다.

학교에도 갈 수 없었다. 내 손등에는 늘 링거 주사 바늘이 꽂혀 있었다. 매일 항생제 주사만 맞고, 식욕도 없어 먹는 것도 시원찮으니 거의 자라지 못하고 계속 야위어 갔다. 그럼에도 기침은 점점 잦아들었고, 기침할 때마다 가슴을 쩨는 듯 했던 통증도 차츰 사그라졌다. 우리 가족에게는 기적이나 마찬가지였다.

아버지가 나를 하나님께 바치겠다고 했던 기도를 하나님이 기쁘게 받으셨다고 확신한다. 아버지가 기도한대로 나를 하나님의 종으로 부르시고, 치유의 손길로 어루만져주신 것이라고 믿고 있다. 그것이 내가 고백하는 소명이다. 하지만 청년 때까지 나는 그 부르심에 응답하지 않았다. 내가 가고 싶어 했던 길은 따로 있었다.

3. 뒤늦은 회개와 순종

질풍노도의 시기를 통과하는 동안 나의 관심은 온통 연극에 쏠려 있었다.

중학생이 되면서 시작한 연극반 활동이 내게는 인생의 돌파구처럼 여겨졌다. 다른 길은 눈에 들어오지 않았다. 대학교에 진학할 때도 주저하지 않고 연극영화과에 지원했다. 감격스럽게도 서라벌예술대학교 합격통지서를 손에 넣을 수 있었다.

그러나 아버지의 반대는 예상외로 거셌다.

"너 어렸을 때부터 하나님의 종이 되어야 한다고 귀가 닳도록 얘기하지 않았냐? 그런데 딴따라가 뭐냐? 이 아버지가 너를 하나님께 바치겠다고 기도해서 널 살려주신 거야. 내가 너를 죽는 길로 보낼 수는 없다."

아버지의 엄한 모습은 엄한 모습은 그 때가 처음이었지만 아버지가 너무나 원망스러웠다. 그것은 아버지의 서원이지 나의 바람과는 상관없는 일이었다. 대학교 등록일이 지나가는 것을 허무하게 바라볼 수밖에 없었다. 결국 아버지의 완강한 반대에 꿈이 좌절된 뒤 집을 나와 버렸다. 태어나서 처음으로 저지르는 가출이었다.

누구에게도 말하지 않고 혼자 한강 다리까지 갔다.

한 걸음만 내디디면 예술처럼 생을 마감할 수 있었다. 하지만 왠지 모르게 죽는 게 망설여졌다. 배우의 꿈이 생각했던 것만큼 절실하지 않았다는 것을 그 순간 깨달을 수 있었다. 죽음을 포기하고 다리 난간에서 내려왔다. 강바람이 칼날처럼 매섭게 불었다.

부모님은 재수를 권했지만 나는 공부할 마음이 없었다.

그냥 닥치는 대로 돈이나 벌어보고 싶었다. 무작정 서울 신당동의 중앙시장으로 향했다. 고무신 창고에서 먹고 자면서 일했다. 하지만 그것도 잠깐이었다. 불과 두어 달 만에 몸이 축나면서 병원 응급실 신세를 져야 했다. 급성폐렴이었다. 정신이 혼미한 상태로 사흘을 버텼다.

어느 순간 어릴 적 아버지 등에 업혀 병원에 갔던 일이 떠올랐다. 증상도 그 때와 비슷한 것 같았다. 아버지가 기도한대로 가지 않으면 여기서 죽을 수도 있겠다는 생각이 번득 들었다. 뜨거운 눈물이 흘러내렸다. 하나님이 다시 기회를 주시는 것 같았다. 이제는 그분의 부르심 앞에 이제는 내가 응답할 차례였다.

"잘못했습니다. 주님. 제발 살려만 주십시오. 하나님 뜻대로 살겠습니다."

결국 아버지가 기도한대로 감리교대전신학대학(목원대학교 전신)에 입학하게 되었다.

신학대학은 거룩하고 경건한 학생들만 오는 곳인 줄 알았는데 꼭 그렇지만은 않은 것 같았다. 이미 반은 목회자나 다름없을 것이라 기대했지만 막상 가서 보니 다들 나와 별반 다르지 않은 사람들이었다.

가기 싫던 신학대학에 입학했으니 순종한 셈 치자고 혼자 생각을 정리해버렸다.

굳이 나까지 목사가 될 필요는 없을 것 같았다. 모교회 목사님이 힘들게 사역하는 것을 봐와서인지 목회자들을 도와주는 일이 더 가치 있게 여겨졌다. 장로가 되고, 돈 많이 벌어서 가난한 목회자들을 지원하는 일을 해보자는 쪽으로 마음이 쏠렸다.

1974년 여름, 서울 여의도 광장에는 억수 같은 비가 쏟아져 내렸다. 수십만 명은 족히 될 듯한 사람들이 광장을 가득 채우고 있었다. 비가 오는데도 그 많은 사람들이 내뿜는 열기로 인해 오히려 후끈거릴 지경이었다.

김준곤 목사님의 카랑카랑한 목소리가 스피커를 타고 광장에 울려 퍼졌다. 당시 나는 군복무 중이었다. 신학생이라는 이유로 군종사병이 되었고, 군목님의 배려로 참석하게 된 엑스플로 74 대회였다.

"여러분! 지금 하나님께서 한국 교회 성도들을 부르고 계십니다. 하나님께서는 여러분이 땅 끝까지 복음을 전하는 지상명령을 성취하길 원하십니다. 바로 당신을 부르십니다. 언제까지 모른 척 하시겠습니까?"

설교 말씀 한 마디, 한 마디가 칼날이 되어 내 심장을 찔렀다.

십년 넘게 나를 부르시고 계시는 하나님을 피해 도망 다녔다는 사실이 점점 또렷해졌다. 뜨거운 무언가가 내 안에서 꿈틀거리기 시작했다. 이제껏 한 번도 경험해보지 못한 느낌이었다. 그리고 나도 모르게 눈물, 콧물이 쏟아지며 기도가 터져 나오고 말았다. 말씀 앞에 고꾸라지고만 것이다.

"하나님의 부르심에 제가 응답하겠습니다. 이제부터 하나님께 충성하겠습니다. 하나님, 저를 사용해주십시오."

군에서 제대한 해가 1976년이었다. 3학년 2학기에 복학을 했고 4학년 1학기에 교회 개척을 시작해서, 지금까지 한눈팔지 않고 목회해왔다. 어릴 적 나를 하나님의 종으로 바치겠다는 아버지의 기도가 나에게는 부르심이었다. 십여 년이 지난 엑스플로 74대회에서 나를 부르신다는 사실을 깨닫고 하나님께 내 삶을 온전히 내어맡긴 것이다.

4. 직업의식이라도 가져라

후배 목회자들에게 꼭 하고 싶은 얘기가 있다.

목사는 사명감을 가지고 목회해야 한다.

그것이 하나님이 원하시는 바다. 하지만 자신의 사명감이 부족한 것 같으면 최소한 직업의식이라도 가지고 일해야 한다. 분명 사명감이 보다 상위의 개념이다. 하지만 요즘 목회자들 중에는 직업의식도 없는 사람들이 수두룩하다.

목회 초창기에 김 집사님이라는 분이 우리 교회에 등록했다.

큰 보험회사에서 교육보험을 판매하는, 요즘 말로 보험설계사 일을 했다. 성실하게 신앙생활 하는 분이었다. 인사성도 밝고, 붙임성도 좋아서 눈여겨보고 있던 터였다.

그런데 어느 날인가부터 김 집사님이 우리 집을 열심히 드나들기 시작했다.

교회에 오면 아내를 따로 만나서 몇 마디라도 꼭 주고받고 돌아갔다. 당시 아내가 셋째 아이를 임신하고 있었다. 젖병, 포대기, 기저귀, 딸랑이 등 출산하고 나서 필요한 물건도 선물이라고 주고, 과일을 사다가 집에 놓고 가고 그랬다. 개척하면서 굉장히 어려울 때였다. 고마울 수밖에 없었다.

얼마 뒤 그 집사님이 드디어 본색을 드러냈다.

"사모님, 교육보험 하나 드시지요. 아이가 0세일 때부터 부으셔야 보험료가 싸요."

아이 한 명을 대학교까지 졸업시키는데 비용이 얼마나 드는지 아시냐고, 뱃속에 있는 아기가 태어나면 자녀가 셋인데 어떻게 키우실 것이냐고, 그러니까 보험 하나 드시라며 부담을 팍팍 안겨줬다. 나중에 어떤 혜택을 받게 되는지 설명하는 것도 물론 잊지 않았다. 하지만 네 가족이 겨우 풀칠만 하고 지내고 있었다. 보험은 꿈도 꾸지 못할 때였다.

"애들이 대학교에 들어가면 교육비가 줄줄 새나갈 겁니다. 자녀가 셋이나 되잖아요. 힘드시더라도 계속 가지고 계세요."

결국 우리하고 상의 한 마디 없이 자기 마음대로 가입시키고, 보험증서까지 만들어서 가져왔다. 1회분은 자기가 납입했으니 보험료는 다음 달부터 내면 된다는 말도 덧붙였다. 그 집사님이 원망스러웠다. 개척 교회 전도사한테 이게 할 짓이냐고, 아주 나쁜 사람인 것 같다고 아내와 불만어린 소리를 해댔었다.

아내에게 다음에 그 집사님을 보게 되면 우리가 형편이 안 되니까 해약해달라고 말하라고 했다. 헌데 아내가 너무 미안하다며 그 얘기를 꺼내지 못했다. 나 역시 마찬가지였다. 목회자로서 교인의 부탁을 외면하기가 어려웠다. 어쩔 수 없이 보험을 안고 가기로 했다. 매달 그 집사님을 탓하면서 보험료를 냈다. 왜 이런 고생을 시키는지 미웠던 적이 한두 번이 아니었다.

하지만 나중에 세 아이가 함께 대학교를 같이 다니게 되면서 그 보험 덕을 톡톡히 보게 되었다. 보험을 안 들어놓았으면 어쩔 뻔했나 싶을 정도로 아이들 학비를 해결하는데 큰 도움이 되었다. 그 집사님을 향한 원망이 순식간에 고마움으로 변했다. 그땐 이미 다른 교회로 옮겨가고 없었지만 세 아이가 대학을 졸업할 때까지 감사한 마음만 들었다.

그 집사님의 철저한 직업의식 덕분이었다.

보험설계사였던 집사님은 보험을 팔아야만 본인이 먹고살 수 있었다. 그래서 틈나는 대로 찾아와서 보험을 들라고 설득하고, 선물도 사다놓고 갔다. 실적을 한 건이라도 올리기 위해 억지스러웠지만 그래도 꼭 필요한 보험을 골랐고, 자기 돈을 들여 보험료를 대신 내주면서까지 보험에 가입하게 했던 것이다.

이 집사님이 보험을 판매하는 것처럼 목회자들이 열심을 낸다면 전도해오지 못할 사람이 없을 것이라는 생각이 든다. 가서 한 영혼이라도 구해내야 되겠다, 전도해서 부흥시키지 않으면 내가 먹고 살 수 없다고 각오하고 덤비면 적어도 자기 가족은 건사할 수 있을 것이다. 투철한 직업의식만 가지고 목회해도 굶고 살지는 않을 거란 말이다.

하지만 사명감을 가지고 일한다고 하면서도 보험설계사만한 직업의식도 갖추지 못한 이들을 쉽게 볼 수 있다. 교회 간판만 달아놓고 나가서 전도하지 않는다. 교인들이 없으니 목회다운 목회를 할 수가 없다. 그런데도 누군가가 문 열고 들어오기만을 앉아서 기다리고 있을 뿐이다. 보통 회사에서도 대충대충 일하면 월급만 축내는 사람으로 찍히기 마련이다.

우리 목사들 가운데서도 자기가 해야 할 일을 하지 않고 시간만 버리고 있는 이들이 사실 적지 않다.

자신의 사명이 무엇인지 아직 잘 모르겠다면 하다못해 직업의식이라도 가지고 목회하라고 조언하고 싶다. 그러면 밥은 먹고 살 수 있다. 목회 자립을 일궈낼 수도 있다. 세상의 경제논리로 따져볼 때 우리 목회자들이 도둑놈 소리를 가장 많이 듣게 될지도 모른다. 사명감을 가지고 일하는 이를 하나님이 안 도와주실 리가 없다. 하나님이 함께 하시는데 당연히 목회가 잘 되지 않을까?

5. 목회자로 부르신 이유

예수님이 바울을 왜 부르셨는지 다시 한 번 들여다보자.

사도행전 9장 15절에서 예수님은 예수님의 이름을 전하게 하기 위해 바울을 택했노라고 명확하게 말씀하셨다.

예수님의 이름을 전한다는 것, 다른 말로 전도이다. 그것이 우리를 목회자로 부르신 이유이고, 우리에게 맡겨진 사명이다. 단

한 사람의 목회자도 예외가 될 수 없다.

이제는 개척이 잘 안 된다고, 목회하기가 힘들다는 얘기를 많이 한다. 이해하지 못하는 것은 아니지만 나는 생각이 조금 다르다.

내가 볼 때 예전 목회자들과 요즘 목회자들의 마음가짐에 차이가 있는 것 같다. 내가 부평제일교회를 개척한 1970년대만 해도 목사들이 정말 목숨 걸고 전도하며 다녔다. 다들 죽기 살기로 교회를 위해 일했었다.

구두 밑창에 구멍이 나는 것은 보통 일이었다.

밥 사먹을 돈이 없어 끼니를 건너뛰고 다닌 날도 부지기수였다. 오직 예수님 한 분만을 전하겠다는 일념밖에 없었다. 남몰래 흘린 눈물도 셀 수 없이 많았다. 사람들의 매몰찬 거절은 예수님의 마음을 헤아려보라는 뜻이라고 여겼다. 하늘 쳐다보면서 기도하고, 다시 발품 팔며 전도하는 일이 당연한 것인 줄 알았다.

부평제일교회가 세워진 인천시 작전동은 개척할 때만 해도 외지인은 거의 들어오지 않는 섬 같은 동네였다. 허허벌판에 팔십여 채 있는 주택이 전부라고 해도 틀린 말이 아니었다. 거기에 삼분의 일 정도 밖에 입주하지 않은 상태였다. 전도할 사람이 없었다. 약 2km 떨어진 공단 앞에 가서 매일 출퇴근 시간마다 전도지를 뿌려야 했다.

아무리 고기가 많은 곳이어도 그물을 던지지 않으면 잡을 수 없다.

간절한 마음으로 물가에 가서 그냥 서 있기만 하면 될까? 물고기들이 알아서 내 손 안으로 튀어 오르는 일은 없을 것이다. 열심히 그물을 던져야 한다. 그래야 잡힌다.

목회도 똑같다!

열심히 전도하면 크던 작던 결과가 나오게 되어 있다.

당시 공단에 일하던 청년들이 칠십 명, 팔십 명씩 출석하면서 아직 개척 중인 교회의 버팀목이 되어주었다. 청년 교회는 아니었지만 자립할 때까지 청년들이 교회의 중추적 역할을 감당해준 것이다.

찬양대원으로 예배 때마다 아름다운 목소리를 내주고, 교회학교 교사로 섬기며 어린 아이들을 돌봐주었다. 그 때 그 때 필요한 잡다한 일도 청년들 몫이었다. 청년들이 교회 봉사를 도맡아준 것이다.

열심히 전도했더니 그런 결과를 얻을 수 있었다.

내가 설교를 탁월하게 잘 해서 소문을 듣고 온 것이 아니었다. 교회는 구석지고 외진 곳에 자리 잡고 있었다. 사람들의 왕래가 잦은 것과는 상당한 거리가 있었다. 전도 외에는 다른 방법이 없었다. 전도만이 살 길이었다. 전도하니까, 나가서 예수님을 전하니까 목회할 수 있게 된 거였다.

작은 교회의 목회자들과 대화를 나누다 보면 교단에 미자립

교회들을 돕는 정책이 마련되어 있지 않아서 교회가 잘 안 된다는 얘기를 많이 듣게 된다. 물론 공감 가는 부분도 있다. 관심과 지원 없이 홀로 자립하기가 굉장히 어렵다는 것을 몸소 겪어봐서 알기 때문이다. 하지만 교단의 정책에 따라 교회가 성장한다면 잘 되지 않을 교회가 없을 것이다.

정책은 교회의 본질이 아니다.

예수님도 잘 만들어진 정책을 딛고 사역하신 게 아니었다. 사명은 목숨을 거는 것이다. 죽음을 무릅쓰고 하나님을 전하는 것이 우리에게 맡겨진 사명이다. 나 역시 십 원 한 푼 도와주는 곳이 없었지만 전도가 사명이라 믿고, 꾸준히 감당하면서 교회다운 모습을 갖춰갈 수 있었다. 그리고 개척한지 두 해만에 교회 건축을 시작할 수 있었다.

나는 키도 작고, 외모도 볼품없다.

젊었을 때는 남들 싸움하는데 기어코 참견해야 적성이 풀리는 성격이었다. 괜히 시비 가려준다고 끼어들었다가 도리어 내가 주먹질 당하고 끝나버리는 경우가 많았다. 한 마디로 철딱서니 없는 사람이었다. 그럼에도 불구하고 하나님의 부르심을 따라 사명감을 가지고 일했더니 지금 요만큼의 목회를 할 수 있게 된 것이다.

목회자로 사는 게 얼마나 좋은지 모른다.

교회 성도들은 거친 세상 한복판에서 욕먹으면서 일해야 겨우 먹고 살 수 있다. 제대로 쉬지도 못하고 그 바쁜 시간을 쪼개 보수도 없이 교회를 섬겨주고 있다.

우리 목회자들은 자신의 밥벌이와 하나님 일을 동시에 할 수 있다. 정말 대단한 특혜이다. 열심히 하면 두 가지를 한꺼번에 해결할 수 있는 것이다.

요즘 젊은 목회자들이 불쌍할 때가 종종 있다.

교인수가 늘지 않아 마음 고생하는 모습도 안쓰럽고, 그런 목사를 남편이라고 믿고 시집까지 온 사모들이 측은하게 보이기도 하다. 남편의 목회가 지지부진하니 기를 못 피고, 주눅이 들어 지내는 모습도 본다. 다른 사람의 도움을 받아야 하는 신세에서 벗어나지 못하고 있기 때문이다.

우리는 하나님의 부르심을 받은 사람이다.

목숨 걸고 목회하는 목회자다. 하나님이 보여주신 사명을 움켜쥐고 일하는데도 열매를 거두지 못하는 이는 한 명도 없을 것이다. 오히려 목회가 잘 안 되는 게 기적이 아닐까?

2
전도

모든 목회자의 사명이다.

1. 목사에게는 전도가 본업

전도에 관한 이야기를 조금 더 하고 싶다.

목사에게는 전도가 본업이다. 성경에 보면 예수님께서 제자들에게 "우리가 다른 가까운 마을들로 가자 거기서도 전도하리니 내가 이를 위하여 왔노라"(막 1:38)라고 말씀하시는 장면이 나온다.

예수님께서 전도하기 위해서 이 땅에 내려오셨다는 사실을 명확히 알 수 있다. 우리를 목회자로 삼으신 이유도 여기서 찾을 수 있다. 전도하는 일을 같이 하자고 우리를 부르신 것이다.

가난한 사람들을 도와주는 일은 목사가 아니더라도 다른 누군가가 할 수 있다. 병 고쳐주는 일은 의사에게 맡기면 된다. 예수님을 전하는 본업을 교인들에게 미뤄두고, 설교 준비에만 몰두하는 목회자들이 있어 문제이다. 목사인 자신이 전도가 무엇인지 알고 있어야 가르칠 수 있을 텐데도 바쁘다는 핑계만 둘러댄다.

나는 개척할 당시 전도에 도움이 될까 해서 돌팔이 약사 노릇까지 했었다.

군대 의무대에서 근무하던 후배가 약품이 남는다며 필요한 곳에 쓰라고 그곳 선임하사를 통해 내게 전해준 것이다. 구멍가게만한 약국 하나 없던 동네였다. 버스를 타고 다른 동네까지 가야 약을 구할 수 있었다. 교회에 비상약이 비치되어 있다는 소문이 삽시간에 퍼질 수 밖에 없었다.

"전도사님! 배탈에 잘 드는 약 있습니까?"

"전도사님! 손가락을 살짝 베었는데 빨간약 좀 발라주세요."

아픈 사람마다 나를 찾았다. 어디가 어떻게 아픈지 묻고, 적당한 약을 골라주면서 손을 꼭 붙잡고 기도해주었다. 그리고 나서 한두 마디 더 나누다보면 서로 아는 사이가 될 수 있었다. 지금 생각해보면 의료법 위반으로 감옥 들어갈 일이었지만 그 때는 그게 불법인지도 몰랐었다. 동네 이웃들이 교회에 한 번이라도 더 발을 들여놓게 하고 싶은 생각뿐이었다.

"저기 교회 전도사님한테 가보세요."

"교회에 가서 말하면 공짜로 고쳐주던데요."

자동펌프를 수리하는 방법도 따로 배웠다. 수도가 아직 안 들어왔던 때여서 자동펌프를 설치해놓고 사용하는 집들이 많았다. 교회에 다니지 않는 사람도 펌프가 고장 나면 교회로 달려왔다.

그 집에 맘 놓고 들어가서 물론 가족들 얼굴까지 봐둘 수 있었다. 동네 펌프는 내가 다 고치고 다녔다. 한두 집 건너서 부탁을 받고 찾아갔더니 나를 펌프 기사로 알고 부른 집이 있을 정도였다. 복음을 전할 수 있는 귀한 접촉점이 되었다.

"다음 주부터 교회에 나오세요. 제가 고장 날 때마다 와서 고쳐 드릴게요."

예수님은 이적과 기사를 행하실 때마다 하나님 나라를 전하셨다. 혼자가 아니었다. 늘 제자들과 함께였다. 제자들이 보고 배울 수 있도록 전도의 본을 보이신 것이다.

목사가 먼저 전도의 전문가가 되어야 한다. 평생 전도에 힘을 쏟으려고 목사가 된 것이지 다른 일을 하려고 목사 직함을 달고 있는 게 아니기 때문이다.

그런데도 어떻게 전도하는지 배워오라고 성도들을 자꾸 다른 사람에게 보내려 한다.

물론 대안이 될 수 있다. 하지만 그것만으로는 성공하기 어렵다. 전도는 목회자가 전담하는 것이 아니다. 교인들과 함께 감당해야 하는 사역이다. 다른 데서 배워온 전도 방법은 그 사람의 경험일 뿐이다. 내가 물고기를 잡을 줄 알아야 교인들한테도 물고기 잡는 방법을 가르쳐줄 수 있다. 그래야 힘 있게 전도에 대해 얘기할 수 있다.

목사에게 시간이 부족하다는 것을 뻔히 알면서 전도하라고 한다는 볼멘소리를 종종 듣는다.

전도 말고도 신경 쓸 일이 산더미인데 전도에 힘을 써버리면 다른 일은 어떻게 하냐는 얘기도 많다. 하지만 그것은 변명에 지나지 않는다. 전도해서 사람이 나와야 설교할 대상이 있는 것이고, 양육도 할 수 있다. 목회에서 가장 중요한 게 전도라는 것을 잊어서는 안 된다.

옛날에는 잘 되었을지 모르지만 요즘은 전도가 도통 먹혀들지 않는다고 조금은 회의적으로 보는 이들도 있다.

여기서 알아두어야 할 게 있다. 전도가 잘 되었던 시절은 없었다. 우리가 아는 한국 교회의 부흥기 역시 전도하기 쉬웠던 때가 아니었다.

예전과 지금이 다른 것은 딱 하나다.

바로 전도에 대한 열정이다.

전도를 향한 목회자들의 열망이 확연히 다르고, 전도를 해야겠다는 교인들의 마음가짐이 차이가 난다.

예전에 출판된 성경과 지금 나오는 성경은 다르게 쓰여 있을까?

그렇지 않다. 예전이나 지금이나 변함없이 똑같은 말씀이다.

예수님은 "누구든지 나를 따라오려거든 자기를 부인하고 자기 십자가를 지고 나를 따를 것이니라"(마 16:24)라고 우리에게 분명히 말씀하셨다. 목회는 결코 쉽지 않다. 첫 걸음부터 나의 십자가를 져야만 한다.

전도가 잘 안 되는 것은 상황 탓이 아니다.

그것은 나 자신의 문제이다.

목회자가 어떤 자세를 가지고 임하느냐에 달린 것이다. 그래서 내가 하나님의 부르심을 받았는지, 그 부르심에 응답하는 사명이 있는지 정리하고, 정립하는 게 중요하다.

2. 교회의 사명도 전도

교회의 사명도 마찬가지다.

병원은 아픈 사람을 치료하기 위해 세웠고, 학교는 지식을 가르치고, 인격적인 사람으로 키우려고 만들었다. 마트는 사람들이 생활용품을 편리하게 사가도록 하려고 지은 것이다. 교회가 이 땅에 세워진 목적은 잃어버린 영혼을 구원하는데 있다. 복음 전하는 일은 뒷전에 두고, 다른 일에 열심을 낸다면 사실 교회다운 교회라고 할 수 없다.

이십칠 년 전이다.

목회자로 산지 십년 정도 지났을 무렵이었다.

그 때만해도 교회를 크게 지어서 교인을 많이 모으는 게 잘 하는 목회라고 생각하고 있었다. 십년 동안 한 우물을 팠는데도 교인수가 팔십 명 정도 밖에 되지 않아 속상한 마음이 그득했었다. 매번 정성을 쏟아 붓는데도 백 명을 넘기기가 어려웠다. 쉬지 않고 무작정 달려오는 바람에 몸도 마음도 지쳐 있는 상태였다.

교회에 양해를 구하고 한 달 간 휴가를 냈다.

미국 교회를 둘러보며 돌파구를 찾아보고 싶었다. 가서 보니 당시 미국 교회는 오늘날 한국 교회와 비슷한 처지에 놓여 있었다. 출석하는 교인이 눈에 띄게 줄고 있다고 했다. 헌금도 그만큼 덜 걷힐 수밖에 없었다. 결국 재정난을 이기지 못하고 문 닫는 교회가 잇따라 나오고 있는 상황이었다.

그런 가운데서도 유독 부흥하고 있는 몇몇 교회들이 있었다.

미국에서 보기 드물게 주일뿐만 아니라 주중에도 사람들이 북적거리고, 찬양하고 기도하는 소리가 끊이지 않는다고 했다. 가슴 뜨거운 예배를 경험할 수 있는 교회들이라고 들었다. 유명한 새들백교회, 윌로우크릭교회, 갈보리교회 등이 그랬다. 말만 들어도 부러웠다.

방문하는 교회마다 깊은 인상을 받았다.

내겐 가히 충격적이었다. 여느 교회와 분명히 다른 점이 있었다. 영혼 구원에 대한 열정이 하나 같이 대단했다. 내 이웃을 한 사람이라도 더 교회로 이끌고, 땅 끝까지 가서 복음을 전하는 일에 목숨을 건 듯했다. 목회자와 교인들이 전도에 똘똘 뭉쳐 있는 것을 볼 수 있었다.

내가 지금까지 목회를 헛했구나 하는 생각이 들 정도였다.

교인수가 늘어나고, 교회를 새로 건축하는 것은 더 큰 사역을 감당케 하려는 하나님의 인도하심이지 그것 자체가 목적이 될 수는 없었다.

선교에 힘쓰는 교회를 하나님이 찾고 계시다는 강한 확신을 얻을 수 있었다. 한국으로 돌아와서 "우리는 선교에 생명을 건다!"는 슬로건을 걸고 다시 목회를 해나갔다.

냉정히 말해 죽어가는 영혼을 구원하지 못하는 교회는 교회로서 존재 가치가 없다고 할 수 있다. 우리가 무엇 때문에 생명을 지닌 존재로 태어났고, 교회에 머물고 있는지 고민해봐야 한다. 잃어버린 영혼에 관심을 두지 않는 목회는 진정한 목회를 하고 있다고 얘기할 수 없다. 제대로 된 교회라고도 볼 수 없다.

미국의 경우를 보니 교회가 문을 닫는 이유는 단순히 교인이 줄었기 때문이 아니었다. 작은 교회보다 오히려 재정이 탄탄할 것 같은 큰 교회가 먼저 무너지는 경향을 보였다. 복음 전하는 일을 소홀히 여긴 것이 문제였다. 그것은 교회에 생명력이 없다는 뜻이었다. 교인들이 실망하고 교회를 떠나거나 자기 영혼을 살리기 위해 영혼을 구하는 생명력 넘치는 교회로 옮겨 간 것이었다.

정말 예외가 없는 것 같다.

새롭게 부흥되는 교회들은 모두 복음을 전하는 일에 헌신하고, 목숨을 건다. 다른 교회들이 위기를 겪고 있을 때도 전도의 사명을 감당하는 교회는 기어코 성장하고야 만다. 주어진 사명을 가볍게 여기는 교회는 결국 하나님이 문을 닫게 하신다. 큰 교회냐 작은 교회냐가 중요한 게 아니다. 전도하지 않는 교회는 아무리

번듯한 건물을 가지고 있다고 해도 부흥하는 교회가 될 수 없다.

정말 죽기 살기로 전도하고 있느냐고 목사들에게 물어보고 싶다.

죽기를 각오하고 하나님을 전하고 있느냐는 질문을 감히 던져보고 싶다. 시대가 바뀌어서 교회가 침체되고, 더디게 성장하는 게 아니다.

그 이유는 참으로 단순하다.

우리가 전도하지 않았기 때문이다. 목회자들이 자기가 해야 할 일을 게을리 했기 때문에 지금의 상황을 맞은 것이다.

나는 전도를 많이 했다고 자랑하는 게 결코 아니다. 전도야말로 교회를 세우고, 교회를 부흥시키는 유일한 방법이라고 말하는 것이다. 사도 바울도 "이 세상이 자기 지혜로 하나님을 알지 못하므로 하나님께서 전도의 미련한 것으로 믿는 자들을 구원하시기를 기뻐하셨도다"(고전 1:21)라고 고린도교회 성도들에게 전하지 않았는가?

3. 목회자는 전도해야 성장한다!

신앙생활하기 정말 힘든 요즘이라고 다들 한숨을 내쉰다.

하지만 역사를 통틀어 신앙을 지키기 쉬웠던 때가 과연 있었을까?

초대교회 성도들은 자신의 목숨과 믿음을 맞바꿔야 했다. 일제 강점기를 거치고, 한국전쟁을 치를 때도 기독교인들에 대한 박해가 거셌다. 한 집안에서 처음으로 복음을 받아들인 사람은 옛날이나 지금이나 가족들의 온갖 비난과 냉대를 감수하지 않으면 안 된다.

사실 따지고 보면 요즘이 신앙생활하기가 훨씬 더 수월하다.

예수님을 믿는다는 이유 하나만으로 죽임을 당하지도 않고, 교회에 다니는 것 때문에 억울하게 철창신세를 지는 일도 없다. 열 명이 모이면 그중 두세 명은 오래 믿음을 간직해온 성도들이다. 이렇게 마음 편히 내 신앙을 드러내며 지냈던 때가 언제 있었나 하는 생각이 든다.

예수님은 아셨다.

핍박이 있건 없건 우리가 신앙을 지켜내기 힘든 세상을 살아가고 있는 것을 잘 알고 계셨다. 그래서 "누구든지 나를 따라오려거든 자기를 부인하고 자기 십자가를 지고 나를 따를 것이니라"(마 16:24)라고 말씀하신 것이다.

신앙은 십자가를 지고 가는 것이다. 사람들이 찾지 않는 좁은 문을 통과해 협착한 길을 걷는 것이 바로 신앙이다.

신앙생활하기가 점점 어려워지는 것은 환경 탓이 아니다.

여건은 분명히 이전보다 나아졌다. 그런데도 힘들다고 한다. 예수님을 향한 열망이 사그라지고, 뜨거웠던 믿음이 식어버렸기 때문이다. 편하게 살려고 해서 그렇다. 천국에 가는 날까지 평생 십자가를 지고 가야 하는데 성공해서 돈 많이 버는 것만을 바란다.

지금이야말로 전도가 시급하고 절실한 때다.

복음이 필요치 않은 이들은 없다. 예전에는 고난 가운데에 있는 이들이 의지할 곳을 찾아 자기 발로 교회에 찾아왔지만 모든 것이 풍요로운 요즘은 직접 다가가 그들의 영적 갈급함을 일깨워주지 않으면 안 된다. 하나님의 진리를 들려줘야만 일어날 수 있는 일이다.

목사는 전도할 때 성장한다.

복음을 전하는 삶을 살아야 목회자로서의 그릇이 커진다. 그것이 사명이고 부르심이기 때문이다. 예수님도 전도하기 위해서 이 땅에 오셨다. 위대한 목회자로 칭송받는 이들 역시 평생 전도를 놓지 않았다. 전도를 통해 사람들을 불러 모으고, 말씀으로 그들을 양육하며 큰일을 감당해 갔다.

그리고 목사가 갖춘 그릇만큼 교회가 커진다.

교회는 절대 그냥 성장하지 않는다. 목사가 얼마만큼 전도하며 성장해왔느냐에 따라 교회의 크기가 정해지는 것이다. 능력을 제대로 길러놓지 않은 상태에서 큰 교회를 맡게 되면 꼭 문제가 생긴다. 교회가 갈라지든가 목회가 불행해진다. 40년 동안 목회하면서 그런 모습을 수도 없이 봐왔다.

사도 바울은 디도에게 보내는 편지에 "자기 때에 자기의 말씀을 전도로 나타내셨으니 이 전도는 우리 구주 하나님이 명하신

대로 내게 맡기신 것이라"(디 1:3)라고 자신의 사명을 밝혔다. 전도를 성도들에게 미루기만 하면서 교인수가 늘지 않는다고 불평해봤자 아무 소용없다. 정말 큰 교회가 되기를 바란다면, 교회가 부흥하길 원한다면 나 자신을 키울 생각부터 먼저 해야 한다. 그래야 교회의 성장을 기대할 수 있다.

강원도 횡성에 맛좋기로 소문난 막국수집이 있다.

한참 동안 길게 줄서서 기다려야 겨우 먹을 수 있을 정도로 항상 사람들이 붐빈다. 그 5천 원짜리 막국수 한 그릇을 먹겠다고 기름 값을 십만 원어치나 써가며 횡성의 산골짜기를 찾아간다. 길바닥에서 몇 시간을 허비하는데도 하나도 아깝게 생각하지 않는다. 유명한 막국수를 나도 먹었다고 행복해 한다.

막국수 하나만 잘 만들어도 전국에서 사람들이 몰려든다. 사람들은 피와 땀을 들여 만들어낸 탁월한 결과물에 기꺼이 자신의 시간과 물질을 내어놓는다.

좀 심한 표현일지 모르겠지만, 안타까운 마음에 내 아우에게 말하듯 한다면… 얼마나 목회를 시원찮게 했기에 이렇게 교인들이 안 오는지 스스로를 돌아봐야 한다. 오죽 재미없게 설교했으면 사람들이 이사 간다는 둥… 핑계를 대고 떨어져 나가는지 생각해봤으면 좋겠다.

목사들도 정신 차려야 한다.

제대로 된 맛을 내겠다는 일념으로 밤잠을 설쳐가며 노력했기에 돈도 벌고 유명해진 것이다. 자기가 사는 동네에 막국수집이 없어 강원도까지 찾아가는 게 아니다. 자칫 시골의 주방장만도 못하다는 소리를 들을 수도 있다. 목숨 걸고 전도하고, 설교 준비하면 사람들이 모이는 목회를 못할 이유가 없다.

열심히 준비해서 특별한 교회를 만들면 사람들이 찾아오게 되어 있다.

큰 물고기가 큰물에서 노는 것처럼 내가 큰 그릇이 되어야 큰 교회를 섬길 수 있다. 교회는 절대 그냥 성장하지 않는다. 복권에 당첨되듯이 하루아침에 큰 교회가 이루어지는 게 아니다. 피나는 노력을 기울여야 그게 가능하다.

3
여러 목회

내게 맞는 목회가 있다.

1. 장막목회 그리고 들목회

이삭의 아들 야곱은 늘 장막 안에 거주하는 조용한 사람이었
다.

반면 그의 형 에서는 사냥을 주로 하는 들사람으로 살았다. 야
곱은 부모와 가까이 지냈지만 에서는 종일 떨어져 있어야 했다.
그것이 에서의 장자권이 야곱에게 넘어가게 된 결정적인 이유가
되었다. 아버지 이삭이 장자의 축복을 주려 한다는 사실을 알게
된 어머니 리브가가 야곱을 도운 것이다.

에서가 사냥하러 멀리 나가 있는 동안 어머니는 얼른 가서 염
소 새끼 두 마리를 가져오라고 야곱에게 일러준다. 어머니가 만
들어준 별미와 떡을 이삭에게 가져간 야곱은 그 자리에서 아버
지가 마음껏 해주는 축복을 받게 된다. 부모 곁을 떠나지 않고 지
켰기에 장자의 축복을 자기 것으로 만들 수 있는 기회를 얻게 된

것이다.

야곱은 장막 안에서 살았고, 에서는 들로 돌아다니면서 지냈다.

야곱은 본인에게 없던 장자권을 손에 쥐었고, 에서는 당연하다고 생각했던 장자의 권리를 잃어버리고 말았다.

여기에 목회자들이 놓쳐서는 안 될 아주 중요한 진리가 있다. 내가 지금 야곱처럼 목회하고 있는지, 에서처럼 목회하는 것은 아닌지 한 번쯤 돌아봤으면 한다.

목사는 늘 자신이 몸담고 있는 교회를 중심으로 살아야 한다.

야곱이 장막에 거했듯이 교회 안에서 교회 일을 감당하며 교회를 지키는 것은 언제나 목사의 몫이다. 진정한 목회자라면 하나님이 부탁하신 양떼와 평생 더불어 살아야 하는 사명이 있다는 것을 잘 알고 있을 것이다. 그 양떼를 만나고 돌보는 목장이 바로 교회이기 때문이다.

그런데 요즘 장막을 벗어나 들로 나가려는 목사들이 은근히 많은 것 같다.

본인의 취미생활을 지나치다 싶을 정도로 즐기는 사람도 눈에 띄고, 교회 일은 내팽개쳐버렸는지 바깥에서 사람들만 만나고 다니며 시간 보내는 이들도 자주 보게 된다. 목회는 별로 신경 쓰지 않으면서 은혜만 왕창 구하는 후배 목사들을 보면 솔직히 걱정이 앞선다. 염불에는 마음이 없고, 잿밥에만 마음이 있다는 속담이라도 들려주고 싶은 마음이 든다.

교인들을 챙기는 일이 목회에서 가장 우선순위가 되어야 하지 않을까? 가까이서 교인들의 형편을 살피며 그들의 필요를 채워주는 일을 자신의 기쁨으로 삼을 수 있으면 좋겠다. 마음을 다해 사랑해주고 아껴주면 교인들은 마음을 열고 목사를 따라오게 된다. 어느 새인가 교인이 불어나 있고, 교회가 시끌벅적해지는 때를 맞게 되는 것이다.

하루 스물네 시간 교회에 붙어 있으라는 뜻이 아니다. 배우기 유익한 곳이 있으면 부지런히 발품을 팔아 열심히 들어두는 게 마땅하다. 다부지게 몸을 움직여 체력을 다져놓은 것도 중요하다. 거리 전도를 나갈 때나 교인들을 심방할 때도 당연히 교회를 비울 수밖에 없다. 마음의 중심이 교회와 교인들에게 향해 있는지 점검해 보자는 것이다.

부평제일교회를 개척할 당시 나는 한동안 인천 지역을 벗어나보지 못했다. 월요일에도 2km 정도 떨어져 있는 공단 앞에서 전도지를 돌리거나 교회 근처에 사는 성도들을 방문해 안부를 물었다. 새 교인이 언제 찾아올지 모른다는 생각에 어지간한 일이 아니면 교회를 떠나지 않았다. 교회 건축 일 또한 잠시도 손을 놓을 수 없었다.

어쩌다 신학교 동기들과 만나는 자리도 계속 다음으로 미뤘다. 동기들은 서울에서 주로 모였었다. 인천과 가까웠는데도 도저히 시간을 낼 수 없었다. 모임 한 주 건너뛰고, 교회 문 닫아걸면 그만이었겠지만 성도들과 함께 있는 것이 내게 맞는 것 같았다. 교회에서 떨어져 있으면 왠지 이상한 기분이 들 만큼 교인들이 마음속에 묵직하게 자리 잡고 있었다.

경영난을 겪는 회사 대표들 중에는 출근하길 꺼려하는 사람이 많다고 한다. 회사에 가면 속상하고, 골치만 아프니 일단 회피하고 보는 것이다. 목사들도 마찬가지다. 교회 밖에서 자꾸 무언가를 하려고 하면 목회가 점점 어려워지게 되어 있다. 성도들을 돌보지 않으니 자꾸 문제가 생기고, 계속 교회 아닌 곳에서 해결책을 구하려는 상황이 되풀이 될 수 있다.

어르신이나 선배의 경험담은 그저 참고 사항일 뿐이다. 내 교회의 형편에 딱 들어맞는 처방을 찾기란 하늘의 별 따기만큼이나 어렵다. 고리타분하게 들릴 수 있지만 교인들을 성실히 보살피는 가운데서 돌파구가 생기고, 길이 열린다. 하나님은 나의 섬김을 통해 일하신다는 사실을 한순간도 잊어서는 안 된다. 다른 곳에 눈을 돌리고 있다가 에서처럼 도약하고 성장할 수 있는 기회마저 놓쳐버리게 될지도 모른다.

야곱이 그랬듯 무엇을 하든 장막 안에서 행하라고 거듭 당부하고 싶다. 나 같이 부족한 사람도 열심히 성도들을 챙기다보니까 교회가 자립하고, 성장하게 되는 은혜를 입을 수 있었다. 늘 교회에서 기도하고, 말씀 읽고, 교인들을 보살피고, 어떻게 하면 목회를 더 잘 할 수 있을까 고민하는 이를 하나님이 흐뭇하게 지켜보고 계신다. 풍성한 목회가 되도록 끝까지 도우시고, 이끌어 주신다.

2. 가정목회

예전에는 목사의 가정은 목회를 위해 희생을 감수해야만 한다고, 어쩔 수 없는 부분이라고 생각하는 경향이 강했다. 실제로 아버지가 목회자여서 사람들 눈치 보느라 기 한 번 제대로 못 펴보고 자랐다고, 학창 시절을 불행하게 보냈다며 눈물짓는 목회자 자녀들을 정말 쉽게 볼 수 있었다. 하지만 이는 하나만 알고 둘은 모르는 얘기다.

나가서 목회만 열심히 하면 가정은 하나님이 알아서 책임져 주신다?

꼭 그렇지는 않다. 자녀들이 어긋나는 것은 목회자가 가정을 돌보지 못했기 때문이지 다른 데에 이유가 있는 게 아니다. 아버지가 목사인 것을 자식이 자랑스러워하고, 목회자의 자녀로 태어난 게 행복하다고 말할 수 있도록 가정을 다스려야 할 사명과 책임이 있는 것이다.

"사람이 자기 집을 다스릴 줄 알지 못하면 어찌 하나님의 교회를 돌보리요"(딤전 3:5)

사도 바울도 교회의 직분을 맡을 수 있는 여러 자격 중 하나로 자기 집을 잘 다스릴 줄 아는 것을 언급했다. 내게는 가정을 잘 다스려야 제대로 된 목회를 할 수 있다는 말로 들린다. 가족들이 목회를 응원하고 도와줄 때 비로소 건강한 목회를 일구게 된다고 달리 표현할 수도 있을 것이다. 바로 가정이 목회의 출발점인 것이다.

신앙이 없는 이들도 집 밖과 집 안에서의 모습이 딴판이면 신뢰할만한 사람으로 여기지 않는다. 아무리 성실하게 목회하더라도 자녀가 탈선해서 부모 속을 썩이고 다닌다면 목회자 가정을 보는 교인들의 시선 역시 곱지 만은 않을 것이다. 목회의 진정성에 의구심을 가질 수도 있다. 경건한 목회자 가정은 당연히 건강할 것이라 생각하고, 그 모습을 보길 원하기 때문이다.

자식한테는 부모만이 해줄 수 있는 일이 있다.

칭찬은 부모가 아니어도 다른 사람이 얼마든지 해줄 수 있다. 부모가 미처 발견하지 못한 자식의 달란트를 선생님이 알아보고 두드려볼 것을 권하기도 한다. 전혀 예상치 못했던 사람의 영향으로 자녀가 인생의 터닝 포인트를 맞게 되는 경우도 흔하다. 인생의 롤 모델이 자신의 부모가 아니라 해도 전혀 이상할 게 없다.

그렇지만 잘잘못을 분명하게 가려주는 일은 부모밖에 해줄 수 있는 사람이 없다.

친한 사람이 생각해서 해주는 말도 튕겨져 나오기 쉽다. 어지간해서는 들으려 하지도 않을 것이다. 부모이기에 자식의 그릇된 부분을 짚어줄 수 있고 따르지 않으면 엄하게 다스릴 수 있다. 안 그런 척 해도 부모의 말은 가슴 어딘가에 남게 되어 있다. 꾸짖고 바로 잡아줘야 될 때를 유야무야 넘어갔기 때문에 잘못된 줄 모르고 엇나가는 것이다.

옳고 그름을 가르치는 것 역시 부모와 자녀 사이의 두터운 신뢰를 기반으로 하지 않으면 안 된다. 친밀함을 쌓아온 시간과 무관하지 않다. 부모의 훈계를 달게 들을 줄 알아야 반듯한 인격을 갖춘 사람으로 자랄 수 있다. 사리를 분별하고 판단하는 능력 또한 부모와의 관계에서 나온다는 것도 다들 잘 알고 있을 것이다. 목사의 자녀라고 예외일 수 없다.

"저는 집에서 잠을 자지 않아요. 매일 혼자 철야기도를 합니다. 기도하다 잠들고, 다시 깨서 기도하고 하다보면 날이 밝아 와요. 여태껏 강단을 떠나본 적이 없습니다."

집에는 새벽예배 마치고 아침에 잠깐 쉬러 들어간다는 어느 목사의 얘기를 들은 적이 있다.

내게는 그리 바람직하게 보이지 않았다.

아내는 독수공방하게 내버려두고, 나는 강단에 엎드려서 기도만 하는 것이 하나님이 진정으로 바라는 일일까? 하나님이 원하시는 것은 오랜 기도 시간이 아니다. 하나님과의 진실된 사귐, 그것 하나뿐이다.

목사 부부라고 해서 특별한 뭔가가 따로 있는 게 아니다.

세상의 여느 부부와 다를 게 없다. 당연히 아내와 함께 많은 시간을 보내야 한다. 하나님은 서로 뜨겁게 사랑하면서 살라고 두 사람을 하나로 묶어주셨다. 정서적 교감은 물론 육체적 친밀감을 나누고 만족시켜주는 것도 소홀히 해서는 안 된다. 결혼한 부부이기 때문이다.

교회에서는 목사와 사모의 역할을 하지만 가정에서는 남편과 아내의 본래 모습으로 얼른 돌아갈 것을 권한다. 가정이 교회의 연속이 되는 것은 하나님도 기뻐하시지 않는다. 가정은 가정답게 꾸려가고, 교회는 교회답게 만들어가는 게 중요하다. 둘 사이에 건강한 경계선을 긋지 못하기 때문에 가정을 등한시하고, 목회를 핑계로 아내를 아무렇게나 대하는 일이 일어나게 되는 것이다.

지금 살고 있는 아파트에 이사 온지 오년 정도 되었다.

그 전에는 한 삼십여년 동안 교회에서 엎드리면 닿을 곳에서 살았었다. 그러다보니 교인들이 툭하면 드나드는 바람에 우리 집인데도 우리 집 같지 않을 때가 많았다. 한때 주일은 우리 집이 교인들의 쉼터나 마찬가지였다. 평상시에도 이것저것 묻고, 맡기러 오는 통에 얼마나 자주 현관문을 여닫았는지 모른다.

가정의 일상은 물 건너 간 날이 수두룩했다. 퇴근한 뒤에도 교인들에게 흐트러진 모습을 보일까봐 긴장을 풀지 못하고 잠자리에 들 시간을 기다렸다. 많은 목사들이 그렇듯 쉬는 날 느긋하게 동네 한 바퀴 돌고 오거나 슈퍼에 물건 하나 사러 갈 때도 옷차림, 걸음걸이, 표정 하나하나가 다 신경 쓰였다. 가는 곳마다 교인들을 만나기 때문이었다.

그래서 이후 기회가 될 때 일부러 교회와 약간 떨어진 곳에 집을 마련했다.

손자들이 오면 다른 사람 눈치 보지 않고 반바지에 슬리퍼 차림으로 놀이터에 데리고 나가서 놀아주고 온다. 아내 손을 잡고 편안하게 길 건너 있는 막국수 집에 가기도 한다. 행여 아는 사람이 우리 얘기를 듣게 되면 어떻게 하나 조심하지 않아도 된다. 이사하고 한동안은 "진작 이렇게 할 걸 그랬다"는 말을 자주 했었다.

둘째 딸이 대학교 4학년 때 주보에 인터뷰가 실렸었다. 청년들한 사람씩 인터뷰를 돌아가면서 하고 있었는데, 둘째 딸 이름이 있기에 유심히 살펴봤다. 그런데 이런 질문이 있었다.

"가장 존경하는 인물은 누구인가요?"

"저희 아버지요."

별로 해준 것도 없는 나를 존경한다는 대답에 흐뭇한 미소가 번지면서 큰 행복감이 밀려왔다. 언제 이렇게 컸나 싶었다. 변변치 않은 환경에서도 잘 자라줘서 고마웠고, 내가 자식을 잘못 키운 아빠는 아니구나 싶어 위로를 얻기도 했다.

아내와도 사십년 가까운 세월을 나름 행복하게 살아왔다.

아내가 꿋꿋이 참아주고, 견뎌준 덕분이다. 한쪽 일에 열심을 내면 아무래도 다른 한쪽에는 관심이 덜 갈 수밖에 없는데 아내는 그것을 불평으로 삼지 않았다. 세 아이를 부둥켜안고 어떻게든 나의 빈자리를 메워주려 했다. 그러면서도 나를 목사로 대접해주고 따라주었다. 아무래도 완벽한 모습은 아니었지만 그래도 가정에 충실하려고 조금이나마 노력하는 모습을 자녀들과 아내들이 알아주어 이런 호사를 누리는 것 같다.

나는 가정을 잘 돌보고, 보살피는 일을 가정목회라고 부른다.

목회는 목사 혼자만의 과업이 아니다. 가족이 도와주고, 함께 섬겨줘야 올곧게 목회할 수 있다. 가족이 참된 사역자로 인정하고, 바라봐주지 않으면 교인들의 신뢰와 존경을 기대하기 어렵다. 하나님이 만드신 이치가 그렇다. 교회를 향한 가족의 마음이 한데 모아질 때 비로소 목회가 꽃필 수 있다.

세상의 모든 목회자 가족들이 강단에서 선포되는 메시지에 진심으로 "아멘!"이라고 화답할 수 있었으면 좋겠다. 나의 연약한 부분까지 속속들이 다 아는 가족에게서 정말 은혜로웠다고, 내게 꼭 필요한 설교였다는 말을 듣게 되기를 바래마지 않는다. 그래야 진정한 목회를 한다고 할 수 있지 않을까? '설교만 잘 하네. 말은 그럴싸하게 하네!'라고 여긴다면 말씀대로 살려는 노력이 아직 부족하다고밖에 볼 수 없을 것이다.

그래서 목회자 가족은 목사에게 가장 중요한 교인이라고 할 수 있다.

가정의 평안과 교회의 성장은 항상 같이 가게 되어 있다. 사도 바울이 가정을 다스릴 줄 아는 사람에게 직분을 줘야 된다고 말한 것도 가정과 목회를 따로 떨어뜨려 놓고 생각할 수 없기 때문이다. 남편의 사랑을 흡족하게 받고 사는 사모여야 하고, 아버지로 인해 마음 든든해 하는 자녀이어야 한다.

아무리 바쁜 목사여도 가정에서는 남편이고 아버지이다. 목회도 중요하지만 가정을 다스리는 것도 그에 못지않게 소중하다.

어느 쪽이 먼저이고, 더 큰 일이라고 우선순위를 매길 수 없다. 주일마다 교회에 사람이 차고 넘친다한들 본인 가정이 망가져 있다면 과연 목회에 성공했다고 할 수 있을까? 자기 가정을 잘 건사하지도 못하는 사람이 다른 사람을 이끄는 목자가 될 수 있을까?

3. 희생하는 목회

한때 상명대학교 김경일 교수가 쓴〈공자가 죽어야 나라가 산다〉는 책이 세간의 화제가 되었던 적이 있다.

유교의 문제점과 폐해를 지적하는 책이다. 나는 그 책 제목을 따서 "목사가 죽어야 교회가 산다!", "내가 죽어야 교회가 산다!"고 말하고 싶다.

농촌에서 소박하게 목회하는 어떤 목사가 있었다.

다정다감하고 정겨운 목회를 할 수 있을 것이라 기대했지만 현실은 녹록치 않았다. 사사건건 참견하고 시비 거는 장로 때문이었다. 하나부터 열까지 다 자기한테 보고하게 하며 마치 월급 사장 대하듯 일을 시켰다고 한다. 그 목사는 너무 힘들어 매일 하나님께 울부짖었다.

"하나님! 저 장로요. 정신 차리게 제발 혼 좀 내주세요. 아니면 저를 다른 교회로 보내주시던가요."

그러던 어느 날 그 목사의 꿈에 주님이 나타나셨다.

"아무개 목사야. 그동안 얼마나 힘들었니? 네가 고생하는 거 내가 다 안다. 한 번 생각해봐라. 나도 가룟 유다 하나 바로 잡지 못해서 결국 죽지 않았니? 그런데 내가 죽으니까 모든 게 해결되더라. 그러니 너도 죽어라!"

잠에서 깬 목사는 '그래, 나는 이제부터 죽었다!'고 생각하기로 결심했다.

신기하게도 그 날부터 목회가 재미있고 즐거워졌다. 일일이 간섭하는 장로도 자기를 도와주는 사람으로 보이고, 장로가 꼬치꼬치 캐묻는 말도 같이 상의하는 것으로 여겨졌다. 분명 상황은 그대로인데 문제가 될 만한 것은 눈을 씻고 봐도 없었다고 한다.

정말 맞는 얘기다.

늘 목사가 문제다.

목사가 자신의 만족을 위해서 목회를 하니 문제가 되는 것이다. 목사가 죽어야 한다는 말은 자신의 의지, 자신의 신념을 철저하게 내려놓아야 한다는 뜻이다. 목사가 반대를 무릅쓰고 밀어붙였지만 결국 아무런 열매 없이 성도들만 상처 입고 흐지부지 끝나버린 예는 얼마든지 찾아볼 수 있다.

내가 하고 싶은 목회를 위해 교인들이 자기 말을 따라줘야 하고, 내가 바라는 교회를 만들기 위해 교회가 부흥되어야 한다는 생각을 버리지 않으면 결코 행복한 목회를 할 수 없다. 성도들은 목사에게 맡겨진 하나님의 자녀이지 목사의 목회를 돕는 수단이나 방편이 아니다. 목사의 사사로운 욕심만 채우는 목회가 될 뿐이다.

예수님은 마태복음 5장 13절에서 "너희는 세상의 소금이니 소금이 만일 그 맛을 잃으면 무엇으로 짜게 하리요"라는 간절한 메시지를 들려주고 계신다. 산상수훈 가운데 한 구절이다. 소금은 자기의 사명을 감당하기 위해 크나큰 희생을 감수해야만 한다. 스르르 녹아 없어지지 않으면 짠맛을 내지도 못하고, 부패를 막을 수도 없게 된다.

예수님은 소금의 사명을 어떻게 감당해야 하는지 몸소 본을 보여주셨다.

당신의 죽음을 피하지 않고 기꺼이 받아들이심으로 우리에게 영원한 생명을 전해주신 것이다. 목사에게도 예수님이 말씀하신 원리가 그대로 적용된다. 나를 죽이고 하나님 한 분만 드러내는 목회를 일궈가야만 성도들을 살릴 수 있고, 교회를 회복시킬 수 있다.

내 자신을 죽이는 목회는 큰 교회, 작은 교회를 가리지 않는다.

오히려 교인들이 차고 넘치는 대형 교회보다 몇 십 명밖에 안 되는 개척 교회에서 열정과 사랑이 도드라지는 것을 수도 없이 봐왔다. 열악한 환경이 하나님 한 분만 바라보게 해주는 감사한 조건이 되기도 한다. 교인들도 크기가 아닌 그 안의 열정과 사랑에 감동을 받고 자신의 교회로 삼는다.

인천의 갈산동에 있는 갈월교회가 내 모교회다.

조광록 목사님. 초등학생 시절 담임목사님 성함도 또렷이 기억한다. 50여 명의 교인이 옹기종기 모이는 아담한 교회였다. 당시조 목사님은 교인들의 눈시울을 적시는 목회를 하셨다. 교회를 개척하면서 그 때를 수시로 떠올렸을 만큼 어렸던 내게도 깊은 인상으로 남았다.

교인이 아프면 가만히 있지 못하셨다. 형편이 안 되는 교인들을 직접 병원에 데리고 다니며 치료받게 하느라고 바쁜 분이었다. 이쪽저쪽 아는 사람을 통해 어떻게든 진료해줄 수 있는 곳을 찾고자 늘 애쓰신 것으로 알고 있다. 무료로 약을 탈 수 있게 절차를 밟아주시고, 필요하면 대신 가서 약을 받아주시기까지 하셨다.

당시 박사영 권사님이란 분은 폐결핵 3기였다.

마흔 살 문턱에 다다랐을 때부터 시작된 폐결핵이 더 이상 손쓸 수 없는 지경에까지 와 있었다. 가족들까지 이미 치료를 포기한 상태였다. 조 목사님은 시름시름 앓고 계시는 권사님을 무려 5년이나 꼬박꼬박 병원에 데리고 다니셨다. 너도 나도 배고픈 1960년대였다. 약만 먹어서는 안 된다며 미군 부대에서 우유 가루를 얻어다 건네시기도 하셨다.

나이 오십도 못 바라보고 돌아가실 거라고 하셨던 분이 91세까지 삶을 누리셨다.

그것만이 아니었다.

권사님의 남편 분도 조 목사님의 정성에 마음이 동해 결국 복음을 받아들이셨다. 나중에 장로로 교회를 열심히 섬기셨다. 그분이 예수님을 믿은 지 꼭 10년 만이었다. 믿음을 물려받은 두 아들까지 대를 이어 장로가 되는 모습도 볼 수 있었다.

한 사람의 생명을 귀하게 여기는 열정과 사랑이 가족 모두를 구원의 길로 이끌었을 뿐만 아니라 그 안에서 세 명의 장로를 배출해 내는 놀라운 결실을 만들어낸 것이다.

아픈 권사님 한 분을 챙기는 일이 다른 사람에게는 하찮게 보였을지 모른다. 가뜩이나 할 일 많은 목사가 너무 환자 한사람에게만 신경 쓴다고 손가락질을 받았을 수도 있다.

하지만 지극히 작은 자에게 쏟아 부은 열정과 사랑이 수십 년 뒤 어떤 열매로 나타날지는 오직 하나님만이 아신다.

그러기에 교인수가 적다고 해서 실패한 목회라고 단정 지을 수 없다. 나이, 경험의 많고 적음이 목회의 질을 결정하는 것도 아니다. 하나님 한 분만을 드러내려 할 때에 비로소 그분 앞에 인정받는 목회를 감당해갈 수 있는 것이다.

개척 교회라서 기성 교회에 비해 모든 면이 떨어진다고 생각하지 않는다.

물질적으로는 부족할 게 없지만 따뜻하고 뭉클한 정을 나누기 힘든 요즘이다. 조광록 목사님은 내게 훌륭한 본을 보여주셨다. 목회에 첫 발을 디뎠을 때 단 한 사람이라도 나를 희생하며 섬기겠노라고 다짐했던 것은 그분의 가르침이 있었기 때문이었다.

성도들만 배불리 먹이시는 게 아니다. 아낌없이 자신을 비우면 하나님은 잊지 않고 넘치게 채워주신다.

사실 나는 목사로서 자질도 부족하고, 갖춘 것도 별로 없는 사람이다.

얼굴도 변변찮고 키도 작달막하다. 한 마디로 볼품없는 외모다. 굉장히 다혈질이라 가끔씩 옆에 있는 사람들을 당황스럽게 만들기도 한다. 요즘 목사들 사이에 흔하다는 박사 학위도 없다. 남들보다 특출난 재능 같은 것은 아예 없다고 봐야 한다.

믿을 구석이 하나님 밖에 없는 것은 지금도 마찬가지다.

한눈팔지 않고 열심히 목회만 했다. 성도들이 하나님께 집중할 수 있게 옆에서 도와주는 것이라고 생각했다. 나는 그냥 없는 사람이라고 여겼다. 성도들이 하나님과 교제하는 모습에 감사하고 만족하면 되는 것인 줄로만 알았다. 어차피 내가 가진 능력으로는 교인들에게 해줄 수 있는 게 아무것도 없었다.

돌아보면 하나님은 과분할 정도로 내게 많은 것을 선사해주셨다. 좋은 아내를 만나게 해주시고, 세 자녀 모두 장성해서 자기 길을 가게 해주셨다. 교회가 지금 이만큼 성장할 수 있게 교인들을 불러모아주셨고, 박사 과정도 밟지 않은 내가 대학생들 앞에서 강의할 수 있게 특임교수에 위촉도 받았다. 그뿐만이 아니다. 중국어도 못하는 내게 중국기독교협회와 교류하며 중국에서 마음껏 사역할 수 있도록 길을 열어주신 분도 하나님이시다.

"한 알의 밀이 땅에 떨어져 죽지 않으면 한 알 그대로 있고, 죽으면 많은 열매를 맺는다"(요 12:24)고 하셨다. 나를 죽이고, 희생하는 것이 결국 내가 사는 길이고, 교회가 부흥하는 비결이다. 거기서 삼십 배, 육십 배, 백배의 결실을 거두게 해주겠다고 하셨다. 목사가 살려고 발버둥을 치니까 문제가 생긴다. 내 생각을 비우고, 내 의지를 내려놓는다면 생명력 있는 목회를 지속해갈 수 있을 것이다.

4. 문제를 해결하는 목회

문제가 없는 목회 현장은 없다.

교회라는 곳이 본래 문제를 가진 사람들이 모이는 곳이기 때문이다. 목회하기 쉬운 교회는 단언컨대 없다. 그래서 문제를 피하는 목회가 아닌 문제를 해결하는 목회를 일궈야 한다. 수많은 전쟁을 치러본 장수가 명장이 되듯이 문제를 해결하면서 노련하고, 지혜로운 목회자가 되어 가는 것이다.

어떤 사람이 자신이 십자가를 지고 축복의 성으로 가고 있는 꿈을 꾸었다.

한참을 가다보니 무거운 십자가가 어깨를 짓누르는 통에 한 발짝 한 발짝 내딛는 게 고통스러웠다. 하는 수 없이 십자가를 내려놓고 한쪽 끝을 조금 잘라내 버렸다. 그렇게 짊어지기 힘들 때마다 조금씩 잘라내다 보니 조그만 나무토막 하나만 달랑 남게 되었다.

드디어 저만치 천국이 보였다. 이제 발치께에 있는 강을 건너기만 하면 천국에 다다를 수 있었다. 사람들을 보니 자기가 지고 온 십자가를 강을 가로지르게 걸쳐놓고 그것을 다리 삼아 건너가고 있었다. 안타깝게도 그 사람에게는 팔뚝 길이 밖에 안 되는 나무토막 하나가 다였다. 무겁다고 계속 잘라버린 탓에 결국 천국을 눈앞에 두고도 들어갈 수 없었다고 한다.

자기 십자가를 지고 예수님을 따라가는 것이 목회이다.

처음부터 마지막 순간까지 오롯이 십자가만을 짊어져야 한다. 문제없이 편안하게 목회할 수 있으면 좋겠지만 현실은 그와 정반대이다. 어디를 가도 문제투성이다. 세상보다 교회가 더 심각한 문제를 가지고 있다고 해도 하나도 이상할 게 없다.

조금만 마음이 상해도 교회를 옮겨버리는 목사들이 많다.

지금 사역하고 있는 교회보다 큰 교회로 가면 문제가 한결 누그러질 것이라고 생각하는 이들도 있다. 하지만 문제를 피해 숨어버리면 도망간 그곳에서 똑같은 문제를 만나게 되어 있다. 목회하기 괜찮다는 교회도 정말 문제될 게 없어서 그렇게 소문난 게 아니다. 누군가 그곳의 문제를 자기 십자가로 여기고 짊어주고 있기에 문제로 드러나지 않고 있는 것이다.

나 역시 큰 교회로 옮길 수 있는 기회가 여러 번 있었다.

대부분의 목사들이 몸담고 싶어 하는 교회였다. 그 때마다 좀 더 쉽게 목회하길 바라는 연약한 내 마음을 들여다보게 되었다.

내가 짊어져야 할 십자가가 무엇인지 곰곰이 생각해보지 않을
수 없었다. 고민 끝에 내린 결론은 지금 교회를 계속 섬기는 거
였다. 큰 교회로 간다고 내 어깨 위에 놓인 십자가가 화려해지고,
가벼워질 일은 없을 것 같았다.

"한 교회에서 십년 이상 목회한 목사님을 만나면
머리를 숙이십시오.
한 교회에서 이십년 이상 목회한 목사님을 만나면
허리를 굽히십시오.
한 교회에서 삼십년 이상 목회한 목사님을 만나면
무조건 그 자리에서 무릎을 꿇으십시오."

한신대학교에서 교수이셨던 고 김정준 박사님은 한 교회에서
꾸준히 목회한 목회자에게 존경을 표해야 한다고 가르치셨다고
한다. 긴 세월을 버틴다고 문제가 점점 작아지거나 눈 녹듯 사라
지는 게 아니다. 반복되고 또 반복되는 수많은 문제를 온 몸으로
헤치고 왔기에 오랫동안 목회할 수 있었다는 것을 잘 아셔서 그
렇게 말씀하신 것이다.

죽도록 사랑해서 결혼한 부부도 본인들의 결정을 후회하는 날
이 있다. 전혀 안 그럴 것 같던 사람들이 지독한 권태기를 보내기
도 한다. 목사와 성도 사이도 마찬가지다. 처음에는 목사가 말하
는 모든 게 은혜롭다가도 서로 실망하고 마는 경우가 얼마나 많
은지 모른다. 참았기 때문에 결혼생활을 지속할 수 있었다고 많
이들 얘기한다. 목사도 참고 인내하는 수밖에 없다. 참지 않고서

는 문제를 해결할 수 없기 때문이다.

옛날 어른들이 시집온 며느리는 귀머거리 삼년, 벙어리 삼년, 장님 삼년을 보내야 한다고 말씀하셨다. 참고, 또 참고, 계속 참다보면 행복한 목회를 하는 때가 온다. 사십년 가까이 목회를 해보니 이제 그 지점에 발을 들인 것 같은 느낌이 든다. 교인들도 나를 참아줄 만하고, 나도 교인들에게 너그러워진 것 같다.

목회 성공은 교인이 많아서도 아니고 교회를 크게 지어서도 아니다. 큰 교회를 만들어서 교인들이 불행해졌다면 그것은 절대 성공한 목회가 아니다. 교인들이 목사님을 만나서 행복하다고 고백해올 때 목회 성공을 얘기할 수 있지 않을까? 교인이 행복하고, 목사가 행복해야 진정으로 목회에 성공했다고 할 수 있는 것이다.

끊임없이 일어나는 문제를 내 십자가를 지는 것이라고 생각하면 어려움이 조금은 덜해진다. 내가 질만 하니까 주님께서 그만한 십자가를 지게하신 것이다. 문제를 해결해가는 데서 보람을 찾고, 만족감을 얻어야 한다. 그래야 목회할 수 있다. 그런 나를 위해 하나님이 큰 상을 준비해 놓고 계시다는 것도 머지않아 알게 될 것이다.

5. 한 걸음 쉬어 가는 목회

"이천휘 목사! 한국 교회 목사들은 목회를 백 미터 달리기 식으로 한다고. 쉬지 않고 그냥 열심히만 하려고 그래. 그러니까 나가떨어지는 거야. 이번에 겪어봤으니까 잘 알 거 아니야. 아픈 목사들이 얼마나 많은지. 목회는 마라톤이지 단거리 달리기가 아니야. 이참에 푹 쉬어두라고."

"네, 알겠습니다. 교수님."

대학교 은사이신 김광식 박사님의 당부를 그냥 넘길 수 없었다.

나중에 연세대학교 신학과 학장을 역임하시고, 협성대학교 총장까지 지내신 분의 말이라 감히 거역하지 못해서 그런 게 아니었다. 절로 고개가 끄덕여졌다. 그동안 무엇이 문제였고, 이제 어떻게 해야 하는지 나도 잘 알고 있었기 때문이었다.

2005년이었다.

갑자기 정신을 잃고 쓰러져 응급실에 실려 간 일이 있었다. 여러 검사를 받았지만 결과는 모두 정상이었다. 과로가 원인이었다. 피로가 오래 누적되는 바람에 몸에 과부하가 걸린 것이었다. 병원에서도 쉴 것을 권했다. 계속 혹사하면 몸이 망가져버릴 수도 있으니 앞으로 조심해야 한다고 했다.

사실 그 전에 안식년을 떠나려고 했었다.

6개월 동안 재충전하는 시간을 갖기로 이미 얘기가 된 상태였다. 하지만 IMF가 터지면서 생각해놓은 게 헝클어지고 말았다.

몇몇 교인들은 부도를 맞고 울상이 되어 있었다. 먹고사는 게 어려워져 마음 상해 있는 성도들을 그냥 두고 갈 수는 없었다. 과감히 안식년 계획을 접었다. IMF를 극복하는 게 먼저였다. 언젠가 기회가 또 올 것이라고 생각만하고 있던 터였다.

그 해에 마산 합성교회에서 목회 하시던 구동태 목사님을 부흥회 강사로 모셨다.

같이 이런저런 얘기를 하다 얼마 전에 과로해서 병원 신세를 졌고, 안식년을 가져야 하나 고민이 된다고 나눴다. 안식년을 결정했다가 가지 못한 적이 있어서 망설여지기도 한다는 말도 전했다. 그러자 구 목사님이 반색하며 본인의 경험을 들려주셨다.

젖 먹던 힘까지 짜내 교회를 건축하고 났더니 매일 같이 몸이 천근만근이었단다.

여기서 조금이라도 더 무리했다가는 정말 쓰러질 것 같은 느낌이 들 정도였다. 이렇게 잘못되는 것보다 쉬는 게 마땅할 것이란 생각에 장로들에게 안식년을 갖게 해달라고 부탁했다. 건축하느라 이고 있는 빚이 산더미였지만 하나님께 맡기고 일단 자신 먼저 챙기기로 했다고 한다.

"이 목사! 목회는 내가 하는 게 아니야. 하나님이 하시는 거지. 담임목사인 내가 없으면 부흥도 안 되고, 빚도 못 갚을 줄 알았어. 그런데 내 생각과 하나님의 생각은 다르더라고."

안식년을 마치고 돌아온 구 목사님은 놀라움을 금치 못했다.

담임목사가 없는데도 새가족이 많이 등록해서 신앙생활을 하고 있었고, 두 어깨를 짓누르던 빚은 눈에 띄게 줄어 있었단다. 기왕 마음먹은 거 빨리 다녀오라며 내 등을 두드려주셨다. 담임목사들이 자기가 교회를 비우면 큰 일 나는 줄 아는데 혼자 착각하는 것이라는 말도 농담 반 진담 반으로 건네주셨다.

다음 해인 2006년 3월, 미국 샌프란시스코로 향했다.

두 선배들 덕분에 용기를 낼 수 있었다. 교인들에게는 딱 반년만 쉬고 오겠다고 알렸다. 다들 정말 잘 결정했다고 북돋아주셨다. 적어도 내 앞에서 못마땅한 눈초리를 보내는 사람은 없었다. 우리 목사님이 보고 싶어서 어떻게 하느냐고 엄살 피우는 말만 들릴 뿐이었다.

마침 군 복무를 마치고 돌아온 막내아들도 같이 비행기에 올랐다. 제대하자마자 또 떨어져 있는 것보다 훨씬 나을 것 같았다. 미국에서는 그곳에서 갓 대학원을 졸업한 둘째 딸이 우리를 기다리고 있었다. 직장생활을 해야 하는 큰 딸이 함께 못 가서 서운했지만 흩어져 있던 가족이 수년 만에 다시 한 자리에 모인다는 설렘이 더 컸다.

교회에서는 내가 자리에 없는 6개월 동안 사례비를 평소처럼 지급해주셨다.

우리 가족이 미국에서 머물 아파트 임대료는 물론, "미국에서 차가 없이 어떻게 사시겠느냐?"며 차를 구입해서 쓰시다가 가져오셔서 사모님께 드리라고 하면서 큰 배려를 해주셨다. 안식년을 승낙해준 것만 해도 감사한데 그곳에서 살 수 있도록 넉넉한 비용을 주셔서 황송한 마음이었다.

가족들과 두런두런 이야기하며 밥 먹는 아침이 더없이 행복했다.

저녁에도 옹기종기 붙어 앉아 느긋하게 숟가락을 들었다. 곰곰이 말씀을 읽다 은혜에 잠겨 기도하고, 아내가 받은 은혜를 나누다 보면 몇 시간이 훌쩍 지나 있었다. 선선한 오후 햇살이 비치면 근처 공원을 천천히 걸었다. 한국에 있는 성도들을 떠올리며 산책하는 시간이 좋았다.

주일에는 매번 다른 교회를 찾아갔다.

한인 교회와 현지 교회를 두루 다니며 저마다의 좋은 점을 주의 깊게 살폈다. 선포되는 메시지도 놓치지 않고 귀 기울여 들었다. 그동안의 목회를 두세 발짝 떨어져서 되돌아볼 수 있었다. 앞으로 한국 교회가 어떻게 변화되어 갈지 가늠해보기도 했다. 생각하고, 정리할 것이 많았다.

"사모님! 교회에 와도 항상 2%가 부족해요."

"목사님이 안 계시니까 교회가 비어 있는 것 같아요."

꼭 4개월이 지나면서 몸이 가뿐해졌다. 건강을 되찾고 있다는 것을 확연히 느낄 수 있었다. 반년 안에만 괜찮아지길 바랐는데 생각했던 것보다 회복되는 속도가 빨랐다. 그 사이 아내는 미니홈피를 통해 성도들과 계속 근황을 주고받았던 모양이다. 때때로 성도 누구와 누구가 올린 사진에 댓글을 달았다는 얘기를 듣는데 빨리 가서 보고 싶은 마음이 물밀 듯 밀려왔다.

아내도 교인들을 그리워하고 있었다.

쉼을 누리는 것도 좋지만 그래도 교회에서 교인들과 함께 있는 게 가장 행복하다는 것을 벌써 깨달은 터였다.

둘 다 6개월을 다 채울 자신이 없었다. 한 달을 당겨서 들어간다고 해서 큰 문제가 될 것 같지 않았다. 아내의 미니홈피 댓글을 확인해보니 교인들도 내심 어서 와줬으면 하는 눈치였다.

서둘러 5개월 만에 한국으로 돌아왔다. 푹 쉬고 들어오니 목회하는데 생기가 돌고, 탄력이 붙는 느낌이 들었다. 성도들도 담임목사의 자리가 그렇게 큰지 정말 몰랐다며 두 팔 벌려 귀국을 반겨주었다. 분명 오래 머문 곳이고, 익숙한 사람들인데도 한동안 모든 게 새롭게 보였다. 방금 새로 부임해온 것 같은 기분이었다. 그렇게 이전과 다른 마음으로 다시 시작할 수 있었다.

부목사들에게 맡겨놓은 5개월이 마냥 편했던 것만은 아니었다.

경험이 부족한 목사들이 잘 해낼 수 있으려나 걱정이 되기도 했다. 하지만 내가 쉬는 동안 새신자 명단에 백오명이 새로 올라와 있었다. 우리 교회는 내가 꾸려온 게 아니라 하나님이 친히 이끌어 오셨다는 것도 다시금 되새겼다. 한 달에 스무 명꼴이었다. 하나님이 우리 교회를 부흥시켜주셨다는 사실을 또 잊고 있던 내 자신이 부끄러웠다.

구동태 목사님이 내게 그러셨던 것처럼 지친 목사들을 만날 때마다 안식년을 가지라고 권하며 내 경험을 들려준다. 안식년은 더 나은 목회를 위해 반드시 거쳐야 하는 과정이다. 적당히 쉬면서 건강을 챙겨야 영향력 있는 목회를 펼칠 수 있고, 교인들에게도 은혜를 끼칠 수 있다. 건강이 따라주지 않으면 큰 꿈을 꾸지도 못할 뿐더러 도전도 할 수 없게 된다.

지금은 원로목사로 계시는 한사랑교회의 임영훈 목사님과 예전에 점심식사를 같이 한 적이 있었다. 강원도에 일이 있어서 같이 갔다가 내 차로 모시고 오는 길이었다.

휴게소에 들러 5천 원짜리 음식을 하나씩 주문했다. 목사님이 한 숟가락 뜨시더니 떨떠름한 표정을 지으셨다. 기대했던 맛이 아니었던 모양이었다.

"여보, 당신 건 어때?"

"제 음식은 괜찮은데요."

옆에 계신 사모님이 자기 것은 맛있다고 하시자 임 목사님은 바로 음식을 다른 것으로 다시 시켜달라고 하셨다.

"목사님, 시키신 건데 그냥 잡수시지 그러세요."

내가 더 드셔보라고 말씀드려봤다.

"나는 그렇게 안 살아. 내 몸이 쓰레기통인가? 먹기 싫은 걸 왜억지로 집어넣어? 내 몸이 얼마나 귀한 몸인데…. 만 원짜리 맛있는 밥 먹는다고 생각하면 되는 거지."

목사님의 생활 철학을 엿볼 수 있었다. 내겐 배움이 되었다.

비싼 음식을 먹어야 된다는 말이 아니었다. 내게는 맛있게, 행복하게 먹어야 건강해진다는 뜻으로 생각됐다. 나뿐만이 아니라 교인들을 위해서라도 건강을 지킬 필요가 있었다. 내 몸이 보통 몸이 아니라는 생각이 들어 살짝 미소가 번지기도 했다.

어릴 적 학교에서 소풍을 가면 선생님께서 "소풍은 수업의 연장이다!"라고 말씀하셨다. 나도 후배 목사들에게 "안식년은 목회의 연장이다!"고 조언해주고 싶다. 내가 건강해야 목회도 건강해지는 법이다. 쉴 때 쉴 줄 알아야 진짜 목회자다. 잠시 멈춰 정비하고, 재충전하는 기회를 또 가져볼 수 있을까? 십년 전 미국에서 보낸 5개월은 목회를 더 단단하게 해주는 시간이 되었다.

6. 목회로 승부하는 목회

목숨 걸고 목회해도 모자랄 판에 자꾸 다른 곳으로 눈을 돌리는 목사들도 있다.

어떤 사람은 교회 안에 카페를 차리고 거기서 벌어들인 돈으로, 어린이집을 운영해서 들어오는 수입으로 교회의 부족한 재정을 메우려 한다. 그런데 그런 이유로 목회가 뒷전으로 밀려나는 경우도 있다. 어려운 교회 사정을 타개해볼 요량으로 자꾸 다른 데 신경을 쓰다 본래의 사명을 망각할 때가 있다.

교회에 도움이 된다고 하지만 내 생각은 다르다. 예쁜 카페를 열었다고 해서 어린이집이 잘 되어서 교인들이 은혜 받는 것은 아니다. 목회의 한 부분은 될 수 있지만 그것으로 목회의 돌파구가 마련되는 것은 아니다. 목회의 큰 줄기가 아닌 곁가지라는 얘기이다.

목회는 목회로 승부해야 한다.

교인들은 목사의 무릎 꿇는 기도에, 가슴 북받치게 하는 설교에 은혜를 느낀다. 부지런히 발품 팔며 전도하고, 정성을 기울여 심방할 때 마음을 움직인다. 그렇게 해야 하나님을 위해 살겠다는 그들의 결단을 이끌어낼 수 있다. 다른 일에 시선을 돌리는 사람보다 오로지 목회 하나만을 생각하는 이에게 부흥을 허락하시지 않을까?

교회의 재정을 메우기 위한 사역이 되어서는 안 된다.

오히려 그와 반대로 하나님이 교회에 부어주신 재정을 가지고 지역사회를 섬기는 사역을 해나가야 한다. 그렇지 않으면 교회가 장사 터가 될 수밖에 없다. 돈을 바라보게 되고, 수지타산을 따지게 될 것이다. 적자가 난다는 이유로 사역을 접게 될지도 모른다.

교인들이 교제할 수 있는 장을 마련해주기 위해 또는 주민들에게 전도하기 위해 카페를 만드는 것은 괜찮다.

우리 교회에도 커피를 마시며 애기할 수 있는 공간이 따로 있다. 장로들이 돌아가면서 자비로 커피 재료를 사온다. 단기선교 같은 특별한 일이 있을 때만 후원금을 모으기 위해 판매하지 평상시에는 누구나 공짜로 커피를 즐길 수 있게 해놓았다.

요즘 작게라도 카페가 없는 교회가 없을 정도다.

대부분 교회에서 가장 좋은 자리를 카페로 꾸며 놓는다. 영업 허가까지 받아서 카페를 운영하는 교회도 있다. 유행처럼 번진지 이미 오래다. 지역주민들도 자유롭게 드나들 수 있게 해놓은 곳도 많다. 평일에는 교인이 아닌 사람들도 쉽게 볼 수 있다.

어쩌다 그런 카페에 앉게 되면 별의별 얘기를 다 듣게 된다.

여기가 교회인지 아닌지 구분하기 힘들 정도이다. 길거리에서 지나가는 사람들에게 따뜻한 커피를 타드리며 전도하는 분들도 있다. 신성하게 구별된 교회의 공간이 장사 터가 되는 것보다는 지역주민들을 섬기고, 그들을 전도하기 위함이라면 돈을 받고 팔기보다 무료로 제공해드리는 것도 괜찮을 것 같다.

기도의 성자라 불리는 E.M. 바운즈는 "초대교회의 복음사역에서 물질이 차지하는 비중은 극히 적었고, 기도가 큰 비중을 차지했다"고 말했다. 교회 안의 카페에 대해서 정말 진지하게 재고해봐야 하지 않을까 싶다.

나는 부평제일교회의 두 번째 건축을 준비하고 있다. 새 교회 건물에 들어간다고 해도 재정에 얽매이는 카페는 만들지 않을 계획이다.

나는 어려울 때부터 지금까지 한 번도 바깥에 손 벌리지 않고 목회했다. 십 원 한 푼도 도와달라고 말해본 적이 없다. 그래도 다른 데 눈 돌리지 않고 열심히 임했더니 하나님이 이만큼이나마 목회하게 해주셨다. 돈을 마련하기 위한 사역보다는 우직하게 기도하고, 전도하고, 말씀 전하는 것에 전념해왔기 때문이라고 믿고 있다.

은혜롭고, 영감 있는 설교로 교인들이 모여들게 해야 한다.

그러려면 말씀 안에 머물며 기도하는 수밖에 없다. 그렇게 교회에 다니며 자신의 문제가 해결될 때 우리 교회 교인이 되는 것이다. 성경을 잘 가르쳐서 좋은 신앙을 갖게 하는 게 목회다. 그러다보면 큰일을 맡게 해주신다. 다른 방법이 있는 것이 아니다.

4
원칙

확고한 원칙이 있어야 한다.

1. 은혜로운 목회는 원칙에 입각한 목회

"목사님! 은혜롭게 용서하셨으면 합니다."

교회에서는 '은혜롭게'라는 말을 참 자주 사용한다. 너나 할 것 없이 교회 안의 모든 일이 은혜롭게 처리되고, 진행되기를 바란다. 하지만 잘못을 저지른 부분까지 은혜 운운하며 대충 덮고 넘어가려고 해서 문제다. 은혜롭게 덮는다고 해서 은혜가 되는 것이 아니다. 원칙이 없는 은혜는 이미 은혜가 아니기 때문이다.

정해진 원칙을 따르고 존중해야 다음에도 그 원칙을 지켜나갈 수 있다.

한 번 무너진 원칙은 다시 세우기가 어렵다. 지난번에 눈감아 주었으니 이번에도 책임을 물을 수 없다는 말이 나올 게 뻔하다. 은혜롭게 목회한다는 말은 무조건 다 덮는다는 뜻이 아니다. 조금 까다롭더라도 원칙대로 해나가야 은혜로운 목회가 된다.

요한복음에 간음하다 현장에서 붙잡혀온 여인이 등장한다.

예수님은 간음한 여인에게 "나도 너를 정죄하지 아니하노니"(요 8:11)라고 용서의 손길을 내미셨지만 바리새인들에게는 그 같은 메시지를 전하지 않으셨다. 간음한 여인은 자신의 죄를 뉘우치고 회개할 수 있는 사람이었지만 바리새인들은 자신이 무엇을 잘못했는지 깨닫지도 못했기 때문이다.

은혜롭게 덮고 넘어가기 위해서는 자신의 잘못을 시인하는 회개가 반드시 선행되어야 한다. 부끄러워하며 뉘우쳐야 용서가 따르는 법이다. 그것이 하나님의 원칙이다. 회개가 없는 용서를 은혜라고 말하면 안 된다. 회개하지도 않았는데 그냥 용서할 수는 없다. 예수님도 바리새인들이 자신의 죄를 시인했다면 분명히 그들을 용서해주셨을 것이다.

2. 부평제일교회의 인사 원칙

지난 38년 동안 부평제일교회에는 한 번도 분열이 생기지 않았다. 목사와 교인들 사이에 심각한 불신이 조성되었다거나 목사하고 장로들이 얼굴 붉히면서 옥신각신 하는 일이 다행히 없었다. 특별히 인사에 있어 나름의 확고한 원칙을 지켜왔기에 그것이 가능했다는 생각이 든다. 가능한 예외를 만들지 않으려고 했다.

목회자와 장로들이 모여 새로운 직분자를 세울 때 그동안 정리해온 인사 자료를 먼저 들여다본다. 예를 들어 집사를 세우기 전에 한 해 주일예배에 3분의 2 이상 출석했는지부터 꼼꼼하게 살핀다. 꾸준하게 십일조를 드리고 있는지, 어느 부서에서 봉사하는지, 속회에 참석하고 있는지도 거기에 적혀 있다. 기준에 합당한 사람만 집사로 세운다.

권사는 더 엄격하다.

십일조 외에 감사헌금과 절기헌금도 성실하게 드리고 있는지 꼭 확인한다. 또한 권사가 되려면 반드시 건축헌금을 작정하고 드려야 된다. 특별새벽기도회에 참석했는지도 본다. 여선교회나 남선교회, 청장년선교회 등 기관 활동을 하고 있는지도 중요하다. 가족들이 교회 봉사를 함께 하고 있는 것도 참고한다.

장로는 40세 이상 된 교인 중에서 권사로 5년 이상 섬긴 사람을 세운다.

보다 철저하고, 까다롭게 자료를 검토한다. 반드시 자료상으로 자격을 갖춘 사람이어야 한다. 이번에는 몇 명의 장로를 세울 지만 결정하면 된다. 공천위원회에서 무기명으로 투표하면 별다른 이의 없이 의견이 모아진다. 모두 수긍할만한 사람들이 장로로 뽑히게 되어 있다.

얼마나 냈는지 보려고 헌금 내역을 살피는 게 아니다.

억대 연봉을 받는 사람과 3천만 원 밖에 안 되는 사람은 차이가 날 수밖에 없다. 적어도 장로에 오를만한 사람들은 교회 안에서 오래 교제해왔고, 서로에 대해 잘 알고 있는 분들이다. 최선을 다해 헌금생활을 하고 있는지, 형식적으로 드린 것인지 자료를 들여다보면 어느 정도는 가늠할 수 있다.

인사 자료가 신앙의 전부를 보여주는 게 아닌데 너무 거기에 의존하는 게 아니냐는 말도 있다. 틀린 말이 아니다. 대인관계, 마음씨, 말씨 같은 것도 물론 중요하다. 그럼에도 철저하게 인사 자료를 잣대로 삼는 것은 공정성을 유지하기 위해서다. 자료를 참고사항 정도로만 여기는 순간 공정성을 잃어버리게 되기 때문이다.

자기가 권사가 못 되고, 장로로 안 세워졌다고 교회를 박차고 나가는 사람들도 있다.

직분을 받기 위해 얼마나 노력했는데 그걸 몰라주었다고 실망한다. 그런 사람이 우리 교회에도 많다. 나중에 권사가 된 사람이 먼저 장로가 될 수 있다. 지금 신앙생활을 어떻게 하느냐가 중요하지 순서대로 직분을 주어야 하는 것은 아니다. 나는 직분 때문에 불만을 품고 떠나는 사람을 절대 붙잡지 않는다. 그런 생각으로 섬기면 은혜로운 교회가 될 수 없기 때문이다.

직분을 잘 세워야 교회가 평안하다.

인사가 만사라고 했다. 우리 교회는 인사 자료를 근거로 나름의 공정성과 합리성을 꾀해오고 있다. 남녀에도 차별을 두지 않는다. 장로 세 분 중 두 분이 여자 권사 중에서 세워진 해도 있었다. 총회에서 교단 법을 손질하고 다듬는 일을 했던 장로들도 직분을 세우는 방법에 대해서 좋은 평을 해주고 있다.

그냥 주먹구구식으로 세우려고 들면 다들 자기가 좋아하는 사람의 이름을 올리는데 급급하게 된다. 목사라고 다르지 않다. 평소 눈여겨 봐두었던 사람을 내밀게 되어 있다. 그 사람은 이래서 자격이 없고, 저 사람은 요래서 안 된다는 부정적인 말이 쏟아져 나올 수밖에 없다. 결국 원칙은 떠나가고 네 편, 내 편을 나누는 모임이 되고 마는 것이다.

거기서 그치지 않는다. 교인들도 입김 세고, 힘 있어 보이는 장로 편에 줄을 서게 된다. 누구 장로의 눈에 들어야 권사가 되고, 집사가 될 수 있겠다는 생각이 들기 시작하는 것이다. 끼리끼리 모이고 어울리는 패거리 문화와 별반 다를 바가 없다. 교회가 나누어지고 있고, 갈라지고 있다고 해도 결코 틀린 말이 아니다.

우리 교회는 그런 걱정을 하지 않아도 된다.

인사 자료라는 명확한 원칙을 가지고 있고, 그 원칙대로 사람을 세우기 때문이다. 자료를 들여다보면 성실하게 신앙생활을 해온 사람이 다 나와 있다. 이번에 아무개 권사가 장로가 되면 좋겠다는 말을 굳이 꺼내지 않아도 된다. 이번에는 누구를 장로로 세우고, 권사로 세울지 고심하며 고를 필요가 없는 것이다.

은혜로운 목회는 원칙에 입각한 목회이다.

좋은 게 좋은 것이라고 대충 덮어버리고, 충분히 따져보지 않고 얼렁뚱땅 넘어가다보면 은혜는 어느 순간 사라져버리고 말 것이다.

'이번 한 번만'이라는 말에 미혹되어서는 안 된다. 잘못된 선례가 만들어지면 그 다음부터는 계속 덮고 가야만 된다. 교회가 문제를 해결할 수 없는 무능한 집단이 되는 것을 보고만 있어야 할지도 모른다. 이것을 분명히 알고 목회에 임해야 한다.

원칙에 입각한 목회는 모든 판단과 질의에 공명정대하고 합리적이어야 한다. 아울러 편견과 과장, 왜곡을 지양해야 한다. 그러기 위해서 법과 원칙을 꼭 붙들고 있어야 한다. 첫째는 성경이고, 둘째는 교회법이고 셋째는 국가법이다.

이것이 우리에게 주신 원칙이다. 원칙대로 목회하면 문제 될 것이 없다. 원칙을 소홀히 여기기 때문에 골치 아픈 일이 자꾸 일어나는 것이다.

3. 큰 원칙이 빠진 세습방지법

원칙을 소홀히 여겨 곪아터진 교회 세습이다.

전임 목사가 자기 아들을 후임 목사로 세우는 일이라면 불법도 마다하지 않는 분들이 있다. 법망을 교묘히 피한 변칙세습까지 서슴지 않고 행해지고 있다. 그 부작용은 고스란히 교인들 몫이 된다. 이 일로 교회가 지탄의 대상이 된지 이미 오래다. 반발이 계속되고, 갈등의 골이 깊어지면서 교회를 떠나는 이들이 계속 생기고 있다.

이로인해 교회세습방지법까지 만들어졌다. 임기를 마친 담임목사의 자녀가 같은 교회에서 담임목사직을 맡을 수 없도록 하는 것이 골자다.

나 역시 교단에 속한 목회자로서 교단의 방침을 존중하고 있고, 순종하고자 하는 마음을 가지고 있다. 하지만 그럼에도 이 법에는 가치 있게 여겨도 되는 큰 원칙이 빠진 제도 같다는 생각을 금할 수 없다.

우리나라 첫 여성 대통령의 아버지도 대통령이었다.

아버지도 대통령이었고 그 딸도 대통령이 되었지만 아무도 이의를 제기하지 않는다. 국민의 지지를 받아 당선되었기 때문이다. 인간문화재의 자녀가 아버지의 기술을 전수 받고 가업을 이어가는 예도 쉽게 찾아볼 수 있다.

교회도 마찬가지다. 장로의 자녀들도 얼마든지 장로가 되어서 같은 교회를 섬길 수 있다.

나는 담임목사의 아들이 후임자가 되는 것 자체가 잘못된 것이라고 보지 않는다. 공정하고 올바른 경선을 통해서 교인들이 자유롭게 자신의 의사를 반영해 결정된다고 하면 어느 누가 그것을 세습이라고 말하겠는가? 아들일지라도 교인들의 지지와 존경을 받으며 대를 이어서 교회를 섬길 수 있는 것이다.

문제의 본질은 자신의 아들을 후임목사로 앉히기 위해 오래전부터 준비해오는 데에 있다.

반대할 것 같은 사람은 일찌감치 중요한 자리에서 물러나게 하고, 자신의 계획에 유리하게끔 교회 규칙을 미리 뜯어고쳐놓으니 바람직하게 보일 리가 없다. 갖은 꼼수를 쓰고, 편법을 동원해서라도 기어코 아들을 후임자로 만드는 바람에 세습이라는 딱지가 붙게 된 것이다.

세상 모든 사람이 직업을 택할 때 평등한 권리를 갖는다.

기업 대표의 자녀도 그 회사에 떳떳하게 지원할 수 있다. 후임목사를 정할 때 목사의 아들에게도 동등한 기회가 주어지는 게 마땅하다고 본다. 아들이라는 이유 하나만으로 지원도 할 수 없게 법으로 막아 놓는 것은 헌법정신에도 어긋나는 것이라고 생각한다. 세습 절차가 아니기 때문이다.

교회가 원하는 신앙과 성품을 갖추고 있고, 능력도 출중하다면 아버지가 목회한 교회에 후임으로 들어가지 못할 이유가 없다. 아버지의 목회정신과 수십 년 된 노하우를 이어받는데 아들만큼 적격인 사람을 찾기 힘들 것이다. 오히려 아들이 목회를 더 잘 할 수도 있다. 아버지가 아끼고 사랑하던 교인들과 오랫동안 같이 신앙생활을 해왔기 때문이다. 그리고 비용도 적게 든다.

한국 교회는 이미 충분한 자정능력을 지니고 있다고 본다.

요즘 교인들은 담임목사가 아들을 후임자로 생각해놓았다고 해서 무조건 찬성하지 않는다. 세습방지법을 만들어놓지 않아도 될 만큼 자기 의사 표현을 분명히 할 줄 안다. 여러 교회의 세습 파동을 접해봐서 그런지 똑똑해지고, 노련해졌다.

목회자가 넘쳐나는 시대다.

목회자를 줄이면 줄였지 더 늘리는 교회를 찾아보기 힘들다. 교인수가 열 명밖에 안 되는 교회도 자리가 없어 못 가는 실정이다. 목회지를 사고파는 일까지 일어나고 있다. 매주 출석하는 교인이 몇 십 명뿐인 작은 교회도 거금을 줘야 후임목사로 갈 수 있다는 것은 이미 공공연히 알려진 사실이다.

아버지라면 누구나 본인이 은퇴하기 전에 신학을 전공한 아들이 좋은 교회에서 목회할 수 있도록 도와주고 싶을 것이다. 그럼에도 전임자의 기득권을 가지고 꼼수를 써서는 안 된다. 자기 아들을 반드시 후임으로 세우겠다는 생각을 하나님 앞에 내려놓아야 한다. 설사 바라는 대로 되었을지라도 잘못된 방법을 사용했다면 결국 아들까지 비난을 면치 못하게 될 것이다.

아들이 행복하게 목회할 수 있게 힘을 보태고 싶다면 두 가지를 잘 하면 된다.

우선 아들을 잘 키워야 한다. 어디에 내놓아도 영력과 능력이 모자라지 않는 목회자로 설 수 있게 키워야 한다. 그리고 아들이 공정하고 정당하게 교인들의 선택을 받게 해줘야 한다. 그래야 뒤탈이 없다. 아들을 이용해 사사로운 이득을 얻으려고 해서는 안 된다. 아들 뒤에서 계속 기득권을 쥐고 있으려 하기 때문에 세습방지법이 만들어진 것이다.

세습방지법은 감리교단에서 가장 처음 만들었다.

관련 법안을 논의한다는 얘기가 나왔을 때 나는 세습방지법을 만드는 대신 목사들이 세습하지 않겠다고 양심선언하자고 주장했다. 내가 앞장설 테니 다 같이 서명하자고 목소리를 냈다. 법으로 제재해야만 하는 현실이 가슴 아프고, 답답했기 때문이었다.

사실 법에 대해 말하지만 법보다 상위의 개념이 상식이다. 상식이 통하면 법이 만들어질 필요가 없다. 상식보다 상위의 개념은 양심이다. 신앙을 가진 사람이라면 양심을 가지고 살아야 한다. 세상 사람들은 상식을 가지고 산다. 양심도 없고, 상식도 통하지 않는 교회 지도자들이 많은 것 같아 안타까울 뿐이다.

4. 자식들을 장로로 키우자

나는 목사 자녀가 장로가 되고, 장로 자녀가 목사가 되면 한국 교회가 좋아질 것이라고 늘 얘기한다. 목사가 되어 목회를 해보니 장로가 되는 게 더 중요할 수도 있겠다는 생각을 자주 하게 되었다. 좋은 장로가 잘 도와주어야 소신껏 목회할 수 있기 때문이다. 장로를 잘못 만나서 목회가 엉망이 되는 경우가 얼마나 많은지 모른다. 내 아이들에게도 앞으로 목회자의 오른팔 노릇을 잘 해야 한다고, 그래야 교회가 건강해진다고 가르쳐왔다.

자식이 목회자가 아니니까 담임목사 자리를 어떻게 물려주어야 하나 고민하지 않아도 된다. 세습에 대한 걱정 없이 편안하게 후임목사를 찾을 수 있다. 담임목사 되기가 하늘의 별따기만큼이나 어려운 현실이다. 본인이 은퇴하고 나서도 어렵게 목회하는 아들을 가슴 아프게 지켜봐야 할 수도 있다.

반대로 장로로 키워놓으면 전문 직업을 가지고 일하면서 아버지의 노후를 편안하게 해줄 것이다.

교회 안의 갈등도 확연히 줄어들 것이다.

내 부모님은 두 분 다 장로였다. 어릴 적부터 듣고 자란 말이 장로들이 나누는 얘기였다. 장로들의 입장을 헤아리는 게 크게 어렵지 않았다. 어떤 생각에서 저런 말을 했는지 쉽게 이해되었다. 듣기 거북한 말이 나왔을 때도 큰 반감이 생기지 않았다. 바라보는 방향이 다를 수 있다는 것을 일찌감치 알고 있었기 때문이다. 장로들의 마음을 읽어주고, 내 생각을 전달하는 것도 그만큼 편하게 할 수 있었다.

하지만 목회자 아들이 똑같이 목사 안수를 받으면 장로에 대해 모를 수밖에 없다.

장로 아들이 아버지처럼 장로가 되니까 여전한 방식으로 목사를 대하게 되는 것이다. 서로 자리가 바뀌면 이해하는 폭이 넓어져서 좋을 것 같다. 목사와 장로 간의 관계도 훨씬 돈독해지고,

성숙해질 것이다. 한국 교회가 그렇게 했으면 하는 바람이다.

"제 아버지도 목사님이십니다."

목회자를 대하는 태도가 분명 달라질 것이다. 자기 아들이 곧 목사가 될 텐데 일단 목회자에게 잘 하고 보지 않을까?

"제 아버지도 장로님이십니다."

힘들게 교회를 섬겨온 아버지를 생각해서라도 장로들에게 함부로 하지 않게 될 것이다. 자식들에게도 이렇게 목회자를 도우라고 가르칠 것이다.

5
성경

목회자의 평생 교과서이다.

1. 처음부터 끝까지 적어도 백번 넘게

"그래, 김 목사! 오랜만이야. 성경 읽느라 바쁘지?"

후배 목사들과 연락이 닿으면 요즘 성경 많이 읽고 있느냐고 안부 삼아 물어보곤 한다. 젊은 시절 오며가며 만났던 선배들도 성경 좀 열심히 읽으라는 잔소리를 귀가 아프도록 늘어놓았다. 말씀으로 사람을 키우는 목사라면 성경을 처음부터 끝까지 적어도 백번 이상 되풀이해서 읽어두고 지금도 계속 곱씹고 있어야 한다. 성경에 있어서만큼은 유식하기로 손꼽히는 사람이어야 하지 않을까?

안타깝게도 목사들이 성도들보다도 성경을 모르는 경우가 많다. 정말이지 목사임에도 성경을 즐겨 읽지 않는다. 하다못해 일반 대학생들도 학과 교재를 매일 열심히 들여다본다. 소설처럼 한두 번 읽고 끝내버리는 수준이 아니다. 내 것으로 만들어질 때까지 샅샅이 열중해서 읽는다. 3학년, 4학년이 되어서 공부가 어려워져도 책을 놓지 않는다.

목사에게 성경은 전공서적이나 다름없다. 십 년차, 이십 년차는 물론 목사 사십 년 차가 되어도 결코 성경에서 벗어날 수 없다. 죽을 때까지 오로지 성경이다. 말씀 읽기와 묵상은 목사에게 주어진 크나큰 사명이라 해도 틀린 말이 아니다. 모든 페이지가 노랗게 빛이 바래도록 넘겨 읽어도 진리를 온전히 다 알 수 없을 것이다. 성경을 항상 붙들고 있어야 하는 이유다. 성경책을 사무실 책꽂이에 꽂아둔 채 아예 안 가지고 다니는 목사도 흔하다. 스마트폰과 태블릿 PC에 성경 육십육 권이 전부 들어가 있다고 하지만 나는 영 마뜩치 않다. 내 스마트폰에도 성경 어플이 깔려 있다. 들고 다니기 편하고, 짐도 하나 줄일 수 있어 좋다. 말씀을 찾아보고 싶으면 주머니에서 바로 꺼내기만 하면 된다.

하지만 액정화면으로 보는 성경은 읽는 맛이 나지 않는다.

내가 옛날 사람이어서 그럴까?

종이 내음에 너무 익숙해서일까?

하지만 누구보다도 전자 팜플렛을 먼저 도입했던 가구전문점 이케아가 최근 다시 효용성과 감성을 이유로 종이 팜플렛으로 전환한 것을 보면 꼭 그런 것 같지만은 않다. 또 보통 설교 한 편을 준비하더라도 본문 몇 구절만 묵상하는 것으로 끝나지 않는다. 어떤 맥락에서 쓰였는지 살펴보려 본문이 적혀 있는 장뿐만 아니라 그 앞뒤 장도 차분히 들여다보기 마련이다. 구약과 신약을 왔다 갔다 하며 진리를 맞게 적용한 것인지도 따져봐야 한다.

　하지만 요즘 젊은 목회자들은 검색 기능을 이용해서 그냥 쉽게 해결하려 한다. 하지만 성경 검색만으로는 성경을 올바로 이해하기 어렵다. 검색 결과로 나온 부분만 협소하게 보게 되기 때문이다. 창세기부터 요한계시록까지 그 내용을 줄줄이 꿰차고 있어야 비로소 성경을 성경으로 해석할 수 있다. 검색 버튼은 똑같은 단어가 들어간 구절을 찾게 해줄 뿐이다. 손가락 터치 몇 번으로 누를 수 있는 편리함이 말씀을 진득하게 읽지 않으면 안 되겠다는 절박함을 무디게 하는 것 같다. 간단한 주제를 논하더라도 성경 전체를 들춰가며 설명할 수 있을 만큼 말씀에 능통해야 한다. 성경의 흐름과 맥락을 파악하는 것은 많이 읽지 않고는 불가능하다. 저명한 교수의 강의를 수백 번 듣는다 해도 스스로 탐독하며 깨닫기 전에는 절대 내 것으로 만들 수 없다.

　교인들은 목사가 성경을 훤히 아는 사람이기를 바란다.

　목사가 취득한 학위 같은 것은 잠깐 관심을 가질 뿐 사실 별로 중요하게 생각하지 않는다. 성도들이 교회에 나오는 것도 좋은 설교를 들으려고 찾아오는 것이지 괜찮은 강의를 한다는 소문에 발을 들여놓는 게 아니다. 목사가 성경을 풍성하게 가르쳐줄 것이라 기대하기 때문이다. 세상 지식을 전해줄 강사는 교회 바깥에서 얼마든지 찾을 수 있다.

2. 말씀을 흠뻑 빨아들이는 사람을 쓰신다

하나님의 뜻을 전하는 목사라면 온종일 말씀과 더불어 사는 삶을 살아야 한다. 무시로 말씀에 파묻히며 사소해 보이는 작은 일에도 말씀을 적용하며 지내는 것을 말한다. 말씀에 자신의 마음을 비춰보는 일도 게을리 해서는 안 된다. 수많은 삶의 정황에 알맞게 들어맞는 말씀을 살피고, 찾아내는 것도 목사의 몫이다. 모두 성경을 가까이 둬야만 감당할 수 있다.

특별히 목회를 갓 시작했을 때에 말씀을 내면에 차곡차곡 쌓아둘 것을 권한다. 목회 초창기에는 정말 남는 게 시간이다. 출석하는 교인도 많지 않고, 어디서 설교 좀 해달라고 불러주는 곳도 없다. 그 때야말로 성경을 착실히 읽어둬야 할 때다. 할 일 없다고 괜히 다른 데에 신경 쓰거나 쓸데없는데 헛되이 힘을 쏟기에는 시간이 너무도 아깝다. 목회가 커지면 조용히 말씀을 음미하고 되새기는 시간이 상대적으로 줄어든다.

성경을 펴고 앉아 있을 겨를이 없을 정도로 정신없이 바쁜 때를 보내기도 한다. 약속한 집회를 인도하고, 선교지를 둘러보러 나갔다 오면 일주일이 후딱 지나가버리기도 한다. 그럴 때 평소 읽어둔 말씀이 은혜를 길어 올리는 우물이 되어준다. 열심히 읽어야 한다. 말씀을 흠뻑 빨아들이고 있는 사람을 하나님은 반드시 쓰신다.

그리고 목사는 성경을 가지고 평생 설교하고, 양육해야 한다.

헌데 남이 쓴 설교를 내려 받아서 그대로 앵무새처럼 전하는 목사도 있다고 하니 답답하고 안타까운 노릇이다. 남의 것을 가져다가 전달하는 것으로는 좀처럼 변화가 일어나지 않는다. 다른 사람이 깨달은 은혜는 그 사람 것이지 내 것이 아니기 때문이다. 내가 은혜가 되어서 나눠야 성도들도 은혜를 받게 되어 있다. 그렇게 말씀을 먹이는 것이다.

성경은 참으로 심오하고 묘하다.

간절한 마음으로 말씀을 대하는 모두에게 그 안에 있는 무궁무진한 보화를 캐내게 해준다. 똑같은 말씀을 읽어도 어제 내가 느꼈던 감동과 오늘 내게 주어지는 메시지가 다르다는 것을 경험하게 된다. 전혀 상관없을 것이라 생각했던 구절이 내가 딛고 있는 환경과 상황에 꼭 필요한 말씀으로 다가오기도 한다.

나는 새벽 예배 때마다 교인들에게 신약성경을 쉽게 풀어서 설교한다. 지난 37년 동안 앞에 작은 동그라미가 달린 한두 단락씩을 매일 설교 본문으로 삼았다. 요한계시록까지 마치면 마태복음으로 돌아가 처음부터 다시 시작했다. 지금까지 교인들과 함께 네 번을 완독했다. 주일 설교에도 신약성경에서 본문을 가져오는 횟수가 많다.

전에 썼던 본문이더라도 새로이 읽고, 묵상하고, 기도하면 그 안에서 또 다른 메시지가 가지를 치고 나온다. 곱씹을수록 건져 낼 게 계속 눈에 들어온다. 엄청난 진리가 끝을 헤아릴 수 없을 만큼 겹겹이 쌓여 있다는 사실에 자꾸만 놀라고 만다. 정말 한 구절만 가지고도 수십 편, 수백 편의 설교를 만들어낼 수 있다.

때때로 성경이 아닌 다른 책은 오히려 방해가 된다는 생각이 드는 건 나 혼자만이 아닐 것이다. 다른 무엇이 아닌 말씀으로 말씀을 가르치고 싶은 바람은 지금도 여전하다.

또 믿지 않는 사람들도 접할 수 있는 이야기를 예화로 다시 사용하면 목사가 설교를 재탕한다고 수군거리지만 성경에 있는 내용은 몇 번씩 예화로 들어도 전혀 그런 말이 나오지 않는다. 오직 말씀에만 생명이 있기 때문일 것이다.

성경 아니면 읽을 책이 아무 것도 없다는 마음가짐으로 말씀을 붙들고 목회에 임해주기를 바란다. 탄탄하게 성경 지식을 쌓으며 날마다 그것을 되새기고 묵상하면 분명 하나님이 어마어마한 진리를 마주하게 해주실 것이다.

3. 나를 힘들게 하는 성경구절

시편 기자의 고백처럼 하나님의 말씀은 입에 달다.

꿀보다 더 달콤하다. 말씀 앞에 머무는 동안 세상이 줄 수 없는 만족을 얻는다. 무엇과도 바꾸기 싫을 만큼 내겐 말씀이 귀하고 소중하다. 하지만 모든 말씀이 구구절절 편안한 것만은 아니다. 목사로서 감당하기 버겁고, 지켜가기 어려운 말씀도 있다.

이제 언급할 세 구절을 대할 때면 늘 나를 다그치고 채찍질 하는 것 같은 느낌을 받는다.

감당하기 힘든 첫 번째 말씀은 마태복음 11장 29절이다.

"나는 마음이 온유하고 겸손하니 나의 멍에를 메고 내게 배우라 그리하면 너희 마음이 쉼을 얻으리니"

예수님이 하신 말씀이다. 멍에를 메고 예수님께 배우라고 적혀 있다. 세상과 완전히 다른 방식이다. 예를 들어 전기 기사로 회사에 취직하려면 전기 관련 공부를 해서 자격증을 따야지만 가능하다. 그래야 지원이라도 해볼 수 있다. 운전을 하려고 해도 운전면허증을 먼저 발급 받아야만 한다.

이처럼 세상일은 항상 배우는 게 먼저다.

자격을 갖춰야 멍에를 쓰게 해준다. 여기에서 멍에는 직분을 뜻한다. 직책이나 소임이라고도 볼 수 있다. 당연한 얘기다. 이상할 게 하나도 없다. 그런데 예수님은 멍에부터 메어주겠다고 하신다. 명예를 빼고 배우라고 하신다.

내게 그럴 만한 자격이 있어서 하나님이 나를 목사로 세우신 것이 아니다. 목사라는 멍에를 메어주면 열심히 배울 것이고, 점점 더 목사다워질 것이라고 기대하신 것이다. 헌데 쌓여가는 목회 경력만큼 자꾸 타성에 젖어드는 내 자신을 발견하게 된다. 그동안의 경험에 주로 의지하려고 하는 모습도 본다.

배움에도 자꾸 나태해지는 것 같다.

배움에 열심을 내지 않는 것은 변화를 싫어하고 새로운 무언가를 꾀하고 있지 않는다는 말일 것이다. 그렇게 되면 내가 원하는 방식만 고집할 가능성이 높아진다. 다른 사람의 말은 귀 기울여 듣지 않는 못된 습관이 생길지도 모른다. 나만 욕먹는 것으로 끝나지 않는다. 교인들에게도 안 좋은 영향을 미칠 수밖에 없다.

예수님은 앞서 "나는 마음이 온유하고 겸손하니"라고 말씀하셨다. 주님의 온유함과 겸손함을 배우라는 뜻이다.

주변 사람들만 살펴봐도 알 수 있다. 겸손한 사람은 항상 배우려고 한다. 예수님에게 눈과 귀가 활짝 열려 있는 것도 보게 될 것이다. 배움을 게을리 하는 것은 교만이 되기 쉽다. 교만은 결국 넘어지게 되어 있다. 마음의 쉼과도 왠지 거리가 있어 보인다.

말씀대로 살아가기가 정말 만만치 않다.

경험이 많다보니 겸손해지기가 무척 어렵다고 감히 핑계를 대보고도 싶다. 이런 나를 잘 아시고 다른 데로 도망가지 못하게 멍에를 씌워주신 것 같기도 하다. 목회 일선에서 물러나는 그 날까지 배우는 자세를 잃지 말아야 되겠다고 마음을 다잡게 해주는 말씀이다.

감당하기 힘든 두 번째 말씀은 디모데전서 1장 15절이다.

"미쁘다 모든 사람이 받을 만한 이 말이여 그리스도 예수께서 죄인을 구원하시려고 세상에 임하셨다 하였도다 죄인 중에 내가 괴수니라"

성경에 실린 사도 바울의 편지는 모두 열세 권에 달한다.

주후 48년경 사도 바울은 갈라디아교회에 자신의 첫 편지를 써서 보낸다. 거기서 바울은 본인을 "사도 바울"이라고 지칭했다.

칠년이 흐른 주후 55년에는 고린도 교인들을 위한 서신을 적었다. 이번에는 "나는 사도 중에 지극히 작은 자"라고 자신을 낮추는 것을 볼 수 있다.

다시 팔년이 지난 뒤 바울은 에베소교회를 떠올리며 또 한 통의 편지를 쓴다. 주후 63년경이다. 에베소서 3장에서 바울은 "모든 성도 중에 지극히 작은 자보다 더 작은 나에게 이 은혜를 주신 것은…"이라고 자신을 완전히 아랫사람으로 묘사한다. 더할 나위 없이 작은 사람보다도 더 작은 사람이라고 했다. 비교하는 대상도 사도에서 성도로 바뀌어 있다.

디모데전후서는 바울이 그의 인생 말년에 쓴 서신이다. 그런 디모데전서 1장 15절에 "죄인 중에 내가 괴수니라"는 표현이 나온다. 다메섹 도상에서 예수님을 만나고 무려 이십오 년이 지난 후에 하는 고백이다. 자신이 못된 짓을 하는 사람들의 우두머리쯤 된다고 털어놓은 것이다. 영성이 깊어지고, 깨달음이 더해질수록 그가 한없이 겸손해졌다는 것을 엿볼 수 있다.

요한복음 13장에 예수님이 제자들의 발을 씻겨주시는 장면이 나온다. 십자가에 못 박히시기 전이었다.

예수님은 제자들과 함께 저녁 식사를 하시다가 갑자기 일어나서 대야에 물을 떠오셨다. 그리고 제자들 발 앞에 무릎 꿇고 앉아 발을 씻기고, 허리에 두르신 수건으로 물기를 닦아주기 시작하셨다. 마지막 한 명까지 모두 씻어주신 후 다시 자리에 앉으셔서 말씀하셨다.

"너희가 나를 선생이라 또는 주라 하니 너희 말이 옳도다 내가 그러하다 내가 주와 또는 선생이 되어 너희 발을 씻었으니 너희도 서로 발을 씻어 주는 것이 옳으니라 내가 너희에게 행한 것 같이 너희도 행하게 하려 하여 본을 보였노라"(요 13:13~15)

마지막 만찬 석상이었다.

꼬박 삼년 동안 친히 데리고 다니며 훈련시킨 제자들이 모여 있었다. 예수님은 그 시간이 제자들과 마지막으로 식사하는 자리가 될 것을 알고 계셨다. 요즘 우리말로 제자학교 졸업식 날이나 마찬가지였다. 제자들에게 보내는 졸업 축하 메시지를 지루한 훈사가 아닌 직접 발을 씻겨주시는 행동으로 전하신 것이다.

그리고 예수님은 "내가 너희에게 행한 것 같이 너희도 행하게 하려 본을 보였노라"는 짧은 한 마디를 살짝 얹으셨다. 나는 이 말에서 예수님이 보여주신 리더십의 진수를 맛본다. 본인의 두 손으로 제자들의 발을 씻겨주신 섬김의 리더십, 선생님이 되고 주님이 되시는데도 종의 모습을 취해 자기 자신을 낮추신 서번트 리더십이었다.

땀 흘리고, 먼지 묻어 냄새 나는 남의 발을 씻겨줬다고 해서 예수님이 미천하다고 말할 수 있을까? 예수님의 리더십은 보잘 것 없는 것이었다고 주장할 수 있는 사람이 과연 있을까? 예수님은 온 인류를 위해 즉, 우리를 향해 십자가에 달리셨다. 자신의 생명조차 아끼지 않고 내어주셨다. 이보다 더 뛰어나고 위대한 리더십을 나는 지금까지 만나보지 못했다.

우리가 목회를 그만 둘 때까지 예수님이 나를 대신해 수치와 멸시를 당하셨다는 사실을 잊어서는 안 된다. 나의 삶을 마치는 순간까지 마음판에 새기고 있어야 한다. 사도 바울은 자신은 죄인 중의 괴수라고 고백하기를 마다하지 않았다. 자신을 낮추는 데서 가장 강력한 리더십이 나오고, 끊임없이 고개 숙이는 데서 훌륭한 신앙이 표출되는 것이다.

언제부터인가 사도 바울의 고백이 나를 한없이 부끄럽게 하는 말씀이 되었다.

교인들이 "우리 목사님!", "우리 목사님!"하며 떠받들어주는 말에도 어깨에 힘이 들어가며 금세 교만해져버린다. 교인들이 치켜세워주는 것에 너무 오래 길들여졌는지 허리 숙여 교인들을 섬겨야 하는 내 직분을 자꾸 망각하고 만다. 착각해서는 안 된다. 그것은 예수님이 우리에게 기대하신 것과 정반대의 길이다.

감당하기 힘든 세 번째 말씀은 잠언 27장 23절이다.

"네 양 떼의 형편을 부지런히 살피며 네 소 떼에게 마음을 두라"

나는 교인들을 양떼와 소떼로 해석하고 싶다. 성도들을 부지런히 살피며 교인들에게 마음을 쏟는 게 당연한데도 시간이 없다고, 다른 일이 급하다고 일단 내일로 미뤄버리는 날이 솔직히 허다하다. 교인들의 형편을 아는 것 같았는데 막상 얼굴을 대하니 물어볼 말이 떠오르지 않아 혼자서 미안해할 때도 있다.

교회가 지역사회에 오래 발을 딛고 있다 보니 교회 차원에서 지원해주고, 신경 써줘야 될 곳이 적지 않게 생겼다. 내가 유명한 사람은 아니지만 와서 설교 한 번 해달라고 부탁하는 요청도 심심찮게 있다. 그런데 교회 바깥으로 분주하게 다니기 시작하면 양을 돌보는 일이 자연스레 우선순위에서 밀려나게 된다. 교인들에게 소홀해지는 것이다.

주님은 잘 돌보고 보살펴달라고 주님의 양떼를 목사에게 맡기시고, 교회라는 울타리를 허락해주셨다. 그런데 적지 않은 목사들이 대외적으로 여러 활동을 해야 능력 있는 목사로 인정받을 수 있다고 생각하는 것 같다. 자신의 양떼를 부목사에게 다 맡겨야 할 정도로 바쁘게 움직이는 것을 자랑하듯 떠벌리는 경우를 본 적도 있다.

이 말씀을 대하다 가끔은 자책감에 빠지기도 한다.

양떼의 형편을 부지런히 살피라는 하나님의 말씀 앞에 자신 있게 서지 못하는 내 자신을 꾸짖게 된다. 성도를 돌보는 일이 가장 중요하다는 것을 잘 알고 있기 때문이다. 늘 마음에 걸리는 부분이다. 내가 유명인사가 되었다고 해서 남이 와서 내 양떼를 돌봐주는 것은 아니다. 잊어버리면 곤란하다. 그것은 나만이 짊어질 수 있는 일이다.

6
장로

내게 맡겨진 양이다.

1. 일주일만 여유를 가져보라!

어떻게 하면 화목한 교회를 만들 수 있을까?

목회자라면 누구나 믿음 안에서 뜻이 통하고, 따뜻한 정이 오가는 교회를 이뤄가길 바라고 바랄 것이다. 영혼을 울리는 설교, 탁월한 행정력 등도 물론 중요하다. 하지만 목사의 열심만 가지고는 하나님이 원하시는 교회를 지어갈 수 없다. 나는 목사와 장로와의 관계에 그 길이 있다고 본다. 38년 간 목회에 전념하면서 얻게 된 답이다.

사실 목회하기가 힘들어지는 것은 장로들과의 관계가 헝클어진 이유가 거의 대부분이다.

자기네 교회의 어떤 장로 때문에 고생하고 있다는 푸념 섞인 말도 심심치 않게 들려오곤 한다. 정반대로 요즘 목회할 맛이 난다고 입에 침이 마르도록 자랑하는 경우도 있다. 그럴 때면 장로들이 미안할 정도로 열심히 도와주고 있다는 말이 꼭 뒤따라 붙는다.

정말 그렇다.

장로들과 사이가 좋으면 목회가 매일매일 신나고 즐거워진다. 정말 힘든 줄 모르고 목회에 마음을 쓰게 된다. 장로 모임은 전 교인의 축소판이라고 할 수 있다. 교회 분위기가 어떤지, 교회가 얼마나 성숙한지 알고 싶으면 목사와 장로들의 관계를 잘 살펴보면 된다. 목사와 장로들이 서로 사랑할 때 비로소 교회가 화목해진다. 장로들과 화목해야 행복하게 목회할 수 있다.

거짓말처럼 들릴지 모르지만 부평제일교회에 몸담아온 지난 38년 동안 장로들과 누가 옳으니 그르니 하며 다퉈본 적이 단 한 번도 없다. 의견이 안 맞아 옥신각신하거나 얼굴이 붉으락푸르락해질만한 일은 아예 만들지도 않았다. 우리 교회에서는 교역자들과 장로님들이 참 사이가 좋다. 나의 목회 인생을 돌아볼 때마다 절로 감사하게 되는 것 중 하나다.

나의 부모님도 두 분 모두 장로님이셨다.

교회 봉사를 평생 자기 일로 여기며 사셨던 두 분이었다. 부모님이 목사를 대하고 섬기는 모습을 늘 가까이에서 보면서 자랐다. 아버지, 어머니가 어느 때에 흐뭇해하셨는지, 어떤 일로 곰곰이 생각에 잠기셨는지 지금도 새록새록 떠오르곤 한다. 장로들의 헌신된 마음, 그들이 수고하고 애쓰는 모양을 누구 못지않게 잘 알고 있다.

"아무개 목사, 그러지 말고 딱 일주일만 기다려 봐!"

마음 고생하는 후배 목사를 보면 장로들과 편안하게 지낼 수 있는 아주 좋은 방법이 있다고, 급하게 서두르지 말고 다음 주일까지 한 번 기다려보라고 얘기해준다. 하지만 그 전에 반드시 해야 될 게 있다. 무슨 결정할 일이 있을 때 장로들에게 자신의 생각과 계획을 소상히 밝히는 것이다. 마음을 실어 기도해달라는 부탁도 빼먹어서는 안 된다.

좀 투박한 표현이지만 장로들도 자존심이라는 것이 있다.

목사로부터 존중받기를 원하고, 또 모든 일을 같이 결정해 가기를 바란다. 어떤 중요한 일을 장로들이 잘 알지도 못하는 상태에서 목사가 이렇게 저렇게 하겠다고 선포해버리면 십중팔구 반대에 부딪힐 것이다. 분위기가 험악해지는 상황을 맞을 수도 있다. '장로를 무시해? 나를 뭐로 보는 거야?'라는 생각이 들게 해서 좋을 게 없다.

서로 힘싸움을 하고 주도권을 가지는게 목적이 아니라 함께 합력하여 하나님의 일을 하는 것이 우리의 목적이다. 그렇기에 나는 목사님들에게 공들여 만든 안을 어디에 내놓기 전에 장로들에게 먼저 의논해 볼 것을 권한다.

고심하고 있는 문제가 있는데 장로님들의 기도가 필요하다고, 다음 주에 같이 의논했으면 좋겠다고 부탁하기만 하면 된다. 그렇게 일주일 뒤 다시 모였을 때 대립각을 세우는 장로를 지금까지 거의 본 적이 없다. 제시한 안이 보기 좋게 뒤집히거나 매몰차게 거절당하는 경우도 아직 겪어보지 못했다.

미리 내용을 전하고 의견을 구하는 것만으로도 동참하고자 하는 마음을 불러일으킬 수 있다. 함께 고민하고 기도하는 일주일이라는 시간 동안 반대해야 할 이유는 대부분 사그라지고 만다. 다른 사람이 아닌 교회 장로들이다. 교회 일이라면 언제 어느 때고 직접 발 벗고 나서는 분들이다. 교회가 잘 되길 바라서 목사가 내놓는 건데 힘껏 도와주고 싶지 않은 장로가 어디 있겠는가?

무슨 일이든 장로들과 의견을 주고받으면서 그들이 앞장서서 하게 하면 문제될 게 아무것도 없다. 헌데 목사들이 그 일주일을 못 기다린다. 그러다보면 관계에 조금씩 금이 가기 시작한다. 어떤 장로는 욱하는 마음에 물불 안 가리고 반발하기도 한다. 한 번 틀어져버리면 다음에는 더 쉽게 사이가 벌어지고 만다. 목회가 고달파지는 것이다.

목사와 장로의 관계는 부부 사이와 비슷한 면이 있다.

남편도 자신의 마음을 잘 다스려야 하고, 아내 역시 남편 속을 뒤집어놓는 말을 되도록 삼가야 한다. 상대방에 물리적 힘을 가하는 일은 절대 일어나지 않도록 각별히 조심할 필요가 있다. 단지 처음이 어려울 뿐이다. 뭣 모르고 두 번, 세 번 연이어 실수하다 끊기 어려운 악순환을 반복하게 될 지도 모른다.

장로들을 소홀히 대하면 목회에 전혀 득이 될 게 없다. 결국 손해 보는 쪽은 목사다. 굳이 힘들게 교회를 끌고 갈 필요가 있을까? 일주일만 여유를 가지면 된다. 화목하고 편안한 관계 안에 같은 목적을 향해 함께 노력하는 진정한 동역자가 될 수 있을 것이다.

2. 일주일을 기다린 뒤의 은혜

"은퇴하는 날까지 우리 교회에 있겠다고 하고 온 사람 아닙니까?!"

"잘 했다고 상주는 것도 아니고 떠날 사람을 그렇게까지 챙겨 줄 이유가 뭐가 있습니까?"

벌써 십년도 더 된 일이다.

어느 날 같이 사역하던 부목사가 따로 할 얘기가 있다며 담임 목사실에 들어왔다. 그러더니 더 나이 들기 전에 나가서 교회를 개척하고픈 바람이 생겼다는 말을 꺼내왔다. 담임목회를 하려면 당장 예배 처소부터 마련해야 할 텐데 무슨 대책이라도 가지고 있는 거냐고 물어봤다. 당분간 생활비를 벌기도 어려울 터였다. 그냥 빈손이라고, 도와달라는 대답만 돌아올 뿐이었다.

붙잡는다고 마음을 돌릴 것 같지 않았다.

칠년간 무난하고 무흠하게 교회를 섬겨준 그였다. 평생 곁에서 함께 일하겠다던 이전의 다짐은 내게 그리 중요하지 않았다. 한 편으로는 편한 자리를 내팽개치고 밑바닥부터 다시 시작하겠다는 후배가 측은해보이기도 했다. 얼마나 오랜 시간 무릎 꿇으며 매달렸을지 짐작이 가고도 남았다. 원하는 대로 해줘야 되지 않겠나 싶었다.

장로들을 불러놓고 아무래도 부목사의 사임을 받아들여야 할 것 같다고 전했다.

다만 잘 보내고 싶다고, 우리와 별 탈 없이 지내온 사람인데 맨몸으로 내보내지 말고 뭐라도 좀 쥐어서 보내면 좋겠다고 덧붙였다. 그러자 잠자코 듣고 있던 장로들이 어떻게 해주기를 바라는지 생각해놓은 게 있으면 얘기해달라고 했다.

작게나마 예배드릴 공간과 부목사 가족이 살 집을 빌리는데 한 1억5천만 원 정도 들어간다고 조심스레 입을 열었다. 달마나 70만원씩 3년간만 부평제일교회에서 생활비를 지원하는 것도 고려해보자고 했다. 거기에 교인 중에서 몇 가족을 딸려 보내서 외롭지 않게 개척할 수 있게 해주자는 말을 가만히 얹었다. 꽤나 무거운 제안이었다.

잠시 침묵이 흐르더니 장로들이 거세게 반발하기 시작했다.

전혀 예상치 못했던 얘기를 불쑥 꺼내는 바람에 다들 당황해한 듯 보였다. 생활비는 허리띠를 한 칸씩 줄여서 지원한다고 쳐도 계획에 없던 1억5천만 원이라는 예산을 갑자기 만들어내는 것은 내가 생각해도 무리였다. 게다가 교인까지 내주자는 얘기는 자칫 얼토당토않은 소리로 여겨질 수 있었다.

더 들어보나마나 허락할 수 없다고 고개를 내젓는 분위기였다.

장로들과 모여 의논하는 자리가 생각이 엇갈려 심각해진 건 그 날이 처음이었다. 회의를 계속 진행했다가는 언성만 높아지고 기분이 상할 게 뻔했다. 장로들의 의견을 구했던 것일 뿐 억지로 밀어붙일 의도는 털끝만큼도 없었다. 일단 회의를 멈추겠다고 했다.

　"장로님들, 그러면 한 주간 기도해보시는 것은 어떻겠습니까? 다음 주 이 시간에 다시 모여서 속회하는 것으로 하겠습니다."

　조용히 하나님의 뜻을 구하며 일주일을 보냈다.

　그 사이 장로들은 부지런히 연락을 주고받으며 생각을 나눈 것 같았다. 담임목사가 기도하면서 정하셨을 테니 힘들어도 따라가자는 쪽으로 마음이 모아진 듯했다. 지난주와 달리 장로들의 말투와 표정이 한결 부드러워져 있었다. 벌써 자기들끼리 다 결정해놓고 온 모양이었다.

　"목사님, 목사님이 말씀하신대로 하겠습니다."

　"동의합니다!"

　"재청합니다!"

　내가 설명을 보탤 새가 없었다.

　장로들도 더 물어보려 하지 않았다. 일사천리로 막힘없이 처리되었다. 반대하는 사람 한 명 없는 만장일치였다. 긴장감이 감돌던 이전 회의 때와 정반대로 훈훈하고 녹녹한 자리가 되었다. 내가 저들을 무시했거나 우습게 알아서 내놓은 얘기가 아니었다는 것을 이해해준 것만으로도 감사했다.

당시 부목사는 청년교회를 맡고 있었다.

결혼한 지 얼마 안 된 신혼부부 세 쌍이 청년교회에 출석하고 있었다. 아직 싱글인 형제 한 명까지 전부 남 주기 아까운 청년들이었다. 주일 설교 시간에 혹시 부목사와 함께 하고 싶은 사람이 있으면 부담 갖지 말고 말해달라고 알렸다. 선교사를 파송하는 마음으로 기꺼이 보내주겠다고 했던 터였다.

몇몇 장로들이 이러다 교인들이 한꺼번에 쑥 빠져나가면 어떻게 하냐고 우려했던 것과 달리 청년 일곱 명만 옮겨 가는 것으로 매듭지어졌다. 부목사를 도와서 하나님이 기뻐하시는 교회를 만드는데 헌신해달라고 단단히 부탁했다. 언제든지 괜찮으니 새 교회를 부흥시키고 다시 돌아오라고 일러줬다. 떠나는 이도, 보내는 이도 모두 환한 얼굴로 서로를 축복해줄 수 있었다. 일주일을 기다린 덕이었다.

3. 대접받으려 하지 말고 먼저 대접하라

부평제일교회를 개척하는데 온 힘을 쏟던 시절이었다.

언제부터인가 다른 교회에서 장로로 시무하셨다는 분이 주일 예배마다 보이기 시작했다. 일구던 사업이 그만 부도를 맞았고, 피신을 하는 신세가 되어서 어쩔 수 없이 몸담고 있던 교회를 떠나야만 했던 사연을 안고 있었다. 장로의 직분도 면직된 상태였다. 모든 것을 잃어버린 궁핍한 처지였다. 고혈압에 당뇨까지 겹쳐 몸도 망가질 대로 망가져 있었다.

얽히고설킨 돈 문제가 겨우 해결되고 난 후 우리 교회에 발을 들여놓게 된 것이었다.

복직 절차를 밟고 그분을 시무장로로 모셨다. 교회에 연륜 있는 어르신이 계셨으면 하는 아쉬움을 달래고 있던 참이었다. 내가 새파랗게 젊었을 때였다. 어느 자리에서든 깍듯이 예우하며 교회 일을 상의하고 함께 결정해 나갔다.

헌데 시간이 지날수록 그분이 보여주는 모습과 내가 기대했던 바가 자꾸만 어긋나갔다.

교회 건축으로 하루 스물네 시간이 모자랄 지경이었다.

건축 재정을 보태지 못하는 미안함 때문이었는지 본인이 장로였음에도 건축에 관한 일에는 좀처럼 나서지 않으려 했다. 그러면서도 뒤에서 이런저런 꼬투리를 잡아 의욕을 꺾어놓기 일쑤였다.

다른 사람과 같이 있으면 상냥하고 친절하기 그지없는 분이었지만 나와 단둘이 있을 때는 완전히 다른 얼굴이었다. 목회와 관련해서도 그냥 넘어간 날이 손에 꼽을 정도로 사사건건 시비고 간섭이었다.

속회를 편성해 발표하는 날에는 단단히 각오하고 있어야 했다. 왜 자기한테 허락도 받지 않고 네 마음대로 정했냐는 등 어김없이 모진 말이 날아왔기 때문이었다.

"요즘 젊은 놈들은 어른 말을 안 듣는단 말이야!"

바로 옆에 있는 나를 은근히 깎아내린 적도 부지기수였다. 다른 곳을 쳐다보며 혼잣말하듯 하는 모양이 더 기가 막혔다. 부인 되는 권사 역시 입이 거칠었다.

"내 딸보다도 어린년이 사모라고…. 쯧쯧쯧"

내 아내 면전에다 아예 대놓고 무시하는 말을 내뱉을 때도 있었다. 거의 매일 같이 크고 작은 생채기만 생길 뿐이었다.

목회하는 동안 그분 때문에 얼마나 많은 눈물을 흘렸는지 모른다. 그분이 시도 때도 없이 발목을 잡는 바람에 겪은 어려움, 마음고생 또한 이루 말할 수 없었다. 교인들에게는 세상에 둘도 없는 훌륭한 장로였다. 다른 교회 성도들한테도 성자 같은 장로로 알려져 있었다. 이제 와서 얘기하는 것이지만 사람들이 그분을 칭찬할 때면 내 마음을 들키지 않으려 애써 헛웃음을 지어보일 수밖에 없었다.

"아버지! 힘들어서 도저히 못하겠어요. 저 목회 그만둘래요."

목회를 몇 번이나 내려놓으려고 했다. 남몰래 상처를 감싸 안고 혼자 끙끙 앓는 것은 내게 너무도 벅찼다. 장로였던 아버지를 찾아가 하소연하기도 여러 번이었다. 목사와 장로 사이의 다사다난함을 오래 경험하신 아버지는 아들이 털어놓는 고충을 넉넉히 귀 담아 들어주셨다. 그리고 말미마다 억울해도 십년만 참으라고, 묵묵히 십년만 참으면 나아질 거라고 북돋아주셨다.

그저 나와 그분과의 관계라고 여겼다.

어느 누구한테도 둘 사이의 일을 밝히지 않았다. 행여 실수로라도 흉보는 말이 새어나가지 않게 입을 굳게 닫아걸었다. 내가 무슨 잘못을 그리 많이 했는지 수도 없이 따져 묻고 싶었지만 아버지의 당부대로 말없이 참는 쪽을 택했다.

'오늘 하루만 버티자! 이번 한 주만 넘겨보자!'

속으로 대뇌며 그냥 참고 참으며 지냈다.

예수님은 마태복음에서 "무엇이든지 남에게 대접을 받고자 하는 대로 너희도 남을 대접하라"(마 7:12)고 말씀하셨다.

"무엇이든지"라는 말을 말머리에 사용하셨다.

삶에서 마주하게 되는 모든 일, 모든 상황을 일컬으신 것이다. 구절은 거기서 끝나지 않는다. "이것이 율법이요 선지자니라"라고 마지막에 덧붙이셨다. 예수님을 따르는 길이 바로 여기에 있다고 말씀해주신 게 아닐까?

나는 목사와 장로와의 관계에도 예수님의 황금률이 적용된다고 믿는다.

장로들은 하나님의 일을 함께 감당해 가는 동역자이면서 다른 한편으로는 하나님이 목사에게 맡기신 양 무리이다. 양과 더불어 지내며 정성을 다해 돌보면 양이 젖도 내어주고, 새끼도 쑥쑥 낳아준다. 관심을 가지고 세심하게 보살펴야만 풍성하게 얻을 수 있다.

목사가 먼저 장로들의 마음을 헤아리고, 존중해주는 것이 지극히 마땅하다. 목사가 시종일관 대접 받으려고만 들면 장로들은 이따금씩 양이 아닌 염소가 되고 만다. 제대로 돌봐주지 않았기 때문이다. 앞뒤 안 가리고 들이받는 것이다.

거꾸로 목사가 장로들을 잘 먹일 때 비로소 장로들도 받은 만큼 목사에게 돌려주기 시작한다. 대접 받은 대로 하게 되어 있다.

자기네 교회 장로들은 수준 미달이라며 입을 삐죽 내밀고 불평하는 목사들을 더러 봐왔다.

엄밀히 말해 그것은 어느 한 쪽만의 잘못이 아니다.

사실 장로가 별스럽게 까다로워지고, 골치 아픈 사람이 되는 것은 목사가 제대로 가르치지 않았기 때문이다. 결코 틀린 얘기가 아니다. 목사가 제때제때 먹이지 않아서 문제가 일어나는 것이다.

절대 장로들을 흉봐서는 안 된다.

제아무리 비밀스럽게 꺼낸 말이라 해도 결국 돌고 돌아 당사자 귀에 들어가게 되어 있다. 자기 자식이 못났다고 동네방네 떠들고 다닐 아버지가 과연 있을까? 제 얼굴에 침 뱉는 꼴이 될 게 뻔하다. 절친하게 지내는 목사끼리라도 조심해야 한다. 내가 지금 목회 못하고 있다고 자랑하는 것 밖에 되지 않는다. 나와 장로 사이에 금이 생기는 것도 막지 못할 것이다.

4. 참고 또 참는 수밖에 없다

목회에는 사람을 양육하는 일이 큰 부분을 차지한다.

연약한 사람을 복음으로 일깨워 강건한 그리스도인으로 세워 가는 것이다. 대장장이는 잡다하게 모아놓은 헌 쇠붙이를 녹여서 쓸 만한 연장으로 다시 만들어낸다. 이처럼 볼품없는 사람이 괜찮은 사람으로 변화되도록 이끌고, 괜찮은 사람이 훌륭한 사람으로 성장하는데 밑거름이 되어주려고 목사가 있는 것이다.

별로 신경 쓰지 않아도 알아서 신앙을 가꿔가는 장로가 있는 가 하면 열심히 권하고 가르쳐도 여전히 실망스러운 모습 그대로인 장로도 있다. 양쪽 모두 하나님이 내게 부탁하신 양이다.

마주하고 싶지도 않고, 쳐다보기도 싫어도 그래도 끌어안고 보살펴야 한다. 내 속을 썩인다고 못마땅하게 여기고, 다가오지 못하게 거리를 두는 것은 목회가 아니다.

뜨겁게 사랑해서 결혼한 부부도 이따금씩 곧 헤어질 것처럼 티격태격한다. 1년 365일이 마냥 행복하고 좋기만 할 수는 없다.

하루아침에 만나 조금씩 사귀어가야 하는 목사와 장로는 오죽하겠는가? 노부부들을 보면 남편이, 아내가 잘 참아줘서 평생 같이 살 수 있었다고 회상하는 분들이 많다. 오래 참다보니 미운 정 고운 정 다 들며 두터워지고, 더 깊이 사랑하게 되었다고 말한다.

정말 그렇다. 참고 또 참는 것 외에는 다른 길이 없다. 사도 바울도 고린도교회에 보내는 편지에 사랑은 언제나 오래 참는 것이라고 적었다. 사랑의 첫 번째 속성이 다른 게 아닌 오래 참는 것이라고 가르친 것이다.

목사나 장로나 모두 부족한 사람들이다.

우리 교회 열일곱 명의 장로도 나의 목회 방식이 하나부터 열까지 전부 마음에 드는 것은 아닐 것이다. 나 역시 못마땅한 점을 하나씩만 대도 열일곱 가지나 된다. 아버지가 충고하신대로 십년만 참아보자고 결심하고 지내온 게 벌써 삼십팔 년째다.

무던하게 가지 않으면 안 된다. 장로의 허물이 드러나도 못 본 척 너그럽게 덮어주며 가는 거다. 장로들은 목사의 얼굴이나 마찬가지다. 일부러라도 칭찬해야 한다. 밖에 나가서도 장로들 칭찬을 입에 달고 다녀야 한다. 참으면 그렇게 할 수 있다. 참으니까 목회를 짊어질 수 있는 것이다.

그런 목회는 정말 어렵다.

무척 외로운 자리이다. 사람들은 친한 친구한테 다른 사람 험담을 늘어놓거나 술이라도 벌컥벌컥 들이키며 속상한 마음을 달래지만 목사는 답답한 속을 풀어놓을 데가 없다. 일단 내가 살기 위해서라도 골방을 찾게 되고, 목이 터져라 기도하게 된다. 가슴 움켜쥐고 울어보지 않은 목사는 어디에 가도 없을 것이다.

기도하다보면 사람을 변화시키는 이는 내가 아닌 하나님이라는 사실을 다시금 인정하게 된다. 성령님의 도우심을 구하게 되는 것이다. 내 속을 박박 긁어놓는 사람이지만 그를 위해 기도할 때 애틋한 마음이 생기고, 그가 사랑스러워지는 것을 경험하게 된다. 그렇게 또 한 번 참아낼 힘을 얻는다. 내 기도가 모자라서

분노가 쌓였었다는 것도 깨닫게 된다.

"제가 목사님 만나서 행복하게 신앙생활 할 수 있었습니다. 정말 감사했어요."

나를 힘들게 하던 그분은 이런 감사를 남기고 십여 년 전 하늘나라로 가셨다. 그분이 은퇴하시고 홀가분하게 지내실 때였다.

어느 날 나를 찾아오시더니 대뜸 고마움을 표해주셨다. 코끝이 시큰해져왔다. 무슨 말씀이냐고, 제가 더 감사했다고 말씀드리며 양손을 꼭 잡아드렸다. 어색하고 불편했던 지난 세월을 한순간에 덮어버리는 따뜻한 미소가 둘 사이에 번졌다.

그 뒤로 여기저기 다니시면서 만나는 사람한테마다 "우리 이천휘 목사님 같은 분 없습니다. 정말 훌륭하신 분이에요!"라고 본인 입으로 자랑하듯 얘기하셨다고 한다. 후배 장로들에게도 "목사님 잘 도와드리라!"고 한 마디씩 건네셨다고 들었다. 내가 만약 참지 않았다면, 그분에게 맞섰다면 목회를 계속하지 못했을 것 같다는 생각이 든다. 나의 진심을 전할 수도 없었을 것이다.

분명히 "남에게 대접을 받고자 하는 대로 남을 대접하라"(마 7:12)고 말씀하셨다.

못마땅하게 여기며 툴툴거리는 대신 목회를 점검해보라는 하나님의 뜻으로 여기고 그분 앞에 잠잠히 머물러야 한다. 하나님 안에서 끊임없이 자기 자신을 되돌아보는 것이 바로 목회이고, 목회자가 할 일이 아니겠는가? 그것이 장로들한테 대접 받을 수 있는 유일한 방법이다.

5. 오랜 친구 모임 같은 기획위원 수련회

교회에서 장로 공천을 할 때 두 가지를 반드시 물어본다.

장로가 된다면 1년에 한 차례씩 교회를 위해 한 주간의 시간을 바칠 수 있는지를 묻는다. 일주일짜리 회사 휴가를 내거나 한 주간 가게 문을 닫아걸어야 한다고, 결정을 내려달라고 한다. 기획위원회에 매달 십만 원씩 회비를 꼬박꼬박 낼 의향이 있는지도 확인한다. 장로교로 치면 당회다. 이 두 가지를 다짐 받고난 다음 장로 후보자 명단에 이름을 올린다.

우리 교회는 매년 11월에 기획위원회 수련회를 일주일 동안 가진다. 한해씩 번갈아가며 외국과 국내로 장소를 달리해서 간다. 지난해는 해외로 나갔다 왔으니까 올해는 국내에서 진행할 차례다. 반드시 부부동반이다. 늘상 부부가 함께 해왔다. 목사 사모들도 마찬가지다.

국내는 그렇다 쳐도 비행기 타고 가서 며칠씩 자고 오는 일정은 돈이 적지 않게 들어가는 것이 사실이다. 교회에 부담 주지 않으려고 비용은 한 달에 십만 원씩 내는 회비에서 가져다 쓴다.

1년이면 한 사람이 백이십만 원을 내게 된다. 2년이면 이백사십만 원이다. 가까운 외국은 일주일에 백만 원 넘는 비용이 들어가는 경우가 별로 많지 않다. 회비에 따로 더 얹지 않아도 된다. 교회 재정에 전혀 손대지 않으니 교인들한테도 떳떳해진다.

애초에 약속한대로 모두 생업을 잠시 접고 기획위원회 수련회에 집중한다.

동네에서 약국을 운영하시는 분도 한 주 내내 '휴가 중' 팻말을 입구에 붙여 놓는다. 회사도, 사업도 다 내려놓고 오로지 교회를 위해 가는 것이다. 부득이한 사정이 생겨 참석하지 못하더라도 회비는 단 십 원도 돌려주지 않는다. 그냥 헌금한 셈 친다. 그동안 낸 돈이 아까워서라도 가게 된다.

한 달여 뒤면 해가 바뀌는 시점이다.

새해 목회 계획을 꼼꼼하게 세워서 가져간다. 당연히 전부 자료로 만들어서 미리 짐 가방에 넣어 놓는다. 내년 목회는 어느 부분에 주안점을 두겠다고, 특별히 이러이러하게 해나갔으면 좋겠다고 머릿속에 그려놓은 것을 사소한 부분까지 분명하고 자세하게 설명해준다. 그러면서 목사들과 장로들이 각자의 의견을 허심탄회하게 주고받는다.

지난 1년은 어땠는지, 놓치고 있는 부분은 없었는지, 부족했던 점은 무엇이었는지 등등 교회 전반에 대해 아무 거리낌 없이 솔직하게 다 터놓고 얘기한다. 첫 날 저녁에 모여 늦게까지 머리를 맞대고 다음 날 저녁에 또 한 번 모여 다시금 마음을 모은다. 다른 데에 신경 쓰지 않고 정말 많은 얘기를 할 수 있다.

그렇게 이틀을 뺀 나머지 시간에는 같이 구경 다니고, 맛있는 음식을 나눠먹으면서 마음껏 교제한다. 목사, 장로 부부들이 우르르 몰려다니며 어울려 지내는 모습이 꼭 오랜 친구들 같다. 며칠 묵는 숙소도 허락하는 한에서 가장 괜찮은 곳을 잡는다. 세상에 이렇게 좋은 데는 처음 와봤다고, 신혼여행 갔을 때도 이런 데서 못 자봤다며 다들 흡족해 한다. 함박웃음이 끊이질 않는다.

나는 남자들끼리 사우나에 갈 때도 빠지지 않는다.

"아이고, 목사님! 제가 밀어드려야 되는데…"

"제가 밀어주지 않으면 저와 당신은 아무 상관이 없습니다."

담임목사는 장로들과 너무 가까워지면 안 된다고 생각하는 분이 더러 있지만 나는 개의치 않는다. 어차피 담임목사라고 열외로 쳐주지도 않는다. 마치 내가 예수님인양 농담을 던지며 장로들 등을 빡빡 밀어주고나면 속이 다 후련해진다. 누구 배가 더 많이 나왔는지 보자고 장로들더러 여기 한 줄로 서보시라고 어린애처럼 굴어도 재미있다고 깔깔대며 다 받아준다.

우리 교회에서는 임원회(제직회) 같은 모임이 거의 열리지 않는다. 회의를 싫어하고, 귀찮아하는 분위기라서 그런 게 아니다.

기획위원회 수련회에서 충분히 소통하고, 넉넉하게 공감하고 오기 때문에 그렇다. 그래서 그 때 결정한 목회의 방향성과 내용을 1년 내내 일관성 있게 진행시킬 수 있다. 더 할 얘기가 없는 것이다.

수련회 때처럼 평상시에도 기획위원만을 위한 교회 재정은 가급적 사용하지 않으려 하고 있다. 달마다 모일 때 들어가는 식사 비용도 기획위원회 안에서 해결한다. 나까지 목사 세 명에 장로가 열일곱 명이다. 그중 세 쌍이 남편과 아내가 모두 장로다. 부부동반으로 모이면 서른 명이 조금 넘는다. 각 가정에서 돌아가면서 저녁식사를 대접한다. 순번을 정해놓았다.

식사비는 딱 삼십만 원이다.

한 사람당 만 원 안쪽으로 들어간다. 목회자라고 뒤로 물러나 있지 않는다. 부목사들도 기쁘게 대접한다. 저녁 한 턱 냈다고 가난해지는 것도 아니고, 그 돈 아낀다고 갑자기 부자가 되는 게 아니라는 걸 잘 알고 있다. 어쩌다 식사비가 모자라면 회비에서 보태면 된다. 거꾸로 약간 남는 돈은 회비로 돌린다.

이상하게 내가 돈을 내는 차례일 때도 내가 대접 받는 것 같다.

장로들과 함께 하는 자리는 긴장되면서도 편하고 든든하다. 목욕탕에 같이 들어가서 벌거벗고 장난쳐도 나를 우습게 본다는 느낌을 받아본 적이 없다. 도리어 나를 더 섬겨주려 하고, 내 권위를 세워주려 해서 민망해질 때도 있다. 그들에게서 서번트 리더십을 엿본다. 나 역시 한 분 한 분을 예의를 다해 존중하게 된다.

7
요즘 젊은 목사들

지금도 준비해야 한다.

(이 글을 읽기 전에 이해를 구할 것이 있다.

이 내용은 모든 후배 목회자들을 두고 하는 말이 아니며 또한 나의 주관적인 생각임을 밝혀두고자 한다. 다만 이런 부분에 있어서 좀 더 조심해야겠구나라는 정도로 이해하고 도움이 되는 부분은 받아들여주면 좋겠다.)

1. 성경을 읽지 않는 것 같다

감리교단 안에는 과정고시위원회라는 기관이 있다.

감리교단의 모든 목사들이 목사 안수를 받기 전에 반드시 이곳을 거친다. 먼저 논문을 써서 제출한다. 시험도 치러야 한다. 마지막 면접도 중요하다. 3년 동안 연달아 통과해야 목사가 될 수 있다. 한 군데에서라도 떨어지면 다시 치러야 다음 과정을 밟을 수 있다. 본인이 직접 작성한 설교문을 심사하는 과정도 있다.

내가 과정고시위원회 위원으로 섬기고 있던 때였다.

어느 전도사가 욥기를 본문으로 삼은 설교문을 제출했다. 욥기는 욥과 욥의 세 친구가 주고받는 대화가 주로 채워져 있다. 뒷부분에 또 다른 친구 한 명이 더 등장한다. 그런데 그 전도사가 설교 본문으로 고른 구절이 욥의 고백이 아닌 욥의 친구가 꺼낸 말이었다.

그 본문이 욥의 말에서 따온 것이라고 착각하고 설교를 써내려간 거였다. 성경이 전하고 있는 것과 정반대의 내용이 될 수밖에 없었다. 점잖게 물어보았다.

"아무개 전도사! 욥기에서 설교 본문을 가져왔는데 이 구절이 누가 한 얘기인 줄 아나?"

그러자 그 전도사가 1초도 주저하지 않고 대답했다.

"욥이 한 얘기입니다."

"그럼 욥기에 욥이 말한 것만 나오나? 아니면 다른 사람이 한 얘기도 같이 나오나?"

더 어처구니없는 답변이 나왔다.

"욥이 한 이야기이기 때문에 욥기입니다."

농촌 교회에서 목회하고 있는 전도사였다.

욥기를 제대로 읽어본 적도 없는 게 분명했다. 그런데도 매주 성도들 앞에서 설교하고 있었다.

"하나님 앞에 솔직하게 얘기해봐. 지금까지 성경 몇 번 읽었어?"

바로 대답하지 못하고 뜸을 들였다.

"… 아직 한 번도 못 읽었습니다."

의사가 되기 위해서는 우선 학교만 6년을 다녀야 한다.

일반 학부처럼 4년 가지고는 모자라 2년을 더 보냈다. 거기서 끝이 아니다. 다시 수년에 걸쳐 힘겨운 수련의 과정과 전공의 과정을 마쳐야 한다. 육신의 병을 고칠 수 있는 자격을 얻기가 실로 만만치 않다. 정말 죽도록 공부하며 의사가 될 준비를 한다.

우리 목사는 사람의 영혼을 돌보는 사람이다.

목사의 입에서 나오는 말 한 마디에 절망에 빠져 있던 사람이 기운을 내기도 하고, 거꾸로 목사의 작은 말 실수 하나 때문에 교인이 시험에 들기도 한다. 설교를 통해 마음을 어루만진다. 성경에 능통하지 않으면 안 된다. 성경을 명확하게 알고 있어야 진리를, 하나님의 뜻을 온전하게 전해줄 수 있다.

그럼에도 젊은 목사들이 성경을 열심히 읽지 않는것 같다.

인터넷에서 검색하고, 뒤져서 자기 마음에 드는 설교를 내려받는다. 그것을 수정하고, 다듬어서 주일 강단에 가지고 올라간다. 자기 자신의 메시지로 잘 고쳐서 사용하면 그나마 다행이다. 내려 받은 설교를 토씨 하나 안 바꾸고 열심히 읽는 것으로 설교를 대신하는 사람도 있다고 한다. 대학생들이 여기저기서 다운받고 짜깁기해서 리포트를 내는 것과 똑같다.

인용문의 출처를 밝히지 않고 논문을 써도 난리가 나는 세상이다. 아무 생각 없이 다른 사람의 설교를 표절하고, 베껴 쓰는 목사들이 얼마나 많은지 모른다. 하나님 안에서 마땅한 답을 얻으려 고민하고, 애쓴 흔적이 보이지 않는다. 정말 문제가 아닐 수 없다.

목사에게 성경은 평생 우려먹어야 할 교과서이자 지침서이다. 읽고 또 읽어야 한다. 성경을 알지도 못하는데 과연 생명력 있는 메시지를 전할 수 있을까?

2. 기도하지 않는 것 같다

기도의 중요성을 잘 모르는 것 같다.

모든 게 넉넉하고 풍족한 삶을 살아서 그런지 하나님 앞에서 부르짖고, 울부짖을 줄 모른다. 정말 기도를 조금 밖에 안 한다.

옛날이나 지금이나 하나님은 우리의 기도를 들으시고, 우리가 믿고 기도한대로 역사하신다. 수십 년 전 우리가 어려울 때 기적을 베푸신 하나님과 지금의 하나님은 다른 분일까? 그렇지 않다.

미국 최초 선교사 아도니란 저드슨은 "기도를 큰 결심으로 하라. 기도하는 생활을 유지하기 위해 무엇이든지 희생하라!"고 말했다.

주님은 기도하는 사람을 찾으시고, 주님께 구하는 사람과 일하시기 원하신다. 그리고 목사에게 기도는 능력의 원천이다. 기도

하지 않는 사역은 이미 힘을 잃어버린 사역이라는 것을 잊지 않았으면 좋겠다.

3. 전도하지 않는 것 같다

전도의 전문가라서 전도사라고도 할 수 있는데 그런 전도사가 전도를 제일 못한다.

전도하는데 목을 내놓고 사는 사람이어서 목사라고 부르는데도 성도들한테만 미루고 정작 자기는 전도하지 않는다. 감리교 창시자인 존 웨슬리는 "어느 곳이든 복음을 듣기 원하는 사람들에게 복음을 전파하는 것이 나의 귀한 의무라고 생각한다"는 말을 남겼다. 그는 전 세계를 자신의 교구로 여기며 전도했다. 전도하러 나가야 한다. 목사가 전도하지 않기 때문에 교회가 부흥하지 않는 것이다. 바다에 아무리 고기가 많아도 그물을 던지지 않으면 고기를 잡을 수 없다.

4. 감사할 줄 모르는 것 같다

우리 교회는 매달 서른 개가 넘는 다른 교회와 기관을 돕고 있다. 1년 내내 도움의 손길을 보낸다. 서른 곳 가운데서 감사하다고 편지를 보내오거나 전화를 거는 사람은 서너 명 밖에 되지 않는다. 예수님께서 열 명의 나병환자를 고쳐주셨을 때도 그 중 한 명만 돌아와 예수님의 발 앞에 엎드려 감사를 올려드렸다. 성경에 나온 대로 열 명에 한 명 꼴이다.

그만큼 감사할 줄 아는 사람이 적다는 애기다. 목사는 좀 다를 것 같지만 진정으로 감사하는 삶을 사는 사람이 의외로 많지 않다. 살면서 경험해보니 불평하기는 쉬워도 감사하기는 어려운 것 같다. 오죽 감사를 멀리 했으면 사도 바울을 통해 "범사에 감사하라!"(살전 5:18)는 메시지를 주셨을까 생각해보게 된다.

감사를 연습하고, 익히라고 조언해주고 싶다.

작은 것에 감사하면 다음에 그것을 또 얻게 된다. 반대로 감사를 표현하지 않으면 별로 도움이 되지 않았을 것이라 여기고 다음에는 주지 않게 된다. 감사가 더 받는 비결이다. 목회에 득이 되면 되었지 절대 해를 가져다주지 않는다. 감사가 체면 구기는 일은 아니다. 오히려 감사하지 않음으로 인해 자신의 부족함이 드러나게 될 뿐이다.

5. 책을 읽지 않는 것 같다

한 때 국내 교양프로그램의 영향으로 독서 열풍이 불었던 적도 있었지만 이제는 정말로 책을 읽지 않는 시대가 찾아온 것 같다.

예전과 다르게 필요한 내용이 있으면 대부분 책이 아닌 인터

넷을 통해 정보를 얻는다. 사실 인터넷에 올라온 글은 간단한 단락의 나열이지 하나의 주제를 심도 있게 다룬 긴 메시지와는 거리가 멀다. 목사라면 오래 읽을 줄 알아야 한다. 읽은 것에서 생각하는 힘이 나온다. 그 생각하는 힘이 진리를 깨닫게 해주고, 사람을 이해할 수 있게 해주기 때문이다.

교회에는 별의별 사람들이 다 온다. 교인들을 만나고, 그들의 삶을 들여다보기 위해서라도 여러 지식과 다양한 경험을 지니고 있어야 하지 않을까? 모든 것을 일일이 배우고, 직접 겪어볼 수는 없다. 많은 이들이 간접적이나마 책을 통해서 세상을 경험하고, 여러 인생 이야기를 접한다. 그럼에도 목사들이 독서를 등한시하는 것 같아 안타까울 따름이다.

예전에 큰 인기를 누렸던 가수 김정구 씨는 '눈물 젖은 두만강'이라는 노래 한 곡으로 평생을 먹고 살았다. 그 노래 하나만 있으면 어느 무대에든 설 수 있었다. 가수 노사연 씨도 히트곡이 '만남'인 것으로 기억한다. 사람들은 노사연 씨가 '만남'을 불러주기를 기대한다. 매일 똑같은 노래만 부르고 다닌다고 뭐라 그러지 않는다.

하지만 목사는 다르다.

매주 작년 이맘때 했던 설교를 되풀이 하면 금방 교회에서 쫓겨나고 말 것이다. 성실한 교인들은 일주일에 서너 차례나 내 설교를 듣는다. 새벽에도 부지런히 나와서 내 설교에 귀 기울이는 분들도 있다. 매번 다른 설교, 다른 메시지를 준비하지 않으면 안 된다. 그 일을 38년 동안이나 해왔다.

목사에게는 공부하는 것도 사명이다.

설교는 말씀 설(說)자와 가르칠 교(敎)자로 이루어져 있다. 가르치는 사람이 공부도 안 하고 가르칠 수는 없다. 성경을 깊이 알아야 하고, 지식을 많이 쌓아 놓고 있어야 한다. 나는 설교 준비에 정말 많은 시간을 들인다. 사무실에 앉으면 성경이든, 다른 책이든 일단 펼쳐놓고 읽는다. 그래야 설교할 거리를 퍼 올릴 수 있기 때문이다.

교인들은 목사의 설교를 들으러 교회에 온다. 교인의 수준은 목사의 설교 수준과 똑같다고 봐도 무방하다. 절대 그 이상을 넘어설 수 없다. 바닥나지 않게 하려면 공부하는 수밖에 없다. 읽어야 한다. 읽는 것을 게을리 했다가는 준비도 안 된 사람이 목회하고 있다고 손가락질만 받게 될 것이다.

6. 배우려 하지 않는 것 같다

예수님은 제자들에게 "나는 마음이 온유하고 겸손하니 나의 멍에를 메고 내게 배우라"(마 11:29)라고 말씀하셨다. 목사가 될 만한 자격이 충분해서 예수님이 우리를 목사로 세워주신 것이 아니다. 목사라는 멍에를 메어주면 잘 배우면서 목회할 것이라고 생각하고 우리를 불러주신 것이다.

세상은 배우고 나면 멍에를 메어준다. 법학을 공부하고, 시험에 합격한 사람에게 변호사 자격증을 주지, 아무나 붙잡고 변호사를 시켜주지 않는다. 그런데 예수님은 거꾸로 결정하신다. 누가 나는 주님이 일꾼으로 삼을 만하다고 자신 있게 나설 수 있겠는가? 부족함 투성이인 우리를 믿고 맡겨주신 것이다.

지방연합성회 같은데서 말씀을 전하다보면 힘이 빠져버릴 때가 있다. 귀한 시간을 내서 온 목사들이 듣지 않고, 다른 생각만 하고 있기 때문이다.

말씀에 적혀 있는 대로 죽을 때까지 열심히 배우면서 목회해야 한다. 무엇이든 듣고, 묻고, 배운다는 자세로 살아가야 한다. 하지만 목사들이 너무 가르치려고만 든다. 잘 알지도 못하면서 잘난 척하는 경우도 많다.

7. 대접할 줄 모르는 것 같다

개인주의가 만연한 세상을 살고 있다.

그래서인지 요즘 젊은 목사들도 남들을 대접하고 섬기는 것에 아직은 서툰 듯하다. 어른들이 후배 목회자들에게 밥 한 끼 사주는 것을 당연히 여기는 분위기다. 심방하고 나서 교인들이 대접해주는 식사, 추석이나 설에 들어오는 명절 선물도 의례 주는 것이라고 여긴다. 그냥 받기만 한다. 이번에는 자기가 식사 대접하겠다고 따로 불러내거나 보답하는 경우를 별로 보지 못했다.

예수님은 마태복음 7장 12절에서 "그러므로 무엇이든지 남에게 대접을 받고자 하는 대로 너희도 남을 대접하라"고 가르쳐주셨다.

먼저 대접해야 대접 받을 수 있다. 대접하지 않고 대접 받기만을 바라면 결국 더 대접 받지 못하게 된다. 그것이 예수님이 전해주신 황금률이다. 성도들에게 받기만 할 게 아니라 베풀 줄도 알아야 한다.

나는 밥 한 끼를 얻어먹으면 기억하고 있다 꼭 대접해드린다.

누구를 만나든 내가 돈 내고, 계산하려고 한다. 개척 당시 당장 먹을거리가 없어 궁할 때에도 사람들은 큰 재벌이 뒤에서 밀어주는 줄로 알았다. 이런 태도 때문에 궁핍하게 보이지 않았던 것이다. 그리고 실제로 이런 행동 가운데 하나님이 모자라지 않게 채우시고, 돌보아주시며 윤택하게까지 삶을 이끌어주셨다.

8. 준비할 줄 모르는 것 같다

"제가 어제 설교하는데요. 진짜 큰일 날 뻔했어요."
"무슨 일이 있었는데?"
어느 날 후배 목사가 호들갑을 떨며 주일에 있었던 일을 들려주었다.

태블릿 PC에 설교를 저장해서 강단에 올라갔는데 갑자기 먹통이 되었단다. 저장해놓은 파일을 불러오는 것 말고는 다른 방법이 없었다. 예배가 시작되고 나서도 진땀을 빼며 태블릿 PC만 만지고 있어야 했다. 설교 시간이 되자 거짓말처럼 모니터 화면이 떠서 겨우 위기를 모면할 수 있었다고 한다. 종이로 출력해놓을 생각은 미처 하지 못했단다. 그러나 목사라면 적어도 말씀에 대한 준비는 2중, 3중으로 철저히 되어 있어야 한다. 종이 원고는 물론이고 필요하다면 리허설까지 통해 미리 내용을 입에 익혀놓는 것이 좋다.

내일 행사가 있다면 오늘 다 준비해놓고 잠자리에 들길 권한다.

그렇게 해야 혹시 잘못 되더라도 고칠 수 있는 시간이 있다. 교회 사역에는 몇 날 며칠을 수고해야 사람들에게 내보일 수 있는 일이 많다. 미리 준비해 놓지 않으면 수정은커녕 대안도 마련하지 못하고 성도들을 맞게 될 수 있다. 목자다운 모습은 아니다.

하도 속도가 빠르고, 공유가 쉬운 시대에 살고 있어서 그런지 모르지만 요즘 젊은 목사들에게서 철저하게 대비해 놓은 모습을 별로 볼 수 없다. 너무 쉽게 생각하고, 그 자리에서 즉흥적으로 해결하려 든다. 그런 상황을 대할 때마다 얼마나 조마조마 해지는지 모른다. 말을 안 해서 그렇지 성도들도 목사가 정성을 들였는지 대충 했는지 다 알아본다. 그렇기에 언제나 목회에 관련된 일들은 철저히 한다. 내게 맡겨진 양들을 위해서다.

9. 일을 하려고 하지 않는 것 같다

어른들이 더 많이 섬겨줘야 했는데 그러지 못했기 때문일까?

예전에는 선배 목사나 어르신들과 자리를 같이 하면 엉덩이를 붙일 새가 없었다. 힘들어도 후배들이 궂은일을 도맡아야 되는 것으로 알고 움직였다. 그것이 섬김이라고 배웠고, 성도들을 위해 평생 그렇게 일해야 한다고 가르침을 받았다. "일하기 싫어하거든 먹지도 말게 하라"(살후 3:10)는 구절도 귀한 말씀으로 여겼다.

요즘은 귀찮고 불편한 일은 하는 사람이 따로 있다고 생각하는 것 같다.

건강을 위해서는 열심히 땀 흘리며 운동을 하면서도 성가신 일에는 좀처럼 움직이려 않는다. 버튼만 꾹꾹 눌러 결제하면 뭐든지 다 해주는 환경도 크게 한몫하고 있다.

젊은 목사 부부는 어린 자녀들을 챙겨 먼저 가버리고, 환갑이 지난 목사들이 무거운 음료수 상자를 들고 뒤따라가는 경우를 목격한 적도 있다.

하지만 하나님은 일하는 자에게 쉼을 주시고, 열매를 허락하신다.

가만히 앉아 있기만 해서는 아무 일도 되지 않는다. 빛도 없이, 이름도 없이 묵묵히 섬길 줄 알아야 한다. 그래야 목회를 온전히 감당할 수 있다.

10. 위 아래가 없는 것 같다

"이봐! 이천휘 전도사! 이리 와서 앉아."

"얼마나 고생이 많아. 여기 앉아서 많이 먹으라고."

목회를 처음 시작했을 때 한 달에 한 번씩 모이는 지방 교역자 회의에 가면 선배들이 나 같은 어린 목회자를 배려해 주셨다. 회의를 마치고 식사하는 시간이 되면 항상 후배들 이름이 불렸다. 개척하느라, 담임목회 하느라 삼시 세 끼도 꼬박꼬박 못 챙기는 어려운 처지를 누구보다 잘 알고들 계셨기 때문이었다.

사실 내게는 어른들 앞에 앉아서 식사를 하는 것이 가시방석이나 마찬가지였다.

긴장되고 떨려서 음식도 제대로 삼키지 못했다. 다들 편하게 있으라고 하셨지만 감히 그럴 수 없었다.

선배들은 친하면서도 조심하게 되는 존재였다. 그만큼 위계질서가 확실했다. 후배는 선배를 깍듯이 존중했고, 선배는 후배를 따뜻하게 품었다.

요즘은 어른들을 어려워할 줄 모르는 것 같다.

자기랑 별 관계가 없거나, 자기에게 득이 될 것 같지 않으면 다들 데면데면하게 인사만 하고 넘어간다. 교역자 수련회를 가도 젊은 목사들은 자기 가족들을 챙기기에 바쁘다. 식당에 들어가서도 먼저 자리를 다 차지하고 앉아버린다. 화장실에 들렀다가 온 나이 많은 선배들이 앉을 자리가 없어 민망하게 서 있는 상황이 벌어지기도 했다.

고리타분하게 선배 노릇하려고 꺼낸 말이 아니다.

목회자들끼리의 관계, 목회자와 성도들과의 관계, 교인들끼리의 관계가 다 하나로 연결되어 있는 것이다. 사역, 섬김과 관련이 있다. 어느 한 쪽이 어그러지면 다른 쪽도 틀어지게 되어 있다.

8
교회 건축

교인들의 믿음으로 한다.

1. 교인들이 준비될 때까지 기다려야 한다

많은 목사들이 품고 있는 마음의 소원 중 하나가 교회 건축이다.

넓은 예배당에 사람들이 가득 들어차고, 하나님을 찬양하는 목소리가 높게 울려 퍼지는 순간을 상상하는 것만으로도 가슴이 뭉클해진다. 목회가 풍성해지고, 지역사회에도 보탬이 되고 싶은 바람도 간직하게 된다. 아담하든, 으리으리하든 잘 지어진 새 성전에서 새 출발하고 싶지 않은 목회자는 아마 없을 것이다.

하지만 교회 건축이란 게 간절히 원한다고 후딱 해치울 수 있는 일이 아니다.

하나님의 뜻을 먼저 구해야 하고, 거기에 온 교회의 헌신이 얹어져야 한다. 부지를 마련해서 첫 삽을 뜨고, 입당예배를 드리기까지 숱한 어려움을 맞닥뜨리게 된다. 하나님이 명하신 일이라는 확신이 있어야 감내할 수 있다. 오로지 믿음 하나로 하는 것이다.

여기서 믿음은 교인들의 믿음이다.

목사의 믿음으로 건축하는 게 아니라 교인들의 믿음으로 교회를 지어야 한다는 얘기다.

교인들이 교회를 새로 쌓아올리길 주저하고 망설인다면 아직은 때가 아니라고 여겨도 된다. 하나님이 원하시는 일임을 공감하고, 믿음으로 받아들일 때까지 기다려야 한다. 교인 모두가 기뻐하고, 반기는 일이 되어야 하기 때문이다.

교회 건축이라는 밑그림을 그려서 보여주는 것은 목사지만 거기에 여러 색을 덧입히고, 세세한 부분까지 채워가는 것은 어디까지나 교인들의 몫이다. 교인들이 자신에게 맡겨진 소임이라 믿고 물심양면으로 헌신해주지 않으면 감당할 수 없는 게 교회 건축이다. 조금 더디더라도 교인들의 기도와 정성을 담아 차근차근 준비해 가는 게 맞다.

목사의 믿음이 크다고 건물까지 꼭 큼지막해야 되는 것은 아니다.

교인들은 따라올 준비가 덜 되어 있는데 목사 혼자 믿음이 충만해서 억지로 잡아끌면 뒤탈이 생길 수밖에 없다. 목사가 하자는 대로 무리하게 일을 벌였다가 새 성전이 완성되는 것을 보지도 못하고 다른 사람에게 넘겨버리고 말았다는 얘기가 솔직히 낯설지 않다.

힘들게 다 지어놓고 나서도 맘 놓고 좋아하지 못하는 교회도 수두룩하다.

건축하느라 진 빚을 다달이 갚아가기는커녕 이자도 제때 내지 못해 언제 어떻게 처분될지 모르는 교회가 수백 개에 이른다고 한다. 교인들이 감당할만한 때를 기다리지 않은 결과다. 고생은 고생대로 해놓고서 정작 목회를 못하게 되는 어이없는 처지에 놓이게 된 것이다.

2. 홀로 교회 건축을 감당한 대가

나는 교회 개척 2년 만에 건축을 시작했다.

교인들은 교회 건축은 꿈도 꾸지 못할 때였다. 교인수도 고작 백여 명에 지나지 않았었다. 함께 걸어온 믿음의 여정도 짧은 편에 속했고, 믿음이 단단한 정도 역시 교회 건축을 짊어지기에는 아직 부족했다. 매주 들어오는 헌금으로는 개척 교회를 운영하기에도 빠듯한 액수였다.

은행 대출부터 알아봤다.

역시나 까다로운 조건이 따라붙었다. 혹시 담보물이 있으면 교회를 위해 제공해주었으면 한다는 부탁을 차마 입 밖으로 낼 수 없었다. 순진무구한 교인들에게 왠지 크고 무거운 짐을 지우는 것 같았다. 자칫 잘못했다가는 애꿎은 교인들이 교회를 등지고 떠나게 만들 수도 있겠다는 생각마저 들었다.

다른 데서 빚을 얻을 수밖에 없었다.

부모님이 본인들 이름으로 사채를 얻어 건축헌금을 보태주셨다. 죄송하고 송구스러웠다. 처형 네서도 가지고 있던 땅을 담보물로 내주면서 어깨를 두드려줬다. 처남과 친구들에게까지 도움이 왔다. 감사하게도 가진 것이라곤 목회 경력 몇 년이 전부인 나를 외면하지 않고 손을 내밀어주었다.

십 원 한 푼이라도 아껴보려고 전도사인 내가 직접 공사 현장을 관리하고 지휘했다.

건설회사에 맡기는 것보다 훨씬 적은 비용이 들어갔다. 자재를 구입하는 것부터 인부를 사서 쓰는 것까지 일일이 다 챙겨야 했다. 필요하면 다른 데서 일을 배워 와서 가르쳐가며 했다. 인부들 틈에 섞여 상하수도관을 파묻고, 배관을 설치해 전선을 집어넣고, 빼내고 했던 기억이 지금도 생생하다.

인부들은 나를 전도사로 생각하지 않았다.

전도사님이라고 불러주는 것까지였다. 그들에게는 교회 건축이 중요한 게 아니었다. 공사판 일로 하루 일당을 벌러 온 것뿐이었다. 경험도 없는 어린 사람이 공사 현장을 감독하고, 십장 역할을 하는 것도 꽤나 못마땅해 했다. 전도사 된 신분으로 인부들을 부리는 것이 여간 어려운 게 아니었다.

지하 터파기 공사를 할 때였다.

땅을 파서 흙을 내다버리는 것까지 해주기로 하고 포크 레인 기사를 불렀다. 공사 당일이었다. 포크 레인이 들어와 자리를 잡

앉는데도 일이 진행되지 않았다. 언제부터 할 수 있는 거냐고 몇 번을 물어봐도 흙을 싣고 나갈 트럭을 구하지 못했으니 기다려 보라는 말만 되풀이할 뿐이었다. 그렇게 두 손 놓고 며칠을 보내야 했다.

"돈을 쥐똥만큼 주니까 안 오지. 이래가지고 공사가 되겠어? 더 안 주면 나도 못해!"

내가 전도사니까 겁주고, 억지 부리면 돈을 더 받을 수 있을 것이라고 생각한 모양이다.

"그게 무슨 말입니까? 그쪽에서 잘못한 건데 왜 우리가 책임을 져요? 여기 계약서에 분명히 트럭까지 가져온다고 쓰여 있잖아요."

"이 자식이 죽고 싶어 그래? 오늘이 네 제삿날인 줄 알아!"

내 말이 끝나기 무섭게 옆에 있던 삽자루를 집어 들더니 거친 쌍욕을 마구 내뱉기 시작했다. 금방이라도 삽으로 내리찍을 기세였다. 여기서 밀리면 안 되겠다는 생각이 번득 들었다. 약한 모습을 보였다가는 다른 인부들마저 자기들 마음대로 하려 들 것 같았다. 어디 해볼 테면 해보라는 식으로 바짝 다가가서 머리를 들이밀었다.

"제가 전도사라고 우습게 보는 겁니까? 찍어 봐요. 어서 찍어 보라고요!"

내가 고래고래 악을 쓰며 나오니까 당황한 것 같았다. 잠깐 멈칫하는 사이 삽을 뺏어 들고 매섭게 쏘아붙였다.

"저는 뭐 때릴 줄 몰라서 가만히 있는 줄 아십니까? 이런 거 잡았다고 제가 무서워할 것 같아요?"

"나 원 참…"

그러자 슬슬 뒷걸음치더니 냅다 줄행랑을 쳐버렸다. 큰코 다치겠다 싶었던 모양이었다. 그 뒤로 군소리 안 하고 얌전히 일하기 시작했다. 트럭도 금세 불러왔다.

아무래도 거친 일을 주로 하는 공사판이다 보니 투박하고, 걸걸한 사람들이 많았다.

일본말로 곤조가 다들 장난이 아니었다. 인부들과 거의 싸우다시피 하며 교회를 건축했다. 그러지 않으면 일을 그때그때 끝마칠 수 없었다. 나를 아는 누군가가 그 모습을 봤다면 어떻게 전도사가 저럴 수 있나 안타까워하며 혀를 끌끌 찼을 것이다.

어쩔 때는 내가 깡패가 다 된 것 같아 가슴이 아려오기도 했다.

일부러 험악하게 굴며 지내려니 착잡하고 씁쓸한 기분이 가셔지지 않았다. 교인 중에 건축 일을 나눠질 수 있는 사람이 있었으면 하는 바람이 정말 간절했다. 고단한 몸을 곧추세워 설교 원고를 쓰고, 힘겹게 강단에 올랐다. 더 많은 시간을 들여 준비하지 못해 교인들에게 늘 미안한 마음이었다.

홀로 교회 건축을 감당했기에 치러야 했던 대가였다.

물론 교회를 새로 지을 때 전도사가 맡아줘야 하는 역할이 작지 않은 게 사실이다. 하지만 나처럼 모든 수고를 혼자 짊어지면서까지 밀어붙일 필요는 없다고 얘기해주고 싶다. 교역자와 교인들이 한 뜻이 될 때까지 기다려도 결코 늦어지는 게 아니라고 들려주고 싶다.

부평제일교회를 완공했을 때가 서울에서 아시안게임이 개최되고, 올림픽대회가 성대하게 열렸던 1980년대였다.

은혜를 사모하는 많은 이들이 새 성전에 모여들었고, 그만큼 헌금이 들어와서 언제 갚았는지도 모르게 그 많던 빚을 말끔히 해결할 수 있었다. 건축을 마친 뒤 다행히 큰 후유증을 겪지 않고 부흥된 경우였다.

나는 지금 두 번째 교회 건축을 준비하고 있다.

두 번째 건축을 마무리하면 아마도 은퇴할 때가 될 것 같다. 요즘 새로 건축하는 교회는 제발 크게 짓지 말라는 얘기를 자주 듣는다. 친한 목회자들에게 우리 교회의 건축 소식을 전해주면 열에 아홉 명은 적당한 크기가 제일 좋다고 조언해준다. 이제는 교회를 크게 지어도 사람들이 모이지 않는다고 말리는 분위기다.

그러지 않아도 가능한 한 돈을 적게 빌리면서 건축하는 쪽으로 계획하고 있다.

잘 지어놓기만 하면 어떻게든 될 것이라는 생각은 피했으면 한다. 현실이 녹녹치 않다. 목사가 기대하는 대로 교인들이 착착 채워지는 경우를 요즘 거의 보지 못했다. 교회 건축을 끝냈으니 이제 걱정 없이 목회할 수 있겠다고 한숨 돌리던 시절이 잠깐 있긴 했지만 지금은 그때에 비해 여러 면에서 쉽지 않은 환경이다.

다시 말하지만 교회 건축은 교인들의 믿음을 가지고 하는 것이다. 일단 목사의 성취욕부터 내려놓아야 한다. 그렇게 하지 않으면 교회는 지을지 몰라도 목회는 이어가기 어려운 상황에 놓이게 될 수 있다. 이후에 교회가 맞게 되는 위기는 모두 목사의 책임이 되는 것이다. 하나님은 우리 한 사람 한 사람을 교회로 삼으셨다. 교인들 모두가 교회 건축에 동참하고, 그 수고를 나눠 가지길 원하신다.

3. 마땅한 건축 지식부터 갖추자

"계장님, 안녕하세요! 부평제일교회 이천휘 전도사라고 합니다. 초면에 죄송합니다만 설계사 한 명만 소개해주시면 안 될까요?"

사실 나는 건축에 문외한이었다.

대학생 때 용돈이 궁해 공사장에서 벽돌을 나르고, 군대에서 곡괭이 들고 땅 파본 게 전부였다. 우리 교회도 건물을 가질 때가 되었다고 교인들 앞에서 힘주어 말했지만 한편으로는 어디서부터 어떻게 시작해야 할지 막막하기만 했다. 건축 일을 하는 친한 친구나 선배가 있는 것도 아니었다.

고민만 하고 앉아 있으면 안 될 것 같아 무작정 구청 건축계를 찾아갔다.

건축계장 명패가 창구 너머로 보였다. 내가 누구인지 밝힌 다음 밑도 끝도 없이 괜찮은 설계사를 알려달라고 부탁했다. 건축계장의 눈이 휘둥그레졌다. 이런 사람은 처음 봤다는 표정이었다.

"전도사님이라고 하셨나요? 제가 이래봬도 공무원이에요. 공정하게 감독해야 하는데 누굴 소개해주겠습니까?"

"교회 건물을 지어야 하는데 아무것도 몰라서 그래요. 구청에서 일하시니까 좋은 설계사를 많이 아실 것 같아서 와봤습니다. 부탁 좀 드릴게요."

하도 어이없었는지, 아니면 불쌍하게 보였던지 건축계장이 알았다며 전화번호나 적어놓고 가라고 했다.

며칠 뒤 어느 설계사무소와 연락이 닿았고, 그곳에서 일을 맡아주면서 건축을 진행할 수 있었다. 나중에 알고 보니 우리 교회를 설계해준 사람이 건축계장의 대학 선배였다. 그래서였는지 공사하는데 관공서에서 나왔다며 괜히 시비 걸고, 트집 잡는 사람이 없었다. 구청에 신고하고, 허가 받는 까다로운 절차도 수월하게 넘어갈 수 있었다.

돌아보면 부평제일교회에서 계속 목회하려고 새로 건축했던 것인데 어떻게 건축에 대해서 공부도 제대로 하지 않고 겁도 없이 일을 벌였는지 모르겠다. 하나님이 하신 일이었고, 감사한 마음은 지금도 변함없지만 이십 년, 삼십 년 후까지 넉넉히 내다보며 건축을 구상하지 못한 것이 무척 아쉽다. 그 땐 어리고, 어설

픈 목회자였다고 변명하면 될까 싶지만, 그래도 아쉬운 것은 사실이다. 그래서 이런 조언들을 선배 목회자들이 그때의 나같은 후배들에게 더욱 자주 해주었으면 좋겠다.

목회자들의 목회 인생에서 교회 건축은 대부분 한 번뿐이다.
물론 두 번, 세 번 감당하는 목사들도 있지만 그런 경우는 굉장히 드물다. 교회 여건상 건축 얘기는 꺼내보지도 못하고 은퇴하는 목사들도 있다. 교회 건축은 목회자에게 분명 소중한 기회이고, 값을 매길 수 없는 귀한 경험으로 남는다. 정말 많은 공부가 필요하다.
그럼에도 예전에 내가 그랬듯이 별다른 건축 지식 없이 건설사에 의존하고, 맡겨버리는 경향이 짙다. 건축을 진행하고 있다고 했는데 자기네 교회 설계도면도 볼 줄 모르는 사람을 보면 제발 공부 좀 하라는 말이 목구멍까지 차오르기도 한다. 교회 건축에는 목사가 추구하고, 바라보는 목회가 고이 담겨야 되기 때문이다.
교회가 들어설 지역의 특성과 주변 환경을 살펴보는 것은 물론 교인들의 신앙 색깔, 기질, 달란트 등도 함께 고려해야 한다. 예배드리는 공간에 어떠한 정서가 흐르게 할 것인가도 중요하다. 요즘 유행하는 양식만을 따를 게 아니다. 그러기에 목사가 교회 건축에 대해 가장 많이 알고 있어야 한다. 설계사나 건설업체는 목사가 꿈꾼 그림이 구체적인 공간이 되도록 도와주는 곳일 뿐이다.

부평감리교회를 담임하고 있는 홍은파 목사님은 교회 건축에 있어서 내 롤모델 같은 분이다.

이분은 교회 건축을 수차례 경험하며 웬만한 건축가 못지않은 노하우를 쌓으셨다. 사십 명이 묵을 수 있는 호텔 수준의 숙소를 선교센터 건물에 마련한 것만 봐도 목회의 주안점을 어디에 두고 있는지 금방 알 수 있다. 또 음악을 사랑하는 사람들이 많은 교회답게 교인들이 자신의 달란트를 마음껏 드러낼 수 있도록 본당을 꾸몄다.

어떻게 이런 생각을 할 수 있었을까 하는 감탄이 절로 나올 만큼 교회 곳곳에 정성을 쏟았다. 담임목사가 생각하고 있는 목회와 무관하지 않다. 하루아침에 고민해서 나온 결과가 아니다. 책 몇 권을 바짝 읽었다고 해서 건축의 방향이 결정되는 일은 일어나지 않는다. 틀림없이 많은 사례를 살펴보며 오래 시간 공부했을 것이다.

신학대학 커리큘럼에 건축 과목이 들어갔으면 좋겠다는 바람이 생긴 지 꽤 되었다.

강의를 나가고 있는 목원대학교 학생들에게도 옆에 건축학과가 있으니 시간 내서 건축학개론 같은 수업을 들어두라고 권하곤 한다. 건축이라는 게 뭔지 개념만이라도 제대로 알고 있기를 바라서다. 건축을 공부해 놓는 게 그만큼 중요하기 때문에 하는 소리다.

목사라고 기도만 해서는 안 된다.

새로 건축할 교회에 대해 누구보다도 많이 고민하고, 그에 걸맞은 아이디어와 답을 구해놓고 있어야 한다. 마땅한 건축 지식이 있어야 원하는 교회를 지을 수 있고, 자신의 추구하는 목회와 딱 들어맞는 교회를 세울 수 있다.

9
성도

사랑해야 할 대상이다.

1. 목회의 반은 귀 기울여 듣는 것

"내가 다 지내놓고 보니까 목회가 어려울 게 없어. 교인들 얘기를 잘 들어주기만 하면 돼. 그러면 목회의 반은 하는 것이더라고."

존경하는 홍창준 원로 목사님(부평감리교회)은 경청하는 것이 목회라고 내게 한결같이 말씀하셨다.

말하기 전에 먼저 들으라고, 혀는 언제 어디서든 조심해서 사용해야 한다고 일러주셨다. 특히 성도들 앞에서 말을 함부로 하지 말라고, 그것이 목회자와 교인들 모두에게 유익을 준다고 누누이 당부하셨던 기억이 있다.

솔직히 우리 목사들은 말하는데 익숙해져 있다.

반면에 교인들의 얘기는 잘 들어주려 하지 않는다. 지나치게 많은 말을 내뱉기 때문이다. 대책을 내놓아야 한다는 강박이 있어서 그렇다. 돌파구를 제시할 줄 아는 목회자가 되어야 한다는 생각이 다들 있다. 목사인 자신이 직접 해결해주려고 하는 것이다.

말이 많다는 것은 나의 생각과 나의 주장이 그만큼 강하다는 뜻이다.

실제로 많은 목회자들이 무슨 일이든 자기가 원하는 대로 주입시키고, 결정하려고 든다. 그러다보면 나의 판단이 가장 탁월하다는 착각에 쉽게 빠져들고 만다. 내가 모든 일을 해결해주고 있다는 생각이 들어가면서 교만해지는 것이다.

하나님이 해결해주시면 된다.

그러면 교만해지지 않는다. 성도들을 위해 하나님께 기도하지 않을 수 없기 때문이다. 목회자는 교인들이 자신의 고충을 하나님께 가져가도록 도와주는 역할을 할 뿐이다. 하나님만 바라볼 수 있게 옆에서 힘을 실어주는 게 우리가 할 수 있는 전부이다. 교인들의 얘기를 겸손히 귀 기울여 들어야 하는 이유이다.

상담학에서는 내담자가 상담자를 찾아올 때 문제도 가져오지만 해답도 같이 가져온다고 한다.

상담자는 당신의 생각이 틀렸다거나 그건 이렇게 해버리면 된다는 식의 말을 입에 담지 않는다. 이것저것 꼬치꼬치 캐묻는 것도 가급적 피한다. 그저 듣기만 한다. 내담자가 자신의 속마음을 꺼내 보이며 스스로 해답을 찾아갈 수 있도록 그의 말을 들어주는 사람이 되어주는 것이다.

2. 진심을 다해 기도하면 된다

"아이고 목사님, 큰일 났어요. 저 이제 어떡해요."

"무슨 일인데 그러세요? 물 한 잔 드릴 테니까 우선 앉아서 숨부터 돌리세요."

30여년 전 일이다.

어느 날 우리 교회에 나오던 김 권사님이 사색이 되어서 나를 찾아 왔다. 쌀가게를 하며 모아두었던 사백만원을 옆 가게 주인에게 빌려주었단다. 그때는 지금보다 엄청 큰 돈이다. 제대로 먹지도 않고, 입지도 않으면서 한 푼 두 푼 아껴 모은 돈이었다. 그런데 옆 가게 주인이 꼬박꼬박 주던 이자를 언젠가부터 주질 않는 것이다. 김 권사님은 두세 달을 혼자 끙끙 앓다가 용기를 내서 왜 이자를 안 갚느냐고 물어봤다.

"아니, 이 양반이 왜 생사람 잡는 소릴 하는 거야? 내가 지난번에 원금까지 다 갚았잖아! 신문지에 싸서 줬잖아. 기억 안 나?"

김 권사님은 분명히 받은 기억이 없었다.

아는 사람끼리는 차용증을 써놓는 시절이 아니었다.

자기가 어떻게 해서 모은 돈인데 갚지도 않았으면서 갚았다고 애맨 소리를 한다고 억울해 했다. 저 사람이 오히려 자기를 도둑으로 모는데 버선목을 뒤집어 보일 수도 없고 어떻게 하면 좋겠느냐며 발만 동동 굴렀다.

"권사님, 제가 뭘 도와드릴 수 있겠습니까! 하나님이 권사님의 심정을 누구보다 잘 이해하실 것입니다. 열심히 기도할게요."

빠른 시일 내로 빌려준 돈을 되돌려 받을 수 있게 기도하겠다고 말씀드렸다. 그리고 그 자리에서 권사님을 위해 소리 내서 기도해드렸다.

한 달 정도 지난 뒤였다.

이번에는 권사님이 함지박만한 웃음을 머금고 우리 집으로 뛰어왔다.

"목사님, 다 해결되었어요. 목사님이 기도하라고 해서 기도했더니요. 정말 해결되었어요."

옆 가게 주인이 4백만 원을 만들어 신문지에 싸놓았다는 말은 거짓말이 아니었다. 날이 밝으면 가져다주려고 장롱 속 이불 사이에 넣어두고서 갚았다고 착각한 거였다. 그러고서 몇 달이 지났는데 난데없이 이자를 달라고 해서 화들짝 놀랐단다. 김 권사님이 저럴 사람이 아닌데 돈을 또 받아내려고 해서 기가 막혔단다.

그런데 다음 날부터 옆 가게 주인의 꿈에 돌아가신 시어머니가 나왔다.

"이 도둑년! 이 도둑년!"하고 시어머니가 매일 호통 치시는 통에 도저히 잠을 이룰 수가 없었다. 마침 다음 계절로 넘어가는 때여서 이불을 바꿔 덮으려고 장농에서 이불을 꺼내는데 웬 돈뭉치가 툭 떨어지더란다. 까맣게 잊고 있던 4백만 원이었다.

그냥 갚은 척 하고 있으면 시어머니가 꿈에 계속 나타날 것 같아 바로 김 권사님에게 달려갔다. 가서 싹싹 빌었다. 자기가 아둔해서 장롱 속에 넣어두고도 갚은 줄 알았다고, 우리 시어머니한테까지 혼났다며 미안해했단다. 돈뭉치 안에는 그동안 밀린 이자도 들어 있었다. 김 권사님이 하도 억울해서 몸부림치면서 기도하니까 하나님이 옆 가게 시어머니까지 동원해서 문제를 해결해주신 것 같았다.

김 권사님이 당한 곤란한 이야기를 들었을 때 내게는 그 문제를 해결해줄 수 있는 방법이 없었다. 내가 옆 가게에 가서 왜 돈을 안 주냐고 따질 수도 없었고, 내게 많은 돈이 있어 대신 갚아줄 수 있는 것도 아니었다. 지극히 상투적이었지만 권사님에게 기도할 것을 권했고, 나도 열심을 다해 기도한 것이 다였다.

그러면 문제가 해결된다.

목사가 해준 말 때문에 상황이 달라지는 게 아니다. 홍창준 원로 목사님의 말씀처럼 가슴 아파하는 교인의 사연을 경청해주는 것만으로도 이미 내가 할 일의 절반을 해낸 것이나 마찬가지다. 그리고 그 사람 스스로 하나님 안에서 답을 얻도록 옆에서 돕는 역할을 다하면 되는 것이다.

목사가 진심으로 기도하겠다고 한 것인지, 버릇이 되어서 던진 말인지 교인들은 금방 알아차린다. 오랫동안 서로를 경험해왔다면 더욱 또렷하게 느낀다. 상투적인 말이 되지 않게 마음을 쏟아 기도해야 한다. 그래야 우리 목사님이 기도해주셔서 문제가 해결되었다는 고백을 들을 수 있다.

3. 상(賞)은 천국에 가서 받으라

상은 천국에 가서 받아야 한다.

"성도 여러분! 지금 세상이 주는 상을 받으시겠습니까? 아니면 나중에 천국에서 가서 상을 받으시겠습니까? 당연히 천국에 가서 상을 받으셔야죠. 세상이 주는 상을 우리가 받아봐야 얼마나 받겠습니까? 그건 다 잊히는 거예요. 받는 기쁨도 잠깐입니다. 세상이 인정해주지 않는다고 서운해 하지 마시고, 천국에 가서 받을 상을 사모하며 사시길 바랍니다."

천국의 상급에 대해 설교하면 성도들 대부분이 "아멘!"으로 응답한다. 표정도 저마다 비장하다. 하지만 누군가 나의 수고를 알아주고 상을 주었으면 좋겠다고 기대하지 않는 사람은 없는 것 같다. 나름 훈련되었다는 목회자들도 상 받는 것을 좋아하는데 교인들은 오죽할까 싶기도 하다. 어떤 사람은 천국에 가서 상을 받을 때도 저럴 수 있을까 싶을 정도로 조그만 상에도 크게 기뻐하는 모습을 보인다.

지금 교회 건물 공사를 지상 1층까지 마쳤을 때였다.

아직 완공되지 않았지만 불편한대로 지하와 1층을 먼저 사용하고 있었다. 마른 수건을 다시 짜듯 교회를 운영하던 시절이었다. 무엇 하나 제대로 구비되어 있는 게 없었다. 보기가 안타까웠던지 어느 날 여선교회 회장이 내게 와서 살짝 물었다.

"여선교회에서 교회 창문에 커튼을 달아도 될까요?"

"어우, 그래주시면 감사하죠."

여선교회 회장과 재봉틀을 잘 다루는 회원들이 모여서 얘기도 하고, 같이 나가서 재료도 사오는 것 같았다. 그러더니 두 주 만에 정말 커튼을 예쁘게 만들어서 창문마다 달아주었다. 여선교회에서 이렇게 수고해주었다고 교인들 앞에서 보란 듯이 칭찬해주고, 박수도 받게 해주어야 했는데 교회 건축 때문에 정신이 없어서 그만 건너뛰고 말았다.

"저희가 사비를 들여서 커튼을 달았는데 어떻게 수고했다고 칭찬 한 마디 안 하시고 넘어갈 수 있습니까? 정말 섭섭합니다. 이런 교회는 나오고 싶지 않아요."

잔뜩 인상을 찌푸리며 못마땅함을 표시하던 여선교회 회장은 그 날로 교회를 떠나버렸다. 때마침 다른 동네로 이사를 간 모양이었다. 한 1년 즈음 지나서 그 여선교회 회장의 소식을 듣게 되었다. 지금 암에 걸려 투병 중인데 앞으로 살 수 있는 날이 거의 안 남았다고 했다. 굉장히 가슴이 아팠다.

왠지 내가 실족하게 만든 것 같았다. 칭찬이 필요한 사람이었는데 내가 그것을 제대로 못 해줘서 몸져누운 게 아닐까 자책하게 되었다. 그때 흡족하게 칭찬해주었더라면 상황이 달라졌을지도 모른다는 생각마저 들었다.

한편으로는 사람들에게 인정받고 싶어 하고, 사람들의 칭찬에 목말라하는 우리 인생이 딱해 보였다. 왜 예수님이 서로 사랑하라는 새 계명을 주셨는지 알 것 같았다.

이 땅에서의 삶을 마치고 마주하게 될 심판대도 떠올려보았다.

구원은 믿음으로 받지만 상급은 행위로 받는다. 신앙생활을 잘했든 못 했든 천국에 가는 날까지 예수님을 믿는 믿음을 지키고 살면 구원은 받을 수 있다. 하지만 상급은 내가 얼마만큼 하나님께 충성하고 순종했는지에 따라 그 크기가 달라진다. 인정받고, 보상받고자 하는 마음으로 한 일은 상급과 상관없는 일이 되어버리고 만다.

학교 졸업장은 전교 1등이나 꼴등이나 똑같이 받지만 우등상은 좋은 성적을 거둔 학생에게만 영예가 주어지는 것과 비슷하다고 할 수 있다. 그러기에 구원 받는 것은 우리의 최종 목표가 아니다. 구원을 받는 것은 물론 하나님 앞에 나아가 큰 상급을 함께 받는 것이 믿는 사람들의 바라는 바가 되어야만 한다.

집사 직분을 받기만 하고 집사 노릇은 하지 않는 교인들이 있다.

권사 직분을 받았음에도 권사로서 충성을 다하지 않은 이들도 많다.

한 달란트를 받고 그냥 땅 속에 묻어둔 종과 별로 다를 바가 없다. 하나님은 이들을 충성된 종이라고 부르지 않으신다. 더 헌신하고, 더 순종하라고, 더 열심히 일하라고 직분을 주신 것이기 때문이다.

나와 여선교회 회장 사이에 생긴 일은 교인들을 아낌없이 칭찬하고, 격려하자고 마음먹은 계기가 되었다. 일부러라도 듣기 좋은 말을 해주려고 교인 한 명 한 명을 잘 살펴봤다. 교회 행사나 특별예배가 있을 때마다 성도들이 흐뭇하게 미소지을만한 내용으로 채워 넣었다. 권사 취임식도 매번 장로 취임식 못지않게 성대하게 준비해서 열어주었다. 장로들에게도 교인들을 많이많이 칭찬해달라고 부탁했다. 사람이 아닌 하나님께 하듯 하자고 했다.

칭찬과 격려, 따뜻한 말이 오가는 속에서 교인들이 하나님의 사랑을 느끼길 바라는 마음은 지금도 변함이 없다. 그러다보면 성도들이 신바람 나게 신앙생활을 할 수 있을 것이라는 기대도 여전하다. 날마다 하나님께 충성하고, 천국의 상급을 사모하는 삶으로 이어지기를 소망하고 기다릴 뿐이다.

4. 교인은 믿을 대상이 아니라 사랑할 대상이다

교인들은 사랑해야 할 대상이지 믿을 대상이 아니다.

이 말을 교인들이 듣게 되면 어떻게 우리를 못 믿느냐고 반발할지 모르겠다. 목회자와 성도는 양과 목자의 관계로 맺어져 있다. 목자는 양을 돌볼 수 있지만 양은 목자를 보살펴줄 수 없다. 그럴 수도 없고, 그렇게 하지 못한다. 교인들을 믿고 목회하면 반드시 실패하게 된다.

지난 삼십팔 년간 한 교회에서 목회하면서 정말 많은 사람들을 믿고 의지했다. 그런데 그 믿었던 사람들이 나를 저버리고 떠난 경우가 얼마나 많았는지 모른다. 그럴 때마다 배신당한 것 같은 기분을 감출 수 없었다. 실망이 무척이나 컸다. 한두 주는 마음이 몹시 상한 채로 강단에 올라야 했다.

어떤 권사님 가정은 당장 먹을 쌀이 없을 정도로 궁핍했다.

어떻게든 도와주어야 할 것 같아 몇 개 안 되는 아내의 패물을 팔아 쌀가마니를 가져다주기도 했다. 그랬는데도 본인이 원하는 직분을 주지 않는다고 헌신짝 버리듯이 교회를 버리고 떠났다.

다른 어떤 분은 가정에 어려움이 생겨 많은 시간을 같이 울면서 기도했다. 돈독함도 함께 쌓여 갔다. 문제가 해결되는 기미가 보이자 그것으로 끝이었다. 더 이상 내가 필요 없다는 듯 너무 쉽게 교회를 옮겨버렸다.

'나는 목숨 걸고 도와줬는데… 어떻게 나한테 이럴 수 있지?'

어김없이 혼자 상처 받고, 혼자 괴로워하는 일로 마무리되었다.

마음을 다해 곁을 지켜줘도 별일 아닌 것처럼 훌훌 털어버리고 갈 수 있다는 것을 인정하지 않을 수 없었다. 그게 사람인 것 같았다. 하나님 안에서 감추는 것 없이 진실 되게 교제해온 사람도 언제든 제 갈 길을 찾아 떠날 수 있다는 것을 가슴 아프지만 받아들여야 했다.

교인은 사랑해야 할 대상이지 믿고, 의지할 대상이 아니라는 것을 비싼 값을 치르며 배워갔다. 상처 받는 횟수가 늘어나는 만큼 사람을 바라보고 목회해온 내 모습이 또렷하게 보였다. 그 사람에게 받으려고 했기 때문에 실망할 수밖에 없었다는 것도 조금씩 깨달을 수 있었다. 나는 목자이고, 교인들은 하나님이 내게 맡기신 양이라는 사실을 잊지 않으면 되는 거였다.

사랑은 바라지 않고 주는 것이다.

아낌없이 내어주는 것까지가 사랑이다. 내가 이 정도 주었으니 너도 그만큼 달라고 하는 것은 사랑이라고 할 수 없다. 최선을 다해서 베풀고, 나누어주는 것으로 만족해야 한다. 조금이라도 돌려받고 싶은 마음이 들면 기대가 생길 수밖에 없다. 기대하는 만큼 바라고, 의지하게 되는 것이다.

하나님께 하듯 교인들을 사랑해야 한다.

그래야 실망하지 않는다. 교인들을 위하는 것이 곧 하나님을 섬기는 것이기 때문이다. 교인들한테서 무언가를 얻어내기 위해서 목회하는 게 아니다. 나의 수고와 노력을 받으시는 분도 하나님이시고, 그것을 갚아주시고, 보상해주시는 이도 하나님이시다.

나는 교인들과 금전 거래를 해본 적이 없다.

자신의 딱한 사정을 내보이며 금전적 도움을 청하는 교인들이 간혹 있긴 했다. 오죽했으면 목사에게까지 와서 손을 벌릴까 싶었다. 내가 내어줄 수 있는 한에서 도와주었다. 얼마 되지 않는 액수였지만 헌금한다고 생각하고 건네주었다. 돌려받을 것이라는 기대는 전혀 하지 않았다. 목자와 양의 관계를 유지하기 위해서였다.

"피차 사랑의 빚 외에는 아무에게든지 아무 빚도 지지 말라"(롬 13:8)는 사도 바울의 가르침을 항상 기억하고 있기를 바란다.

5. 손해 볼 것을 각오하고 있는가?

"어떻게 장로가 이러실 수 있습니까! 양심이 있기나 한 겁니까? 당장 경찰에 신고할 수도 있습니다!"

큰 행사를 치르고 난 뒤였다.

그 행사에 회계를 맡고 있는 이가 아직 결산을 못하고 있다고 내게 귀띔해주었다. 당시 이 행사에 책임을 맡고 있던(지금은 우리 교회를 떠난 분이지만) 장로가 행사 비용 중 4백만 원을 사적(私的)으로 쓰고 돌려주지 않고 있기 때문이었다. 회계만이 알 수 있는 내용이었다. 지출한 것으로 알아서 처리해주기를 바랐는지 아무 일 없다는 듯이 입을 꾹 다물고 있다고 했다.

그 장로를 내 방으로 불렀다.

너무하다 싶을 정도로 호되게 야단치며 잘못을 꾸짖었다. 또다시 이런 짓을 저지르면 정말 끝인 줄 알라고 엄포를 놓은 뒤 4백만 원이 든 봉투를 건네주었다. 당장 가서 회계를 맡은 이에게 가져다주라고, 이건 당신하고 나하고의 비밀로 하자고 마무리 짓고 매몰차게 내보냈다.

형사상으로 문제가 될 수 있는 사안이었다.

조용히 교회에서 떠나라고 할 수도 있었다. 하지만 기도할수록 처벌은 온전한 해결책이 아니라는 마음이 앞섰다. 담임목사인 나더러 대신 갚아주라고 하시는 것 같았다. 아내의 생각을 물었다. 아내도 며칠 뒤에 사례비가 들어오니까 그것으로 해결하면 된다며 나와 뜻을 같이 해주었다.

그렇게 우리 집 한 달 생활비로 그 장로 주머니에 들어간 재정을 메워주었다. 우리 부부에게는 작지 않은 돈이었다.

　그 날 그 장로는 내 앞에서 털썩 주저앉아버리고 말았다. 엉엉 울면서 다시는 그러지 않겠다고 잘못을 빌었다. 그리고 하루아침에 담임목사의 말에 전적으로 순종하는 장로로 변했다.

　목사와 장로들 사이에 문제가 불거지면 많은 경우 잘못을 지적하고, 책임을 지게 하는 것으로 처리하려고 한다. 당장은 문제가 없어진 것처럼 보인다. 잘못을 저지른 당사자도 이 기회를 통해 크게 깨달았을 것이라고 여긴다. 그럼에도 처벌은 온전한 해결책이 되지 않는다. 마음속 앙금은 그대로 남아 있기 때문이다.

　꾸짖음을 받은 쪽은 대개 자기가 당했다고 생각한다. 겉으로는 반성하는 모습을 보여도 속으로는 자기의 잘못을 들춰낸 사람을 향해 원망을 쌓기 마련이다. 그리고 공격할 기회를 끊임없이 엿본다. 자기가 잘못한 것을 만회하기 위해서라도 목사가 실수한 것을 반드시 집고 넘어가려고 한다. '네가 나한테 이렇게 했어? 어디 두고 보자'는 식으로 마음을 먹게 되는 것이다.

　단죄하려고만 했기 때문에 그렇다.

　사랑하려고 하지 않았기 때문에 마음속에 계속 침전물이 쌓이는 것이다. 만약 자기 자식이 말썽을 일으켰다면 대신 빚을 갚아주며 문제를 해결하려고 할 것이다. 밉고, 괘씸하더라도 그래도 참아주자고 마음을 돌렸을 것이다. 자식을 사랑하는 마음을 버리지 않았기 때문이다.

예수님은 제자들에게 사랑에 대해 가르치시면서 "또 너를 고발하여 속옷을 가지고자 하는 자에게 겉옷까지도 가지게 하며 또 누구든지 너로 억지로 오 리를 가게 하거든 그 사람과 십 리를 동행하고"(마 5:40~41)라고 말씀하셨다. 진정한 사랑에는 희생이 따른다. 다른 사람을 위해 나의 것을 내어주게 되어 있다.

세상은 잘못한 사람으로 하여금 응당한 대가를 치르는 하는 게 당연하다고 생각한다. 잘못을 들춰내서 공개하지 않은 것만도 감사하게 여기라고 말한다.

하지만 예수님이 가르쳐주신 원리는 그와 정반대이다. 원수를 사랑하라고까지 말씀하시는 분이시다. 문제를 바라보고, 그것을 해결하는 방법도 다를 수밖에 없다.

목사가 자신이 손해 볼 것을 각오할 때 비로소 문제가 온전히 해결된다.

잘못한 사람을 만신창이로 만들어버리는 것은 교회가 할 일이 아니다. 잘못을 꾸짖으면서도 그가 짊어져야 할 책임을 내가 대신 떠안는 것이다. 그것이 사람을 살리는 길이다. 그래야 자신이 어떤 잘못을 저질렀는지 깨달을 수 있다. 서로 원한 쌓을 일도 생기지 않는다. 오히려 고마움을 느낄 것이다. 희생을 몰라주는 사람은 없다. 목회자의 리더십도 그런 희생에서 나오는 것이다.

사실 그 장로는 종종 문제를 일으키는 사람으로 교회 바깥에 소문이 나 있었다. 다른 교회 사람들이 불평 한 마디 없이 성실하게 신앙생활 하는 그 장로의 모습에 의아해할 정도였다. 지금은 우리 교회를 떠났지만 다들 그 장로의 변화를 기뻐하고, 감사해했다. 그리고 그 칭찬이 나에게까지 돌아왔다.

"어떻게 하셨기에 저분이 저렇게 바뀐 거예요? 이천휘 목사님, 목회 제일 잘 하시는 것 같습니다."

내가 먼저 살고 난 다음에 남는 것으로 돕는다고 하면 돕지 못할 사람이 없다. 내가 먹기 전에 도와주는 것이 하나님의 사랑이고, 그분의 뜻이다. 놀라운 것은 교인들을 위해 손해를 보고, 내 손에 쥐고 있던 게 다 빠져나가도 부족함 없이 살게 해주신다는 것이다. 내 생활비를 내어주고 몇 개월 어렵게 지내긴 했지만 그 안에서도 나를 눈동자처럼 지키시는 하나님의 은혜를 누릴 수 있었다.

6. 교인들이 떠나는 것도 은혜다

목사에게 이별은 거의 일상이나 다름없다.

분명히 얼마 전까지 잘 나오던 성도가 갑자기 안 보이면 기분이 착잡해진다. 이사, 발령, 진학 등의 사정이 생겨 교회를 옮겨야 할 것 같다는 말을 들을 때도 쓸쓸함을 삼키게 된다. 앞으로 함께 할 날이 더 많을 것이라 기대했던 교인이 교회를 떠날 때는 정말 진한 아쉬움이 남는다.

교회에 심한 갈등이 생겨 이쪽 편과 저쪽 편으로 갈라서게 되는 경우도 있다.

원로목사를 따르는 교인들과 후임목사를 지지하는 교인들이 팽팽하게 맞서는 어처구니없는 일이 벌어지기도 한다. 부목사가 담임목사 몰래 교인들을 데리고 나가 새 교회를 개척 했다는 소식은 사실 어제오늘 얘기가 아니다.

40여 년 동안 목회하며 받은 교훈 가운데 하나는 떠나는 교인을 막을 필요가 없다는 것이다.

기분 좋은 일은 아니지만 그냥 떠나가게 내버려둬도 된다. 떠날 생각을 가진 교인들한테는 냉정하게 굴어야 한다거나 일찌감치 정을 떼버리는 게 좋다는 뜻이 아니다. 애써 붙잡지 않아도 목회에 지장을 주지 않는다는 말이다.

결론부터 얘기하면 하나님이 내게 주신 양은 따로 있다. 내 양이 아니면 언젠가는 떠나게 되어 있다. 자기에게 맞는 목자를 찾아가는 것이라고 보면 된다. 그리고 하나님은 목사가 감당할 수 있는 만큼의 양을 허락하신다. 제대로 된 돌봄을 받지 못할 것 같으니까 다른 곳으로 보내시는 것이다. 그동안 목회하며 얻은 경험이다.

"목사가 좋아서 떠나는 사람이 어디 있겠어? 무언가 마음에 들지 않는 구석이 있으니까 옮기려고 하는 거지."

우리 교회 부목사들에게도 교인들이 떠나는 것 때문에 마음 쓰지 않아도 된다고 종종 얘기한다. 교회가 성에 차지 않는 사람들을 데리고 행복한 목회를 일궈낼 수 있을까?

그들의 마음을 얻은데 들일 시간과 노력이 적지만은 않을 것이다. 다른 데로 가겠다는 사람을 군이 붙잡아두었다가 괜한 갈등을 불러일으킬 수도 있다.

너무 연연하지 않아도 된다.

나와 맞지 않는 사람들이 자리를 비켜줘야 내게 배우려는 이들에게 더 집중할 수 있다. 남아 있는 교인들도 마땅히 돌봄을 받아야 한다. 떠나려는 성도들 또한 본인에게 알맞은 교회를 찾고, 그 안에 머물러야 건강하게 신앙을 지켜갈 수 있다. 목사와 매번 티격태격하며 다투는 것보다 훨씬 바람직하다.

한참 시간이 지나 다른 사람을 통해 안부를 전해들을 때가 있다. 잘 지내고 있는 것을 확인할 때마다 교인들이 떠나는 것도 하나님의 은혜였음을 고백하게 된다. 목사인 나를 등졌다고 생각할 필요가 없다. 잠시 갈등을 겪은 것 때문에 가슴 아파하지 않아도 된다. 설사 갈등이 해결되지 않은 상태에서 떠나더라도 기분 좋게 보내주면 그것으로 내가 해야 될 도리는 다 한 것이다.

목회를 잘못해서 그렇게 되는 것이 아니다.

자신의 목자에게 되돌아가는 것뿐이다. 성숙한 목회자도 늘상 경험하는 일이다. 그러니 자책하지 말자. 원인을 제공한 사람은 나라고 자신을 꾸짖는 대신 떠나는 교인들을 위해 기도하는 게 더 낫지 않을까? 내게 허락하신 양을 알아보고, 나와 맞지 않는 사람과 함께 하는 동안 그들을 어떻게 섬길지 배우는 기회로 삼으면 되는 것이다.

"교회가 둘로 나뉘기 일보직전이라고 쳐봐요. 저쪽 편에 선 교인들은 다 나를 싫어하는 사람들일 거 아니에요. 서로 인정해주고 각자 갈 길을 가면 되는데 굳이 같이 있으려고 하니까 자꾸 분란만 생기고, 험악한 꼴을 보게 되는 거잖아요."

나는 교회가 갈라지는 일은 겪어보지 않았다. 그럼에도 가끔씩 교회가 어수선하다는 후배 목사의 고충을 듣게 된다. 다툼이 되풀이되는데 교인 몇 명 더 있다고 해서 행복한 목회가 되겠느냐고 설명해주면 다들 고개를 끄덕이며 무슨 말인지 알겠다고 말한다. 교인이 좀 더 있고 덜 있는 것에 일희일비 할 필요가 없다. 교인들이 떠나는 것도 하나님의 은혜이다. 목회에 실패하거나 오점을 남기는 것이 아니다.

10
목회자의 연약함

곳곳이 지뢰밭이다.

1. 한 사람이라도 더 들이고 싶은 마음에…

"저희 아버지가 가까운 경찰서에서 서장으로 계시다가 얼마 전에 퇴직하셨습니다. 이제 교회에 다니면서 신앙생활을 하고 싶어 하시는데…"

어느 날 30대 초반으로 보이는 한 젊은이가 교회에 찾아왔다.

경찰서장을 지낸 아버지가 교회 간판이라도 먼저 달아드린 다음에 교회에 등록하고 싶어 하신다고 했다. 그러더니 자기가 보기에는 저 앞에다가 세우는 게 좋을 것 같다면서 간판에 들어갈 문구를 써달라고 했다. 교회가 굉장히 어려울 때였다. 경찰서장까지 하신 분이 간판까지 설치해준다고 하니 귀가 솔깃했다.

기백만 원은 족히 들어갈 터였다. 안 해줘도 되니 그냥 오시기만 하라고 해도 막무가내였다. 아버지가 간판 문구를 꼭 받아오라고 하셨다면서 성의를 받아달라고 오히려 내게 부탁했다.

못 이기는 척하며 문구를 적어주었다. 아까 말했던 자리에 일주일 내로 세우겠다고, 그러면 다음 주부터 아버지가 나오실 것이라고 하며 교회 밖으로 나갔다.

어떤 분일지 궁금해 하고 있는데 그 젊은이가 다시 들어왔다.

세 시간도 채 지나지 않아서였다. 부평제일교회가 이 동네에서 괜찮다고 소문난 교회고, 아버지 이름까지 대면 쉽게 진행될 줄 알았는데 간판제작업체에서 계약금을 내라고 했단다. 마침 자기가 지갑을 놓고 왔다면서 계약금을 30만원을 교회에서 내줄수 없겠냐고 했다. 죄송하다고, 잔금 치르고 난 다음에 꼭 돌려주겠다고 했다. 사무직원한테 말해 30만원을 내주었다. 그 뒤로 그 사람을 만날 수 없었다. 약속 받은 간판도 여태까지 오지 않았다. 내게 사기 치는 것이라고는 전혀 생각하지 못했다.

손짓으로 대화하는 어떤 농아인이 교회 문을 두드린 적도 있었다. 공책 한 권을 들고 왔다. 자신의 어려운 사정과 한번 도와주시면 반드시 재기해서 은혜를 갚겠다는 내용이 적혀 있었다. 내가 거의 읽은 듯하자 다음 장을 넘겼다. 거기에는 다른 교회 목사들이 기부한 내역이 꼼꼼하게 정리되어 있었다. 내가 아는 이름이 수두룩했다. 가장 적은 액수가 십만 원이었다. 무려 3백만원을 기부한 분도 있었다. 웬만한 목사들이 다 도와준 마당에 나만 모른 척하고 돌려보낼 수 없었다.

많이는 못한다고 전하고 30만원을 내주었다. 나와 형제처럼 지내는 부평교회의 홍은파 목사님도 그 공책에 내 이름까지 적혀 있는 것을 보고 자기도 가만히 있으면 안 되겠다는 생각이 들었단다. 농아인의 사정도 절박하고, 자기는 큰 교회를 섬기고 있어서 백만 원을 쥐여 줘서 보냈다. 그 농아인이 교회를 다니며 돈을 받은 것은 사실이었다. 하지만 공책에 나와 있는 기부금 내역은 부풀려진 액수였다. 2만원, 3만원만 건넨 사람도 끝에 동그라미를 하나 더 붙여서 20만원, 30만원을 낸 것처럼 보이게 했다는 것을 나중에야 알게 되었다. 처음부터 속일 생각이었고, 거기에 목사들이 쉽게 넘어간 거였다.

"부평제일교회 칭찬이 자자합니다. 저희가 취재를 하고 싶은데 언제 시간이 되십니까?"

유명한 기독교 계통의 방송국 프로듀서라고 자기를 소개했다. 부평제일교회가 은혜롭다고 소문이 났다면서 방송에 내보내고 싶다고 했다. 마다할 이유가 없었다. 드디어 방송을 타게 되었다는 생각에 흐뭇해지기까지 했다.

"그런데 목사님! 저희 스텝들에게 밥 좀 먹이게 식사비를 조금 보태주시면 안 되겠습니까?"

그때도 30만원을 주었다. 당연히 그렇게 하시라고 했다. 안 된다고 잘라 말할 수 없었다. 다음 주에 취재하러 오겠다던 프로듀서는 아직까지 얼굴을 보지 못했다.

어느 날 예배당 한쪽에서 누군가 뜨겁게 기도하는 소리가 들렸다. 궁금해서 올라가보니 점잖은 중년 신사였다. 기도를 마치고 내려와 자기를 소개하는데 인천에서 제일 큰 운수회사 사장이라며 명함을 내밀었다. 여기 와서 기도해 보니까 영적으로 살아 있는 교회라면서 다음 주부터 와서 등록하겠다고 했다. 하나님이 자기를 이곳으로 보내신 것 같다며 넉살 좋게 얘기했다.

이게 웬일인가 싶었다. 교회에 큰 도움을 주실 수 있는 분이었다. 하지만 주일 예배 시간에 아무리 찾아봐도 운수회사 사장은 보이지 않았다. 예배가 다 끝나고 한참 지난 오후에야 터덜터덜 걸음으로 나타났다. 지친 기색이었다. 회사 버스가 사고를 내서 급하게 처리하고 오느라고 지금에서야 왔다고 했다.

현금인출기가 보급되지 않았던 때였다.

당장 3백만 원을 가져다주어야 하는데 은행이 문을 닫아서 이러지도 저러지도 못하고 있다며 발을 동동 굴렸다. 그러더니 하루만 3백만 원을 빌려줄 수 있겠느냐고 넌지시 물어왔다. 내일 은행 문이 열리자마자 인출해서 갚아주겠다는 말도 덧붙였다.

얘기를 들어보니 사정이 딱했다. 주일이어서 교인들이 낸 헌금이 있긴 했지만 거기에 손을 댈 수는 없어 아내에게 얘기해서 가지고 있는 현금을 탈탈 털어서 내준 돈이 백만 원이었다. 운수회사 사장이니 곧 돌려받을 수 있을 것이라고 생각했다. 하지만 교회 등록은커녕 그 이후로 그 사람을 볼 수도 없었다.

"목사님, 혹시 교인들 중에 건너방을 세놓는 집이 있으면 소개해주시겠습니까?"

부평의 어느 고등학교 음악교사라며 인사하러 온 사람도 있었다. 수원에서 근무하다가 이쪽으로 발령 받았다고, 본래 다니던 교회 목사님이 부평제일교회에 다녀보라고 권해서 왔다고 했다. 아직 결혼하지 않은 젊은 청년이었다. 다음 주 중으로 이사를 와야 하는데 부탁을 드려도 되겠느냐고 물어왔다.

큰 일꾼이 들어온 것 같았다. 교회학교 교사나 찬양대 지휘를 맡길 수도 있었다. 기분 좋게 한 권사에게 전화를 걸어 세놓을 방이 있으면 음악교사한테 주면 어떻겠느냐고 물었다.

마침 집에 방이 하나 비어 있었다. 그럼 그렇게 하겠다고, 내가 말한 대로 해주겠다고 권사가 대답했다. 일주일이나 기다릴 것 없이 사나흘 뒤에 이사하는 것으로 하자고 말이 되었다.

그런데 교회를 나간 음악교사가 바로 권사 집으로 찾아갔다.

자기는 당장 내일이라도 짐 싸들고 올 수 있다고 했단다. 다만 용달차를 부르는 값이 30만 원 정도 필요한데 빌려주시면 감사하겠다고, 말일에 월급 타서 돌려드리겠다고 부탁했다. 그 권사는 담임목사가 소개해준 사람이라 별다른 의심 없이 30만원을 빌려주었다. 그 길로 그 음악교사는 코빼기도 내비치지 않고 있다. 나도 한동안 입장이 난감할 수밖에 없었다.

인천시청에서 공무원이라고 자기를 소개한 청년이 우리 교회에 열심히 다녔던 적이 있다. 어느 날 파출소에서 내게 파출소로 와달라고 하는데 그 청년 목소리였다. 바로 뛰어갔다. 다른 사람이 그를 사기죄로 고소하는 바람에 파출소에 붙잡혀 있었다.

"목사님, 저는 정말 억울합니다. 양심이 있지 어떻게 제가 다른 사람을 속이겠습니까? 이번에 봉급이 들어오면 정말 주려고 했습니다. 저를 믿어주세요."

워낙 성실하게 신앙생활 하던 친구라 믿어지지 않았다. 공무원이 그런 짓을 하고 다닐 것 같지 않았다. 담임목사인 나마저 냉정하게 굴면 큰 상처를 받을지도 몰랐다. 내가 책임질 테니 훈방 조치해달라고 부탁했다. 돈도 바로 갚겠다고 하고 아내에게 전화를 걸었다. 어디서 백만 원만 빌려와달라고 했다. 같이 파출소에서 나와 힘내라고 등을 두드려주고 보냈다. 그리고 다음 주일부터 그 청년을 교회에서 볼 수 없었다. 연락도 닿지 않았다. 나중에 알고 보니 자기가 공무원이라는 말까지 모두 거짓말이었다.

2. 일꾼은 내가 키우는 것이다

그동안 눈 뜨고 사기 당한 게 한두 번이 아니다.

어쩜 그리 잘 속고 살았는지 헛웃음이 나오기도 한다. 다른 목회자들도 어이없게 당한 적이 종종 있었다고 한다.

내가 볼 때 두 가지 이유가 있다.

첫째, 욕심이 생기는 바람에 상황을 제대로 파악하지 못하고 속아 넘어가고 만다.

특히나 교회가 어려울 때는 교인 한 사람이 아쉽다. 부평제일교회를 개척하던 시기에는 이 동네가 영세민들이 모여 사는 곳이었던 터라 안정된 직장에 다니고, 사회적으로 무언가를 갖춘 사람을 보기가 어려웠다. 경찰서장을 지냈던 사람, 운수회사 사장이 들어온다니까 일단 우리 교회 교인으로 받고 싶은 마음이 앞섰던 거였다.

교인수가 부족하고, 마땅한 일꾼이 보이지 않으면 어디서 쓸 만한 사람이 들어와 주길 바라게 된다. 하지만 좋은 일꾼은 들어오는 것이 아니다. 목사가 시간과 정성을 들여 키우고 세워가는 것이다. 그 사실을 목사들이 자꾸 잊어버리고 교인이 거저 생기길 기대한다. 욕심을 제어하지 못해 꾐에 넘어가는 것이다.

능력 있고, 달란트 많은 교인이 등록했다고 해서 바로 일을 맡기는 것도 문제이다. 교회에 적응하고, 교회에 대해 알아야 좋은 일꾼이 될 수 있다. 신앙생활 하는 모습도 꾸준히 지켜봐야 한다. 다른 교인들로부터 칭찬받고, 인정받는 사람을 일꾼으로 세우는 게 옳다. 교회는 능력만 가지고 봉사는 곳이 아니기 때문이다.

둘째, 목회자들이 대부분 마음이 여리다.

안타까운 처지에 있는 사람이 도움을 청해오면 그것을 뿌리치지 못한다. 세상과 격리된 삶을 살아서 그런지 모르겠다. 약고 눈치 빠르게 판단하는 것에 탁월하지 않다. 누군가 하소연하는 말을 진실한 지 아닌지 가려서 듣지 못하고 쉽게 동화되어버리는 경우가 흔하다.

누군가 돈 문제로 접근해 올 때 과감하게 끊을 줄도 알아야 한다. 내 자신이 야박하고 인색하게 여겨져도 어쩔 수 없는 부분이다. 건강한 경계선을 세우는 것이 훨씬 중요하기 때문이다. 그렇지 않으면 비슷한 경우를 계속 맞게 된다. 내 경우만 봐도 뒤통수 맞고, 마음 고생하는 일이 반복되었다. 그렇게 마냥 도와주는 게 능사가 아니라는 것을 배웠다.

대단한 사람이 들어왔다고 좋아할 필요가 없다. 어렵더라도 내가 먹이고, 키워야 온전한 일꾼으로 삼을 수 있다.

3. 어느 여인의 안수기도 부탁

어느 날 밤 11시에 전화벨이 울렸다.

목회자들은 늦은 밤 전화가 걸려올 때마다 깜짝깜짝 놀란다. 그 시간에는 좋은 일로 연락하는 경우가 거의 없기 때문이다. 여자 목소리가 들렸다. 조금 있다 자살하려고 하는데 죽기 전에 마지막으로 내게 상담이라도 받아보려고 통화 버튼을 눌렀다고 했다. 우리교회 교인도 아니고 전혀 모르는 사람이었다. 전에 신앙생활을 한 적이 있어서 교회 생각이 났다고 했다.

다른 교회에 다닌다고 했으면 그 교회 목회자에게 넘겼을 텐데 그럴 수가 없었다. 속을 끄집어 내보일 수 있도록 일단 얘기를 다 들어주었다. 문제도 가져오지만 분명 해답도 같이 가지고 있을 터였다. 한 시간 가까이 쉴 새 없이 쏟아내더니 가슴이 후련해졌다고 했다. 목소리도 훨씬 가벼워져 있었다.

"목사님! 정말 감사해요. 저 자살 안 할 게요. 제 생각이 짧았던 것 같아요. 하나만 더 부탁드려도 될까요? 목사님의 안수기도를 꼭 받고 싶습니다. 제가 더 흔들리지 않게 오셔서 기도해주셨으면 해요."

처음에는 자기 집으로 와달라고 했다. 자정이 다 된 시간이었다. 심방을 갈 때마다 항상 같이 다니는 아내는 곤히 잠들어 있었다. 지금 몇 시인 줄 알고 그런 소리를 하느냐고, 나 혼자 가야 하는데 오늘은 안 되겠다고 선을 그었다. 그랬더니 내가 괜찮으면 자기가 우리 교회로 바로 오겠다고 했다. 차마 거절할 수 없었다.

'내게 상담을 청한 사람인데…'

옷을 주섬주섬 챙겨 입고 교회 문을 열었다. 본당 앞쪽에 앉아 기도하며 기다리는데 얼마 지나지 않아 누군가 걸어오더니 내 뒷자리에 와서 앉았다. 역겨운 화장품 냄새에 얼굴이 절로 찌푸려졌다. 갑자기 섬뜩한 느낌이 훅 하고 들어왔다. 자칫 잘못하다간 큰 시험에 빠질 것 같은 생각이 들었다.

놀란 마음으로 뒤를 돌아보았다. 아무 것도 찍어 바르지 않은 민낯이었다. 성령님이 피하라고 내게 사인을 보내주신 것이 틀림없었다. 안수기도는 안 하겠다고 말하고 뒷걸음질을 쳐서 본당을 빠져나가려고 문을 여는데... 깜짝 놀라 으악 하고 비명을 지를 번 했다. 문에 웬 남자가 삐딱하게 기대 서 있었다. 나를 보고 그도 놀래는 모습이었다. 이렇게 빨리 나올 거라고 미처 예상치 못했던 것 같았다.

"당신네들 이러고 살지 마시오! 어서 데리고 가요!"

그 남자를 날카롭게 쏘아붙였다. 그러자 뒤따라온 여자에게 한마디 툭 내뱉고는 도망치듯이 가버렸다.

"여보, 가자."

만약 내가 안수했다면 그 남자가 뛰어들어 와서 왜 이 밤중에 남의 아내 데려다가 농락하고 있냐고 시비를 걸었을 게 뻔했다. 그들이 요구하는 대로 안 들어줄 수 없었을 것이다. 어쩜 내 목회 인생이 거기서 끝났을지도 모른다. 그 때를 생각하면 지금도 아찔하다. 분하고, 억울해 해도 아무 소용없는 일이 되었을 것이다.

그 때 나의 목회를 위해 밤낮 기도하시는 아버지 얼굴이 떠올랐다. 아버지의 중보기도 덕분이라는 생각이 들면서 울컥 아버지에 대한 감사의 기도가 나왔다.

목사를 상대로 꽃뱀 같은 사람들이 덫을 놓고 약점을 잡아 괴롭힌다는 말도 들었다. 목사는 그들의 억지 때문에 억울해도 어쩔 수 없이 당하고....

목사는 오해 받을 만한 상황에 수시로 노출된다고 해도 틀린 말이 아니다. 여성도와 단 둘이 얘기를 나누는 경우도 빈번하다. 나쁜 마음을 먹은 사람이 깔아놓은 함정에 걸려든 목사가 적지 않을 것이다. 행동거지를 늘 조심할 필요가 있다.

나는 후배 목회자들에게 안수기도는 내 교인에게만 해주라고 권한다. 교인이 아무리 죽는 소리를 해도 한밤중에 따로 보는 것은 가급적 피하라고, 불가피할 것 같으면 반드시 증인을 데리고 가라고 충고한다. 목사가 어떻게 저럴 수 있느냐는 말은 제발 듣지 않았으면 좋겠다.

내가 아는 선배 목사의 교회에는 자신이 굉장한 자산가임을 은근히 과시하는 권사가 있었다. 미국에서 사역하다가 한국에 들어와서 목회하는 선배였다. 미국에서 딸이 올 때마다 항공료로 쓰라고 몇 백만 원씩 탁탁 쥐여 주었다고 한다. 아무래도 그 권사가 하는 말에 관심이 가고, 귀담아 듣게 될 수밖에 없었다.

고맙게도 그 권사는 교회에서 운영하고 있는 무인가 신학교에도 힘을 보태려 했다. 경기도에 소유하고 있는 땅을 신학교 부지로 기꺼이 내놓겠다는 의사까지 내비쳤다.

선배는 어렵게 날을 잡아 그 권사와 함께 땅을 둘러보러 갔다. 부지 근처에 있는 호텔 커피숍에 들러 간단하게 차 한 잔씩 마시고 돌아왔다. 하지만 기대했던 신학교 건축 얘기는 쏙 들어가고, 예상치 못했던 문제들이 한꺼번에 붉어져 나왔다.

선배와 권사의 관계를 의심하는 눈초리도 매서웠다. 몇 월, 며칠, 몇 시에 두 사람이 호텔 계단을 내려오는 것을 직접 봤다는 사람까지 있었다. 그 권사가 부자 행세를 하며 벌인 일이었다. 나중에는 선배 때문에 곤란한 입장에 처했다며 선배에게 손해배상을 요구하기까지 했다. 결국 선배는 그 교회에서 목회를 이어가지 못했다.

사회에서는 대수롭지 않게 넘어가는 일이 목사에게는 돌이킬 수 없는 큰 흠으로 남을 수 있다. 그 권사와 둘이서만 가는 게 아니었다. 사모님이라도 동행했다면 불륜 소리 들어가며 억울하게 오해 받는 일은 없었을 것이다. 일단 목사님만 알고 계셨으면 한다는 나름의 이유가 있었을 수도 있다. 그럼에도 건강한 경계선을 세우지 못한 선배가 무척 안타까웠다.

내가 쓰는 담임목사실 천장에는 CCTV가 한 대 달려 있다. 설치해 놓은 지 꽤 되었지만 내가 원해서 설치한 것이다. 누가 오더라도 서로 조심하게 된다. 신경 쓰여 불편한 것은 아주 잠깐이었다.

가까이서 사랑하되 적당한 거리를 유지하는 것이 좋다. 나를 보호하기 위해서만이 아니다. 교인들이 상처 받지 않게 하고, 교회를 건강하게 지키는 길이 되기 때문이다.

11
목회하며 강조하는 것들

먼저 기본에 충실하자

1. 부모를 공경하라

에베소서 6장에 보면 부모를 공경하는 것이 약속 있는 첫 계명이라고 말씀하고 있다.

그 약속은 장수의 복을 받는 것이다. "이로써 네가 잘되고 땅에서 장수하리라"(엡 6:3)라고 한 말씀이다. 출애굽기 20장 12절에도 "네 부모를 공경하라 그리하면 네 하나님 여호와가 네게 준 땅에서 네 생명이 길리라"라고 말씀하고 있다. 역시 부모를 공경하는 사람에게 주시는 약속이 장수이다.

여기서 말하는 장수는 문자 그대로 단순히 오래 살게 된다는 의미가 아니다.

백세 가까이 산다고 해도 칠순 무렵부터 다른 사람이 대소변 받아주며 몸져누워 지낸다면 장수의 복을 받았다고 할 수 없을 것이다. 또 나이 구순을 바라볼지라도 먹고살게 없어 무료급식

해주는 곳을 전전하며 다닌다면 장수의 복을 받았다고 하지 않는다. 자식들을 다 하늘나라로 보내고 돌봐주는 사람 없이 노숙하는 사람에게서 장수의 복을 떠올리지 않는다.

나이 먹어서도 건강하게 지낼 때 장수의 복을 누린다고 한다.

늘그막에도 먹고살 걱정 없이 넉넉해야 주변 사람들로부터 부러움을 산다. 자식들이 잘 되는 모습을 오랜 세월 지켜봐온 이에게 복 받았다고 말한다.

이처럼 장수의 복에는 모든 복이 다 들어 있다. 만복의 근원이신 하나님이 복을 주시는데 단순히 목숨만 길게 부지하게 해주실 리가 없다.

"장수하리라", "네 생명이 길리라"는 말은 이 땅에서 살아갈 때 필요한 모든 복을 준비해놓으셨다는 뜻이다.

부모를 공경하기만 하면 더 이상의 다른 복이 필요치 않게 되는 것이다. 온전한 십일조를 드리면 하늘 문을 열고 쌓을 곳이 없도록 복을 부어주시겠다고 하셨지만 그것은 물질의 복이다. 장수의 복은 곧 모든 복이라고 할 수 있다. 이보다 더 큰 복은 없다.

모세를 통해 주신 십계명을 살펴봐도 "부모를 공경하라"는 계명이 얼마나 중요한지 깨달을 수 있다. 일계명부터 사계명까지를 우리는 대신(對神) 계명이라고 부른다. 하나님을 사랑하라고 주신 계명이다. 그 다음 오계명부터 마지막 십계명까지는 대인(對人) 계명이라고 부른다. 이웃을 사랑하라고 주신 계명이다.

마태복음 22장에서 한 율법사가 예수님을 시험하려고 "선생님, 율법 중에서 어느 계명이 크니이까?"하고 묻는다. 그러자 예수님은 "네 마음을 다하고 목숨을 다하고 뜻을 다하여 주 너의 하나님을 사랑하라 이것이 크고 첫째 되는 계명이요"(마 22:39)라고 답하신다. 이어서 "둘째도 그와 같으니 네 이웃을 네 자신 같이 사랑하라"고 덧붙이셨다. 다른 계명이 아니었다. 십계명을 두 가지로 간추려 주신 것이다.

대인 계명 가운데 첫 번째가 "네 부모를 공경하라!"이다.

그래서 이 계명을 약속 있는 첫 계명이라고 하는 것이다. 부모를 공경하라는 계명을 첫 번째로 삼으신 이유가 분명 있을 것이다. 열 번째인 십계명은 "네 이웃의 집을 탐내지 말라!"이다. 마음속에 가지고 있는 생각이다. 아직 행동으로 옮기기 전이다.

구계명은 "네 이웃에 대하여 거짓 증거하지 말라!"이다.

마음에 품고 있던 것이 이미 입 밖으로 나와 버렸다. 이웃이 그 말에 넘어가면 타격을 입게 되지만 속지 않으면 손해 볼 것이 없다.

팔계명은 "도둑질하지 말라!"이다.

남의 물건에 손을 댄 상태이다.

칠계명은 "간음하지 말라!"이다.

물건을 훔친 것을 넘어 사람의 몸까지 훔친 것을 말한다.

육계명은 "살인하지 말라!"이다.

사람을 죽이는 끔찍한 행위이다. 훔친 것보다 죄의 무게가 훨씬 중하다.

아래로 내려갈수록 죄가 가벼워지고, 위로 올라올수록 큰 죄가 된다. 십계명을 아무렇게나 주신 것이 아니라 중요한 순서대로 주셨다는 것을 알 수 있다. "네 부모를 공경하라!"는 계명이 "살인하지 말라!"는 계명보다 위에 있다.

반드시 지키라고 약속까지 주시면서 첫 계명으로 정해주셨다.

부모 공경에 관한 설교를 할 때 요즘 왜 이렇게 무서운 세상이 되었느냐고 물어보곤 한다.

옛날에는 변변한 대문도 없는 집이 많았다. 바깥으로 나 있는 미닫이문에 창호지 한 장만 바르고 편안하게 살았다. 지금은 철대문을 해달고도 마음이 안 놓여 보조 잠금장치를 설치해 놓는다. 그것도 모자라 보안업체의 서비스까지 받는다.

이유는 간단하다. 부모를 공경하라는 계명이 땅에 떨어졌기 때문이다.

부모를 공경하라고 강조했던 우리 어린 시절에는 시부모를 모실 수 있는 집으로 자식을 시집보내려 했다. 시집가서 벙어리 3년, 귀머거리 3년, 장님 3년을 보내야 한다고 당부했다. 힘들고 고달파도 참으라고 그래야 네가 복 받는다고 가르쳤다. 이 시대에는 문에 창호지 한 장만 붙여놓고도 걱정 없이 지내던 때였다.

지금은 거꾸로 되었다.

결혼해서 시부모와 함께 산다고 하면 다들 뜯어말린다. 부모 공경의 도리를 짊어지지 않으려고 한다. 그래서 험악한 시대가 된 것이다. 부모를 공경하라는 계명을 몸소 행하지 않는데 나머지 다른 계명이 지켜질 리 만무하다. 하나님이 주신 계명은 하나하나 따로 떨어져 있지 않다. 서로 긴밀히 연결되어 있고, 깊숙이 연관되어 있다.

부모를 공경하라는 계명을 잘 지키고 있다면 나머지 계명은 더 이상 강조하지 않아도 된다. 부모와 가정의 소중함을 깨닫고도 쉽게 간음하는 사람은 없다. 부모를 공손히 받들어 모시는 사람과 살인은 거리가 멀어 보인다. 설사 도둑질 하고 싶은 마음이 들어도 참고 넘길 것이다. 부모님이 가슴 아파하실 것을 알기 때문이다. 부모 공경의 계명이 이렇게 중요한 것이다.

그럼에도 오늘날 한국 교회가 부모 공경을 안 가르친다. 이 세상을 살면서 복을 얻을 수 있는 첫째 되는 계명인데도 목사들이 설교하기를 꺼려한다. 그냥 형식적으로 한 번씩 건드리고 지나갈 뿐이다. 자신이 없어서 그렇다. 본인이 부모 공경을 못하니까 설교하기가 꺼려지는 것일 수도 있다. 하지만 그래서 더욱 노력해야 한다. 그럼에도 대충 넘어가려고 해서는 안 된다.

내가 둘도 없는 효자여서 부모 공경을 강조하는 게 아니다. 목사이기 때문에 사명감을 가지고 가르쳐줘야 된다는 얘기다. 자신이 전한 설교에 부끄럽지 않게 부모를 공경하려 노력하면 되는 것이다.

2. 성경대로 낳고 키우라

시편 기자는 "보라 자식들은 여호와의 기업이요 태의 열매는 그의 상급이로다"(시 127:3)라고 감탄해마지 않았다. 자식은 적은 것보다 많은 게 더 좋다. 하나님께서 주시는 기업이 되고, 친히 내려주시는 상급이 되기 때문이다. 성경에 분명히 그렇게 나와 있는데도 우리는 자식을 낳는 게 불행이라고 생각한다. 말씀대로 살면 복이 된다는 것을 알면서도 아이를 낳지 않으려고 한다.

우리나라가 지금 인구 감소로 심각한 위기를 느끼게 된 것은 우리 목사들이 강단에서 다산을 강조하지 않았기 때문이라고 생각한다. 믿는 사람이나 믿지 않는 사람이나 아이를 낳으면 어떻게 키우느냐는 똑같은 말만 한다. 돈이 너무 많이 들어간다고, 지금 우리 형편으로는 감당할 수 없다고 잘라 말한다.

수년 전 어느 국회의원이 자녀 한 명을 낳아 대학교까지 졸업시키는데 2억7천5백만 원의 비용이 든다는 조사 결과를 내놓은 적이 있다. 정말 상당한 액수다. 두 명을 낳으면 5억5천만 원이 필요하고, 자녀가 셋이면 무려 8억 원이 넘게 들어가게 된다. 하지만 이는 세상의 계산기를 두드려서 나온 수치일 뿐이다. 그러니 아이 낳기 어렵다는 푸념이 나오게 되어 있다.

한 번 생각해보자.

8억 원을 마련해놓고 자식 셋을 낳는 사람은 없다. 나도 한 푼 없는 가운데서 삼남매를 낳아 대학교를 졸업시키고, 시집까지 보냈다. 그러면 자식이 없는 사람은 그동안 돈을 차곡차곡 모아놓았을까? 은행 잔고를 조회해보면 8억 원, 아니 5억5천만 원이 찍혀 나올까? 대부분의 사람들이 고개를 가로 저을 것이다.

목사 입장에서도 다산은 두 팔 벌려 반길 일이다.

교인들이 낳은 자식만큼 확실한 교인은 없다. 그 아이들은 죽을 때까지 우리 목사님이 이천휘 목사이다. 밖에 나가 전도해서 사람들을 데려오는 일도 꼭 필요하지만 교인들에게 출산을 장려해서 자녀들을 좋은 교인으로 키워내는 것도 더욱 중요하다.

자식을 낳지 않는 게 돈 버는 길이라고 하지만 천만의 말씀이다. 하나님은 자식을 주실 때 그 자식을 키울 수 있는 복도 같이 주신다. 우리를 궁핍하게 하고, 쪼들리게 만들려고 자녀를 허락하시는 게 아니다. 우리에게 행복을 더하시려고, 더 풍성한 은혜를 맛보며 살아가게 하시려고 자녀를 주신다는 사실을 목사가 강조해야 한다. 자식을 많이 낳는 것이 복이다. 자식이 하나님의 기업이고, 그분의 상급이라는 것을 가르쳐야 한다.

우리 교회는 새 생명이 태어나면 부목사가 꼭 심방을 간다.

아기를 감싸 안을 큰 수건을 선물로 가져가서 축하카드와 함께 전해준다. 태어나서 처음 나온 주일에도 대예배 시간에 앞으로 나오게 해서 담임목사의 축복기도를 해준다. 그리고 이와 관련해 또한 자연분만을 상당히 중요하게 여기고 또 강조한다.

"여보, 어서 가서 수술을 못하도록 말려요."

어느 주일 아침이었다.

산모가 전날부터 밤새 진통하다가 결국 수술하기로 결정했다는 소식이 들려왔다. 그 얘기를 듣자마자 급히 아내를 보냈다. 곧 아빠, 엄마가 될 부부를 설득해서 자연 분만을 권장하는 다른 산부인과로 옮기게 했다. 다행히 자연분만으로 아기를 낳을 수 있었다.

우리 교회의 신생아들은 대부분 자연분만으로 태어난다.

나는 교인들에게 자연분만을 강조한다. 엄마의 자궁을 통한 출산이 창조 섭리의 마지막 과정이라는 확신이 있기 때문이다.

설교를 준비하려고 서울대학교병원 홈페이지에 들어가서 자료를 들춰본 적이 있다.

자연분만을 태어난 아이들이 그렇지 않은 아이들보다 훨씬 똑똑하다고 한다. 엄마의 자궁을 통과하는 동안 머리에 자극이 주어지고, 그것이 두뇌 발달을 돕는다는 얘기였다. 온몸에 마사지를 받게 되면서 아토피가 생기지 않는다는 말도 있었다. 뼈도 튼튼해진다고도 적혀 있었다. 다 의학적으로 증명된 내용이었다.

사실 제왕절개 수술을 병원에서 유도하는 경우가 많다.

어느 경우는 수술한 횟수만큼 보상 받게 되는 의료 수가가 높아지기 때문일 수도 있다. 수익을 많이 남기기 위해서다. 산모가 해산의 고통을 덜어보고자 하는 생각도 다분히 담겨 있다. 하지만 이는 하나님의 창조 섭리에 반하는 행동이 된다. 자연분만을 마땅한 것으로 여겨야 한다. 그것이 하나님이 주신 방법이다.

모유수유 또한 하나님의 창조 섭리와 밀접하게 닿아 있다.

자녀교육은 엄마가 아기에게 젖꼭지를 물리는 순간 시작된다. 아기는 엄마의 심장이 고동치는 소리를 들으며 엄마의 사랑을 온힘을 다해 빨아들인다. 젖을 물고 있는 동안 엄마의 마음, 엄마의 감정이 고스란히 전해지게 된다. 그래서 모유를 먹고 자란 사람들은 '엄마' 한 마디에 눈시울이 뜨거워진다. 내가 처음 관계를 맺고, 사랑을 느낀 존재이기 때문이다.

구약의 모세도 그의 엄마가 직접 젖을 먹여 키웠기 때문에 이스라엘 백성을 구원하는 지도자가 될 수 있었다. 나일강에서 발견되자마자 바로의 궁궐로 들어가서 애굽인 유모의 젖을 먹고 자랐다면 자기가 이스라엘 민족이라는 정체성을 갖지 못했을 것이다. 모유수유가 얼마나 중요한지 되새기게 해주는 대목이다.

유태인들은 아이가 만 세 살이 될 때까지 모유를 먹인다고 한다.

돌이 되기 전에 젖을 떼고 이유식을 시작하는 한국 엄마들과 사뭇 다르다. 서울대학교병원 홈페이지에는 모유수유의 이로운 점도 알기 쉽게 나열되어 있었다. 젖을 물린지 1년쯤 지난 무렵이면 모유의 영양이 떨어진다는 얘기는 잘못 알려진 상식이었다.

아이의 성장에 맞춰 모유 성분이 달라진다고 쓰여 있었다.

그때그때 자기 아이에게 꼭 알맞게 바뀌는데 정말 기가 막힐 정도란다. 이유식을 한 번도 하지 않고 바로 밥을 먹을 수 있을 때까지 젖을 물려도 부족하거나 문제될 게 전혀 없다고 한다. 엄마들이 잘 알지도 못하면서 괜히 아는 체 했던 거였다.

오늘날 세계 정치를 주무르고, 세계 경제를 움직이는 민족이 바로 유태인이다. 노벨상을 가장 많이 받은 민족이기도 하다. 유태인은 전 세계를 통틀어 1천6백만 명에 지나지 않는다. 우리나라 인구에도 훨씬 못 미치는 숫자다. 그럼에도 세계 1등 민족이 된 비결중에 하나는 하나님이 주신 방법대로 낳아서 키웠기 때문이다. 교회가 이것을 강조해야 한다. 창조 섭리를 거부하게 해서는 안 된다.

3. 예수님의 제자를 만들라

어느 목사가 교회 청장년들을 데리고 낚시터에 갔다.

함께 낚시를 즐기다 목사가 "이제부터 우리 형 동생 하자!"고 제안했고, 서로 마음이 맞아 그곳에서 의형제를 맺고 돌아왔다. 낚시터에 동행했던 교인들은 이후 그 목사를 형님으로 깍듯이 모시기 시작했다. 간혹 목사가 실수하면 알아서 방패막이가 되어 주기도 했다.

목사가 목회에 실패하다시피 해서 교회를 떠날 때도 왜 내쫓느냐며 장로들에게 대들며 따졌다. 얼마 뒤 목사가 다른 교회에 부임을 했는데도 하루가 멀다 하고 찾아가서 자기네 교회 문제를 의논했다. 목사 역시 그들을 돌려보내지 않았다. 마치 원격 조종하는 것처럼 그 사람들을 코치해서 이전 교회 일에 계속 관여

하려 정말 멋진 의리이긴 하지만 너무나도 잘못된 목회방식이 아닐 수 없다. 저 목사가 키운 것은 예수님의 제자가 아니라 자기 심복이다.

목회는 하나님이 맡기신 일을 짊어지는 것이다.

내가 내 일을 하는 게 아니다. 마찬가지로 교인들을 자신의 제자로 삼으려고 해서는 안 된다. 예수님의 제자로 키워야 한다. 교인들을 양육할 때 잠깐이라도 내 사람으로 만들고 있다는 생각이 들어오지 않게 조심하길 권한다. 내가 가르치는 사람들이 주님의 제자들이라는 것을 늘 유념하고 있어야 한다.

그러면 내가 사역지를 옮길 때도 홀가분하게 마음 놓고 떠날 수 있다. 물론 헤어지는 아쉬움은 크겠지만 말이다. 내 교인들이 아니기 때문이다. 하나님의 양이기에 내려놓고 갈 수 있는 것이다. 교인들은 내 소유가 아니다. 하나님이 보내주신 교회에 몸담고 있는 동안 잠시 양육을 맡았을 뿐이다. 내 양이어서 친 게 아니다.

바로 그것이 세상 사람들이 하는 일과 목회의 가장 큰 차이점이다.

세상 사람들은 본인의 일을 한다. 사업도, 사업장도, 벌어들이는 돈도 다 자기 것이 된다. 직원들 역시 내가 생각하는 대로 부릴 수 있다. 내가 매달 그들에게 월급을 주기 때문이다. 하지만 교회는 내 교회가 아니다. 예수님이 머리 되시는 교회에 나는 얼마간 머물다 갈 뿐이다.

내 교회라고 생각하기 때문에 문제가 생긴다.

교인들도 자신보다 계급이 낮은 부하처럼 생각하는 경우가 있다. 무조건 내 말을 따르는 사람이 되어야 좋은 교인이라고 생각하는 것이다. 사업하는 사람처럼 생각하면 결국 모두에게 상처가 된다. 내 양이 아니다. 하나님의 양이다. 나는 그분의 양들을 양육하는 제자일 뿐이다.

4. 새벽을 깨워라

성경을 보면 하나님이 이른 새벽에 크나큰 역사를 행하셨다는 사실을 알 수 있다.

먼저 구약의 야곱이 이스라엘의 축복을 받은 시간이 새벽이었다.

이스라엘이라는 말에는 '하나님과 겨루어 이겼다'(창 32:28)는 뜻이 담겨 있다. 하나님을 이겼다는 기록은 야곱이 유일하다. 야곱은 새벽에 하나님을 이겼다. 얍복 나루에서 밤새 기도하며 새벽에 얻은 큰 복이었다. 새벽 시간은 기도로 하나님을 이기는 시간이다.

이뿐만이 아니다.

애굽에서 빠져나온 이스라엘 백성들 앞에 홍해가 갈라지는 기적이 일어난다. 뒤쫓아 온 애굽 군대도 바닥을 드러낸 홍해 가운

데로 따라 들어간다. 모세가 바다 위로 손을 내밀자 물이 애굽 군대를 삼키기 시작한다. 모두 수장되어 전멸하고 만다. 애굽 군대 중 단 한 사람도 바다 밖으로 나온 이가 없었다.

그 시간이 새벽이었다. 이스라엘이 애굽을 벗어나서 그들의 손에서 완전히 벗어난 때가 새벽이었다.

그리고 하나님은 이스라엘 백성들이 광야에서 생활하던 40년 동안 매일 새벽에 만나를 내려주셨다.

이 말씀이 오늘 우리에게는 새벽이 영적 만나를 공급받는 시간임을 깨우쳐 주고 있다.

또 이스라엘 백성들이 가나안 땅에 들어가서 제일 먼저 정복해야 할 성이 여리고성이었다.

엿새 동안은 성 주위를 하루에 한 바퀴씩 돌고, 마지막 일곱째 날은 일곱 바퀴를 돌았다. 그렇게 돌멩이 하나 던지지 않고 견고한 여리고 성을 무너뜨릴 수 있었다. 그 때도 새벽이었다.

새벽에 하나님을 찾고, 그분을 의지하면 여리고 성처럼 무너질 것 같지 않던 문제도 결국 해결되고 만다. 내 힘으로는 도저히 해결할 수 없을 것 같은 거대한 문제도 새벽에 기도하면 하나님의 능력으로 해결할 수 있게 해주신다.

한나는 새벽기도를 하고 응답을 받아 사무엘을 낳았다.

십자가에 달려 돌아가셨던 예수님이 3일 만에 부활하셨는데 그 시간도 새벽이었다.

성경에 기록된 약속 중 아직 이루어지 않은 것이 하나 있다.

바로 예수님의 재림이다. 언제 다시 오시는지 정확한 날짜나 시간은 나와 있지 않다.

물론 때는 정확한 날짜는 모르지만 나는 만약 재림의 때가 온다면 다른 건 몰라도 하루의 때 중 예수님이 새벽에 재림하실 것이라고 생각한다. 성경을 보면, 주님이 재림에 대해서 말씀하시면서 다 졸며 잘 때 오신다고 하셨다. 또 도둑 같이 오신다고 하셨다. 새벽이 아니더라도 새벽을 깨워 기도하는 사람은 언제 오시든 예수님을 만날 수 있다.

잠언 8장 17절에는 "나를 간절히 찾는 자가 나를 만날 것"이라고 말씀하셨는데 히브리어 성경에는 '간절히'라는 말이 '사하르'이다. '사하르'는 '간절하다'는 뜻 외에 '새벽에'라는 뜻이 있다.

하나님을 간절히 찾는다는 것은 새벽에 찾는다는 뜻이 된다.

새벽을 깨워야 하나님을 만나기 쉽고, 새벽에 찾지 않으면 하나님을 만나기 어렵고, 간절하지 않은 것이라고 바꿔서 표현할 수도 있을 것이다.

나는 교인들에게 새벽기도를 강조한다.

새벽은 하나님을 만나는 시간이고, 갖가지 기사와 표적이 나타나는 시간이다. 성경에 나타난 새벽의 역사(役事)는 오늘도 동일하다. 믿음으로 사는 이들에게 새벽이 얼마나 중요한 시간이 되는지 모른다.

새벽을 깨워야 한다. 하나님의 크신 능력을 힘입을 수 있기 때문이다.

우리 교회는 매년 한 번씩 '미스바특별새벽기도회'를 열어 전 교인이 새벽기도에 힘쓰도록 독려한다.

올해가 14년째다. 짧게는 3주에서 길게는 6주에 걸쳐 교인들에게 새벽기도의 중요성을 일깨워주고, 새벽기도의 힘을 경험하게 하고 있다. 6주면 꼬박 40일이다. 새벽기도에 충실한 교인들이 신앙이 깊어지고, 하나님의 복을 받게 되는 것을 두 눈으로 확인할 수 있다.

그 때는 출석표도 만들어 각자 새벽기도회에 참석한 날을 체크하게 한다. 하루도 안 빠지고 특별새벽기도회에 나온 성도들에게 줄 상도 마련해 놓는다. 그리고 교회의 모든 부서가 매일 돌아가면서 예배를 주관하게 한다. 이때에 주관 부서에 속한 성도는 나오기 싫어도 나와서 예배 순서를 받아야 하고 특별찬양을 해야 한다. 새벽을 깨우도록 훈련시키기 위해서다.

특별새벽기도회 기간 동안 교인들이 드리는 감사헌금은 중국 선교를 위해 사용한다.

수년 전부터 우리 교회의 찬양선교단이 중국을 방문해 순회집회를 하고 있다. 해마다 5~70명이 찬양선교단원이 되어 중국 땅을 밟는다. 순회집회를 준비하고, 이 사역을 진행 하려면 약 5천 만원이 소요된다. 이 비용은 특별새벽기도회를 하는 동안 매일 드려지는 헌금으로 감당하고 있다.

또한 작년부터는 새벽기도 일백 용사를 모집해 매일 새벽기도회 참석시키고 모이고 있다. 교회를 위해, 나라를 위해, 우리 가정을 위해 새벽마다 기도 불침번을 서자고 했다. 백 명만 나서달라고 부탁했다. 작년에는 114명이 책임을 지고 기도의 불침번을 서겠다고 자원해주었다. 장로, 권사 등 직분을 맡은 성도들이 본을 보여줘서 새벽이 더 든든했다.

2월부터 연말까지 매일 불침번을 선다.

새벽기도 일백 용사라고 쓰인 스티커도 각자 성경책에 붙여주었다. 말씀을 펼 때마다 본인이 새벽을 깨우는 사람임을 잊지 말라는 당부였다. 그리고 일주일에 한 번씩 새벽기도를 독려하는 문자를 내가 직접 보낸다. 새벽에 기도하기가 쉽지 않다. 나눠져야 하는 기도의 짐도 묵직하다. 칭찬이 되고, 격려가 되기를 바래서다.

나는 다른 교회의 부흥회 강사로 나가거나 선교지를 방문하는 기간을 빼곤 새벽기도회에 거의 빠져본 적이 없다. 부평제일교회를 섬겨온 지난 38년 동안 병이 나거나 특별한 일이 생기지 않는 한 새벽기도회를 쉰날은 거의 없다. 부목사들이 있지만 내가 매일 인도한다. 새벽마다 성경을 강해하며 하루 첫 시간을 연다. 그만큼 새벽기도를 중요하게 여기기 때문이다.

5. 성령 충만한 삶을 살라

우리가 자주 쓰는 성령 충만은 헬라어로 '에플레스데산'이다. 컵에 물이 철철 넘친다는 뜻을 담고 있다. '성령 충만하다'는 것은 '내 안에 성령이 가득 차서 넘쳐나고 있다'는 말이다. 성령의 임재를 경험한 이들은 누구나 성령 충만한 삶을 살기를 바란다. 성령님께 붙들린바 되어 온전한 신앙생활을 해나가길 원할 것이다.

하지만 매순간 성령 충만함 가운데 거하기가 말처럼 쉽지 않다. 대부분 컵에 물이 절반 정도 차 있는 듯이 살고 있는 것 같다. 반은 성령으로 채워져 있고 나머지 반은 욕심, 시기, 질투 같은 세상의 더러운 것들이 자리 잡고 있다. 그래서 성령님이 기뻐하시는 것을 택하며 살다가도 죄의 유혹에 넘어가기를 되풀이 한다.

사도 바울은 고린도교회에 보내는 편지에 "또 성령으로 아니하고는 누구든지 예수를 주시라 할 수 없느니라"(고전 12:3)라고 적었다. 예수님이 나의 구주라고 고백할 수 있을 만큼만 성령을 받은 것이다. 하루에도 수십 번, 수백 번씩 천국과 지옥을 오가며 살게 되는 이유가 거기에 있다. 내 안에 성령이 가득 채워지지 못했기 때문이다.

온전히 성령으로 충만해지면 이상하리만치 쓸데없는 생각이 들지 않는다. 성령님이 시키는 대로 말하게 되고, 성령님이 바라는 것을 행하게 된다. 성령님이 베풀어주신 은혜를 떠올리는 것이 좋고, 성령님과 교제하는 시간이 더 없이 소중해진다. 성령님이 내게 원하시는 길도 차근차근 밟아가게 된다.

"생각은 결과를 낳는다!"는 말이 있다. "말하는 대로 이루어진다!"는 얘기도 많이 들어봤을 것이다. 생각과 마음의 힘은 실로 대단하다. 사람은 어떻게 마음먹느냐 따라 전혀 다른 삶을 살게 된다. 정말 마음에 품은대로 생각하고, 생각한 대로 말하게 되어 있다. 생각에 맞춰 몸가짐이 달라지고, 이전과 다른 습관을 갖게 된다는 것도 우리가 익히 아는 바다.

성령에 사로잡혀 살 때 우리는 비로소 축복 받는 인생을 누리게 된다.

중보자가 되시고, 위로자가 되시는 성령님이 우리 삶을 친히 인도해주시기 때문이다. 성령이 주시는 지혜를 떠올릴 수 있고, 성령이 주시는 능력을 가지고 일할 수 있다. 사랑, 희락, 화평, 오래 참음 등 여러 열매를 맺게 해주신다고 했다. 복된 삶이 될 수밖에 없다.

사도 바울 같은 성령 충만한 사람도 "내 지체 속에서 한 다른 법이 내 마음의 법과 싸워 내 지체 속에 있는 죄의 법으로 나를 사로잡는 것을 보는 도다 오호라 나는 곤고한 사람이로다 이 사망의 몸에서 누가 나를 건져내랴"(롬 7:23~24)라고 탄식했다. 성령의 영향에서 자꾸 벗어나려고 하는 자신을 마주한 것이다.

거칠고, 험난한 세상을 살다보면 내 안에 성령이 아닌 다른 것이 들어올 때가 너무 많다. 자동차에 기름을 채워 넣는 것처럼 다시금 성령의 임재를 구해야 한다. 내게 거룩한 성령을 부어주시기를 끊임없이 갈망하는 것이다. 말씀에 파묻히고, 열심히 기도하고, 전심을 다해 예배하는 것 말고는 다른 방법이 없다.

사실 교회를 망가뜨리는 사람들 대부분은 목회자들이나 장로들이다.

목사가 잘못해서 문제가 생기는 경우가 제일 많고, 두 번째가 장로라고 생각한다. 집사나 권사가 말썽을 피우는 바람에 교회가 망가진 경우는 많지 않다.

분명 하나님이 택하셔서 세우신 사람들인데도 교회의 근심거리가 된다.

한 마디로 성령 충만함 가운데 머물지 않아서 그렇다.

사도 바울의 고백에서 알 수 있듯이 목사라고 해서 늘 마음 안에 성령이 가득 채워지는 것은 아니다. 성령의 인도하심을 따라 움직일 때는 좋은 일꾼으로 인정받지만 그것이 차고 넘치지 않으면 언제든 죄의 법에 사로잡힐 수 있는 것이다.

예수님의 수제자였던 베드로는 "주는 그리스도시요 살아 계신 하나님의 아들이시니이다"(마 16:16)라는 위대한 고백을 했다. 그래서 고백을 교회의 반석으로 삼겠다는 예수님의 칭찬을 받을 수 있었다. 하지만 예수님이 십자가의 길을 가시겠다고 하자 그러시면 안 된다고 예수님을 붙들고 항변했다.

그러자 예수님은 "사탄아 내 뒤로 물러가라 너는 나를 넘어지게 하는 자로다"(마 16:23)라고 책망하신다. 방금 전에 위대한 신앙고백을 했던 사람이 사탄이 되고만 것이다. 예수님이 하나님의 아들이라는 깨달음은 있었지만 아직은 자신의 안위를 더 중요하게 여겼던 것으로 볼 수 있다.

이처럼 인간은 나약한 존재이다. 이 땅에서의 삶을 다하는 날까지 무르고 약한 육신에 거할 수밖에 없다.

하지만 오순절 날 마가의 다락방에서 성령 충만함을 받은 베드로는 완전히 달라져 있었다. 감옥으로 끌려가려 예수의 이름으로 말하지도 말고 가르치지도 말라고 위협받지만 "우리는 보고 들은 것을 말하지 아니할 수 없다"(행 4:20)고 담대하게 자신의 믿음을 드러낸다. 그리고 나가서 목숨 걸고 복음을 전했다.

성령 충만한지, 그렇지 않은지의 차이가 바로 거기서 나온다. 성령이 넘치도록 부어지고 있기에 고난의 길, 죽음의 길도 마다하지 않게 되는 것이다. 내 안에 성령님을 가득 채우고 있는지, 그분과 동행하는 목회를 하고 있는지 늘 살펴보기를 권한다. 목회는 성령 충만한 교인들을 길러내는 것이라고 할 수 있다. 목회자부터 성령에 흠뻑 젖어 있어야 한다. 그래야 성도들이 예수님의 제자가 되고, 교회의 일꾼으로 성장하는 것을 기대할 수 있다.

6. 요람에서 천국까지

'요람에서 무덤까지!'

사회보장제도를 단적으로 표현해주는 말이다.

영국의 경제학자 윌리엄 베버리지가 주창했다고 한다.

누구든지 우리 교인이 되면 교회는 요람에서 천국까지 책임지는 것이 목회이다. 앞서 말했듯 아이를 출산하고, 키우는 것부터 천국가는 날까지 목사는 관심을 가지고 돌봐야 한다.

신앙생활을 잘하던 교인들이 사업 실패 등의 어려움을 당하는 경우가 흔히 있다.

그 때야말로 정말 교회가 필요한 때다.

하는 일마다 다 잘 풀리는 사람은 목사가 도와주지 않아도 알아서 신앙생활을 잘 해나간다. 하지만 혹독한 시련에 쓰러진 사람은 혼자일 수밖에 없다. 세상에서는 이용 가치가 없으면 매몰차게 내쳐지기 때문이다. 교회가 붙잡아줘야 한다. 다시 일어설 수 있도록 힘을 불어넣어주는 일이 바로 목회라는 생각이 든다.

"목사님, 엄마가 쇼크를 받고 쓰러졌어요. 지금 빨리 수술을 안 하면 가망이 없대요. 어떡하죠?"

"그래 알았다. 내가 갈 테니까 조금만 기다고 있어."

7, 8년 전이다.

어느 권사님 아들의 다급한 목소리가 전화선을 타고 들려왔다. 아버지가 음주운전을 하다 사고를 내서 구치소에 수감되었다고 했다. 어머니는 그 소식을 듣고 뇌출혈로 쓰러져 지금 병원에 누워 있다며 당황해했다. 아버지, 어머니 다 온전치 않은 상태였다. 부탁할 어른이 없어 내게 연락한 상황이었다.

의사의 말로는 시간을 다투고 있다고 했다.

수술 보증금 7백만 원을 내야 한다는 말도 나왔다. 어린 아들이 할 수 있는 게 없었다. 넉넉한 집안도 아니었다. 내 지갑에 있던 카드로 보증금을 결제해주었다. 일단 살려놓고 봐야 될 것 같았다. 금액은 중요하지 않았다. 나 아닌 다른 사람이 왔어도 그렇게 해주었을 것이라는 생각이 들었다.

다음 다음날이 주일이었다.

예배 시간에 그 권사님이 수술 받은 소식을 알렸다. 사정이 어렵고, 입원해서 계속 치료 받으려면 천만 원이 더 들어간다는데 우리가 도와주면 좋겠다고 얘기했다. 그리고 하나님이 주시는 마음에 의지해 헌금하자고 권면했다. 그 자리에서 봉투를 돌렸다. 필요했던 천만 원보다 백만 원 더 많은 헌금이 걷혔다. 퇴원하시면 보약이라도 지어 드시라고 하고 다 드렸다.

그 권사님은 서서히 건강을 회복해가셨다.

그리고 쓰러지시기 전보다 더 열심히 교회를 위해 충성하시고 계신다. 고통에서 건져내주시고, 신실하게 보살펴주시는 하나님의 은혜를 주위 사람들에게도 흘려보내주셨다.

한 생명을 살리고, 구하는 일을 교회가 감당해야 한다는 것을 다시금 확인할 수 있었다. 그것이 교회 공동체에 커다란 유익을 가져다준다는 것도 경험하게 되었다.

다른 권사님은 토요일에 찬양 연습을 하고 집에 돌아가서 샤워하는 중에 쓰러지셨다.

그 때도 그 집 아들이 응급실에서 전화를 걸어왔다. 아버지는 외국에 나가 사업을 시작했지만 고전을 면치 못하고 있었다. 자식 두 명 모두 대학생으로 한 해 등록금만 해도 그 가정으로선 어마어마했다. 빠듯하다 못해 쪼들려 사는 형편이었다.

내가 책임질 테니까 빨리 수술 절차를 밟으라고 했다.

그리고 주일에 우리가 도와주자고 똑같은 말을 꺼냈다. 그런 문제는 장로들과 따로 의논하지 않는다. 결정하기까지 시간이 걸리기 때문이다. 아무것도 하지 못하고 한 주를 그냥 기다려야 할 수도 있다. 성도들이 내일처럼 동참하여 헌금해주므로 넉넉히 책임질 수 있었다.

다행히 치료가 잘 되었고, 권사님도 일상생활이 가능할 정도로 건강을 되찾으셨다.

그 뒤 큰 아들은 신학대학원을 졸업하고 지금 수련목 과정을 밟고 있다. 이제 목사로 평생을 살아가게 될 것이다.

그리고 우리 교회는 학생들이 적어도 고등학교는 마칠 수 있도록 도와주려고 한다.

적어도 고등학교는 졸업해야 취직을 하거나, 사회 생활에 어려움이 없기 때문이다.

교인들이 어려움에 처해 있을 때 그것을 같이 짊어져주는 교회가 되어야 한다. 열심히 봉사하는 교인만 교인이 아니다. 달리 보면 정말 교회가 필요한 교인은 지금 고난 중에 있는 사람들이다. 하나님은 괴로움도 함께 나누는 교회가 되기를 원하시고, 그런 교회가 건강한 교회라고 칭찬하실 것이다. 교인들과 동고동락하는 목회를 계속 해나가고 싶다. 좋을 때 필요한 교회가 아니라 어려울 때 가장 가까운 이웃이 되는 교회, 그것이 목회라고 생각한다.

7. 팔방미인이 되라!

뱃새다 들녘에서 온종일 말씀을 전하신 예수님은 아직 끼니를 채우지 못한 사람들이 마음이 쓰이셨다. 그래서 보리떡 다섯 개와 물고기 두 마리로 기적을 행하기로 결심하셨다. 정말 차고 넘치도록 베풀어주셨다. 기록된 대로 오천 명이 먹고도 남을 정도였다. 영혼의 양식뿐만 아니라 육신의 양식까지 배불리 먹이신 것이다.

나는 목회자들이 자신이 가지고 있는 지식과 정보, 인맥을 두루 활용해 교인들을 열심히 도와주었으면 한다. 교인들의 영혼은 물론 일상의 크고 작은 일에도 영향을 미치는 목회가 이루어졌으면 좋겠다. 일일이 다 간섭하라는 뜻이 아니다. 교인들이 목사와 스스럼없이 나누는 사이가 되고, 내 목회를 통해 유익을 얻는 일이 많아지기를 바라서다.

사실 갑자기 몸이 아플 때 병원을 잘못 선택해서 어려움을 당하는 경우가 많다.

어떤 권사는 급한 대로 가까운 병원에 갔다가 당장 수술하지 않으면 안 된다고 해서 뭣 모르고 수술대에 올랐다. 치질을 도려내는 수술이었다. 하지만 심각한 문제가 생기고 말았다. 남은 인생을 속옷 안쪽에 휴지를 대고 다녀야 하는 처지가 된 것이다.

서울의 유명한 병원에서 똑같은 수술 받고 깨끗하게 나은 장로도 있었다.

미리 소식을 들었더라면 좋은 데로 가시라고 병원 이름이라도 알려드렸을 텐데 그렇게 하지 못한 것이 못내 아쉬웠다.

'기도 부탁이라도 하시지…' 하는 서운한 마음도 들었다.

오래 목회하다보면 이런 일이 비일비재하다. 내가 괜찮은 병원을 몰랐던 것도 아니어서 더 속상했다.

"목사님, 제 남편이 조금 전에 사고가 나서 손가락 하나가 잃었어요. 지금 수술실에 들어가 있습니다. 기도 좀 해주세요."

다른 한 분은 김포에 있는 공장에서 일하시는 분이었다.

어느 날 아내 되는 분이 다급하게 연락해왔다. 남편이 작업을 하다 실수로 절단기 사이에 손가락을 집어넣었다고 했다. 병원에서는 접합이 불가능하니 안타깝지만 잘린 손가락은 버리고 봉합 수술을 하는 것으로 마무리 짓자고 했단다.

"그렇게 하시면 안 됩니다. 전화 끊고 당장 가서 수술하지 않겠다고 하세요!"

교인들을 심방하면서 광명에 있는 병원이 그 분야에 상당히 좋다는 얘기를 여러 번 들어둔 터였다. 수지접합을 전문으로 하는 병원이었다. 그 병원에 가면 사람들이 죄다 한 쪽 손을 위로 올리고 다닌다. 수술이 끝난 뒤에는 혈액순환을 돕기 위해 손을 아래로 내리면 안 된다고 한다. 거기 환자들은 다들 "할렐루야!" 하고 다닌다고 우리끼리 우스갯소리를 한 적도 있다.

빨리 광명으로 가라고 했다. 수지접합에도 골든타임이 있으니 8시간이 지나기 전에 부지런히 움직이라고 전했다. 그분들이 너무 당황한 나머지 잘린 손가락을 챙기지 않고 가다가 다시 돌아가는 해프닝도 벌어졌다. 수술실에 있던 쓰레기통을 뒤져서 찾았다고 한다. 그렇게 겨우 겨우 잃어버릴 뻔했던 손가락을 살려냈다. 내게 정보가 있었던 게 천만다행이었다. 내게 전화를 안 했다면 손가락 하나가 없는 장애인이 될 뻔했던 일이었다.

다른 권사 한 분은 인천에 있는 큰 병원에서 산부인과 수술을 권유 받았다.

무조건 가지 말라고 했다. 내 아내도 같은 질병으로 수술실에 들어간 적이 있었다. 약간 거리가 있긴 했지만 다른 병원을 추천했다. 거기서는 반대로 수술할 필요가 없다는 소견이 나왔다. 약물치료를 먼저 해보자고 했단다. 결국 수술 없이 회복되어서 지금 건강하게 지내고 계신다.

40년 가까이 한 교회에서 목회하다보니 이제는 교인들이 전부 내 형제 같고, 자매 같다.

그들이 고통도 덜 받고, 돈도 덜 쓸 수 있게 작은 도움이라도 되고 싶은 마음이다. 교인들이 겪고 있는 어려움이 무엇인지, 이런 일이 생겼을 때 어디로 가야 도움을 얻을 수 있는지도 두루 살피고 있어야 한다. 사람들과 친분을 잘 쌓아놓는 것도 중요하다.

예수님도 가시는 곳마다 다른 사역을 펼치셨다.

베데스다 연못에 이르러서는 38년 된 병자를 고치셨고, 갈릴리 호수에서는 두려워하는 제자들을 위해 바람과 파도를 잠잠케 하셨다. 말씀만 전하신 것이 아니었다. 귀신 들린 사람을 위해 귀신을 쫓아내주시고, 음행한 여인의 방패막이가 되어주시기도 하셨다. 사람들이 처해 있는 상황을 아시고, 그들의 필요를 채워주는 일을 해나가셨다.

교회가 자신의 믿음을 지키려고 잠시 머무는 곳에 그치지 않았으면 한다. 삶의 터전이 되고, 중심이 되었으면 좋겠다. 교회가 교인들의 인생에서 가장 중요한 곳이 되는 목회를 하고 싶다. 그리고 늘 교인들 곁에서 도움을 베푸는 목회자이고 싶다.

8. 금전거래를 막아라

나는 될 수 있으면 교인들 간에 금전 거래는 피하라고 가르친다.

만약 돈을 빌려줄 일이 생기면 그냥 준다고 생각하고 건네라고 권한다. 그래야 혹시 돌려받지 못하더라도 시험에 들지 않기 때문이다. 꼭 받아야겠다는 마음 때문에 관계가 어그러지고, 양쪽 모두 교회를 떠나버리는 일이 얼마나 쉽게 일어나는지 모른다.

새신자로 등록하고 열심히 신앙생활 하는 척하며 기존 교인들에게 접근하는 나쁜 사람도 있다. 착하게 보이는 교인들에게 돈을 빌려가서 그냥 사라져버리는 이들 때문에 많은 교회가 골치를 앓고 있다. 그것을 예방주사 놓듯이 성도들에게 말해준다. 그래야 나중에 문제가 터져도 하나님을 탓하거나 괜히 다른 사람을 원망하는 것을 조금이라도 막을 수 있다.

절대 서로 빌려주지 말라고 단호하게 말할 때도 있다.

부득불 빌려줘야 한다면 절대 받을 생각하지 말고 주라고 강조하고, 또 강조한다. 은행가서 대출 받아도 되고, 카드로 현금서비스를 받을 수도 있다. 돈을 주고받은 교인들만 마음고생 하는 게 아니다. 그 몇몇 사람들 때문에 결국 온 교회가 상처 입게 된다. 철저하게 막지 않으면 안 된다.

9. 행정의 달인이 되어라

교회에는 별의별 사람들이 다 온다.

호텔에서 근무하는 사람은 친절이 몸에 배어있다. 예배 안내를 맡은 교인들의 옷맵시, 표정, 말투, 행동거지 하나하나가 그들에게는 교회를 더욱 교회답게 하는 중요한 요소가 될 수 있다. 국어 선생님이나 출판사에서 일하는 사람에게는 잘못 띄어 쓴 찬양 가사 자막이 답답하게 보일 것이다. 주보를 보며 '목사님은 학교 다닐 때 뭘 배운 거야?'하고 속으로 못마땅해 할 수 있다.

그렇기 때문에 앞에서 안내하는 분부터 주보 철자, 찬양 자막까지 되도록 디자인까지 신경쓰면서 세세하게 다루어야 한다. 많은 목사님들이 굳이 그렇게까지 신경 쓸 필요가 있냐고 할지 모르겠다.

정성을 다하면 되는 것이지 꼭 세련되게 만들어야만 하는 것은 아니지 않느냐고 반문할 수도 있다. 하지만 어떤 교회인지 궁금해서 와봤는데 올 때마다 자기 눈에 거슬리는 게 있으면 그 교회에 오래 다니기 어렵다. 자기 수준보다 높아서 흡족한 마음이 들어야 그 교회의 교인이 되는 것을 기쁘게 여긴다.

나는 군대에서 행정을 배웠다.

군 생활 3년 동안 보직이 무려 아홉 번이나 바뀌면서 온갖 일을 다 해봤다. 말단 소총수로 철책선 근무를 서다 중대장 당번병으로 차출된 적도 있고, 이후 정보과와 군수과를 거쳐 군종병으로 군교회를 섬기기도 했다. 나중에는 연대 인사과에서 서무 일을 보다 제대했다. 작전과에만 가보지 못했다.

제대하고 얼마 지나지 않아 목회를 시작해 군대에서 배운 것을 바로 현장에서 활용할 수 있었다. 특히 주보는 활판에 납 활자를 일일이 꽂아 넣던 시절부터 컴퓨터로 작업하는 요즘까지 그동안 많은 공을 들여왔다. 글씨체, 줄 간격, 레이아웃까지 일일이 직접 꾸미고, 다듬는다. 수정 작업 없이 인쇄업체에서 프린팅만 하면 되게끔 매주 꼼꼼하게 손본다. 광고 문구도 온전한 문장에 되게 주의를 기울여서 쓴다.

"목사님, 어쩜 이렇게 행정을 잘 하세요?"

"목사님의 행정 감각이 저희 못지않은 것 같은데요. 교회에서 사용하는 서류 양식만 봐도 알 수 있습니다."

공무원 출신이 우리 교인들이 나에게 하는 소리다. 우리 교회에는 공무원 출신이 많다.

동장을 지냈던 분도 나오고, 시의회에서 사무관으로 근무했던 분도 출석하고 있다. 구청장을 역임한 분도 있다. 그분들한테서 이따금씩 칭찬을 들을 때마다 잘 준비된 행정 또한 섬김의 한 부분인 것을 확인하게 된다. 하나님이 목회를 시키시려고 군대에서 여러 가지를 배우게 하셨다는 생각이 아직도 든다.

주일에 띄우는 여러 영상도 마지막으로 내가 감수한다.

금요일까지 준비해 놓는 게 원칙이다. 그러면 토요일에 출근해서 가장 먼저 영상부터 틀어본다. 미리 알고 있어야 되기 때문이다. 보충하거나 바로 잡을 부분이 뜻하지 않게 생길 수도 있다. 기왕이면 우리가 할 수 있는 최선을 다해 완성도 있는 영상을 보여주고 싶은 바람이다.

음정 안 맞는 불안한 목소리로 부르는 찬양보다 갈고 닦은 실력으로 올려드리는 찬양이 훨씬 은혜가 된다. 은혜는 대충이 아니다. 법에 충실한 게 은혜로운 것이고, 철저히 준비하는 게 은혜로운 것이다.

10. 존경 받으려면 뒷모습을 아름답게 하라

나는 정년을 얼마 안 남겨두고 있다.

이제 몇 년 뒤면 40년 넘게 한 교회를 섬기다가 목회 일선에서 물러나게 된다. 요즘 떠나는 내 뒷모습이 어떨지 종종 떠올려보게 된다. 아름답게 후임 목사에게 자리를 내어주길 소망하고 있다. 그동안 함께 해온 교인들에게 존경할만한 목사로 기억되길 바라는 마음도 크다.

젊었을 때 개척한 교회에서 지금까지 목회해오고 있어서 얼마나 감사한지 모른다.

다른 교회로 옮기지 않고 오랫동안 성도들의 사랑을 받아온 것도 그동안 누려온 복이다. 내 아들이 목사가 되지 않은 것도 참 감사하다. 기도할 때마다 감사드리게 된다. 아들을 후임자로 삼을 생각은 처음부터 없었다. 교인들에게 부담을 주지 않은 것도 내게는 감사 제목이다.

그동안 부평제일교회 담임목사 직함 외에도 여러 곳에서 직책을 맡아왔다.

감리교 총회의 서기로 교단을 섬겼고, 감리사로 섬기기도 했다. 이쪽 부평 지역에서는 경찰 선교를 위한 경목위원장과 기독교연합회 회장으로 헌신할 수 있었다. 귀한 자리, 꼭 필요한 일이라고 생각하고 나름 열심히 감당했다.

교회 바깥의 일을 하면서 받은 교훈이 있다.

직책이 있는 사람이 자기한테 주어진 일을 대충대충 처리해버리는 사람은 아직 보지 못했다. 임기 동안은 다들 성실하게 맡은 일을 잘 해낸다. 하지만 임기를 채우고 나면 대부분 달라진다. 자기가 회장일 때는 회원들의 적극적인 참여를 바라지만 다 마치고 나서는 잘 협조하지 않는 똑같은 사람이 되고 만다.

그들을 보며 뒷모습이 아름다워야 존경 받을 수 있겠다는 확신을 얻었다.

감리사가 되어서 열심히 지방회를 이끌어가는 것도 칭찬 받아 마땅하지만 더 중요한 것은 다음 감리사가 잘 할 수 있도록 옆에서 도와주는 일이다. 내게 맡겨진 일을 다 감당한 후에도 말없이 섬김을 다하느냐에 존경 받는 것이 결정되는 것이다.

내가 감리사를 지낸지 벌써 16년이 지났지만 새로 선임된 감리사가 부탁해오는 대로 군말 않고 힘을 보태고 있다. 경목위원회나 기독교연합회 일도 마찬가지다. 타교단에서 회장이 되어도 남의 일로 여기지 않고 그동안 해왔던 대로 하려고 한다. 감리교단 사람들은 왜 그러냐는 말이 나오지 않게 최선을 다해 돕고 있다.

직분을 맡기 전에는 누구나 열심히 한다. 직분을 맡고 나서도 성실히 임한다.

하지만 임기가 끝난 다음에는 그렇지 않다. 사람들은 쌓아놓은 업적이 아닌 변함없이 한결 같은 모습을 보고 목사에게 존경을 표한다. 은퇴하고 물러난 다음에도 "그분 정말 훌륭한 분이야!"라는 소리를 들어야 잘 해왔다고 말할 수 있지 않을까?

12
역발상

생각의 전환이 필요하다.

1. 여름수련회를 겨울수련회로

세상에서도 생각의 전환을 강조한다.

그래야 도전할 수 있고, 변화를 이끌어낼 수 있다고 말한다. 남들과 똑같이 생각하면 성공할 수 없다고 단정 짓는 사람도 있다.

나는 목회에도 역발상이 필요하다고 본다. 다른 사람의 목회를 무조건 따라하는 것은 내게 맞지 않은 옷을 억지로 입는 것과 크게 다르지 않은 것 같다. 거꾸로 생각해보고, 뒤집어 바라보기도 하면서 교인들에게 적합한 목회를 찾아가야 한다.

날이 더워지면 교회마다 여름 행사로 분주해진다.

여름성경학교, 여름수련회 준비에 온 교회가 매달리게 된다. 교회학교 학생들을 위해 여름휴가를 몽땅 써버리는 교사들도 많다. 반대로 하면 어떨지 곰곰이 생각해봤다. 교회학교의 여름 행사를 겨울로 돌리는 것도 웬지 나쁘지 않을 것 같았다. 수년 간 무릎 꿇고 고민하며 얻은 답이었다.

여름수련회는 아무래도 물가로 가기 마련이다.

가뜩이나 다루기 힘든 청소년들을 야외에 풀어놓으면 더더욱 통제하기 어려워진다. 겨울에 수련회를 떠나면 여름마다 신경 쓰이던 안전사고를 걱정하지 않아도 된다. 여름에는 음식도 쉬이 상한다. 괜히 음식 잘못 먹고 단체로 식중독에 걸리면 어떡하나 염려할 필요도 없다.

그리고 요즘은 고등학교 2학년만 되어도 여름방학이 없는 것이나 마찬가지이다.

대입수학능력시험이 1년 조금 넘게 남은 시점이라 학원과 학교 보충수업을 소화해내느라 정신없다. 가족끼리 여행하며 시간을 보내려는 집도 부쩍 많아졌다. 수련회가 우선순위에서 밀릴 수밖에 없다. 그만큼 학생들을 모으기가 어려워진 부분도 있다.

여름수련회를 과감히 내려놓고 겨울수련회에 초점을 맞춰보기로 했다.

겨울에는 보통 기도원으로 향한다. 다들 따뜻하게 안에 있으려고 하지 굳이 추운 날 바깥으로 나가려고 하지 않는다. 건물 밖에서 진행하는 프로그램이 있어도 그리 길지 않다. 화재만 일어나지 않으면 어지간해서는 큰 사고가 나지 않는다.

설 연휴가 지나고 봄방학이 되면 학교 보충수업도 없어 시간 내기도 한결 편해진다.

겨울에 휴가 내서 여행 가는 가족도 거의 없다. 새 학년, 새 학기를 앞두고 있는 시기이다. 덥고 습해서 산만한 여름보다 따뜻한 실내로 모여드는 겨울에 학생들이 더 열심히 귀담아 듣는다. 말씀을 먹이고, 마음을 다잡게 하는데 참 좋은 때다.

그래서 우리 교회는 십년 넘게 여름수련회 대신 겨울수련회에 집중해오고 있다.

몇 년 전에는 겨울수련회에 참석한 40여 명의 학생들 모두 기도를 하며 놀라운 영적체험을 하며 깊은 은혜에 잠겼었다. 아버님이 우리 교회 장로이신 선생님 한 분만 체험을 못해 내심 아쉬웠었는데 이후 매일 새벽예배에 나와 성령의 임재를 구하면서 결국 영적체험을 하게 되었다.

이제는 한국 교회도 시대의 흐름에 어느 정도 맞춰가야 하지 않을까 하는 생각이 들기도 한다. 가족 모임이 있어서 주일저녁 예배는 참석하기 어려울 것 같다고 말하는 교인들도 점점 늘어나고 있다. 여름수련회를 생략하는 역발상이 우리 교회에는 별 어려움 없이 받아들여졌다. 교회학교 교육에도 플러스가 되는 결과를 얻을 수 있었다.

2. 젊은 여전도사를 심방전도사로

1990년대 중반이었다.

교인이 늘어나면서 혼자 힘으로 목회할 수 없는 때를 맞게 되었다. 열심히 심방전도사를 찾았지만 맘에 드는 사람을 만나기가 무척이나 어려웠다. 어느 정도 나이가 있는 여전도사는 쉽게 구할 수 있었다. 아쉽게도 이혼한 경력이 있거나 아직 결혼하지 못한 분들이 많았다. 남편을 일찍 여의고 사역과 생계를 같이 짊어지고 있는 전도사도 간혹 눈에 띄었다.

어떤 전도사는 심방가서 이런 생각도 한다고 한다.

'나는 사이가 안 좋아서 헤어졌는데…. 이분은 잘난 것도 없는데 남편한테 사랑받으며 살잖아.'

물론 이런 상황에 처한 여교역자분들을 폄하하려는 것은 절대 아니다.

하지만 아무래도 사람이다보니 본인의 직분이 전도사이기 때문에 교인들의 집을 방문하면 그 가정을 위해 당연히 축복해주겠지만 인간적으로는 행복하게 사는 모습에 우울할 수 있을 것 같았다. 알게 모르게 약점이 될 수 있을 듯했다. 다 그런 것은 아니었지만 우리 교회에 지원한 분들의 상당수가 내가 추구하는 목회와 맞지 않았다.

더 좋은 사람을 고를 수 없을까 고심하다 갓 신학대학을 졸업한 젊은 여전도사를 채용하면 될 것 같다는 생각이 불쑥 떠올랐다.

그것 또한 역발상이었다. 당시만 해도 나이가 지긋해야 심방전도사를 맡을 수 있다는 생각이 거의 고정관념처럼 굳어져 있었다. 물론 그분들의 신앙 경험과 성숙이 성도들에게, 그리고 사역에 도움이 되지만 새롭게 변화를 주고 싶었다.

햇병아리 같은 여전도사를 심방전도사로 세운다고 하니까 교회 여기저기서 술렁이기 시작했다.

"어떻게 경험도 없는 애송이들이 와서 심방전도사를 합니까?"

교인들을 설득시켜야만 했다.

"같은 날 신학대학을 졸업한 남전도사들은 시골에 가서 담임 목회도 합니다. 여자라고 심방전도사를 못할 이유가 어디 있습니까? 하나님의 부름을 받고 열심히 공부하며 준비한 전문가들입니다. 젊다고 의사면허 안 주고, 나이 어리다고 변호사 못하는 거 아니잖습니까? 천주교에서도 앳돼 보인다고 수녀 취급하지 않는 일은 없습니다. 우리가 생각을 바꿔야 합니다."

그렇게 하고 이제 막 신학대학을 졸업한 스물네 살 먹은 여전도사 세 명을 채용했다.

두 사람은 심방전도사로 부르고, 남은 한 사람에게는 교육전도사로 교회학교를 맡겼다.

기대 이상이었다. 내 분신처럼 따르면서 내가 계획한 대로 부지런히 움직여줬다. 다들 미혼이라 밤낮없이 일해도 부모님 말고는 뭐라 할 사람이 없었다. 얼마나 열심히 다니며 교인들의 말을 귀 기울여 듣는지 심방을 받고 나서 칭찬하지 않는 집이 없었다.

젊은 여전도사들이 일을 아주 잘한다는 소문이 삽시간에 퍼져 나갔다.

이십대 중반의 여전도사에게 심방전도사 역할을 맡겨도 전혀 문제가 되지 않는다는 것을 우리 교회가 검증해준 것이나 다름없었다. 속된 말로 불티나게 팔려나갔다. 교회마다 서로 젊은 사람들을 데려가려고 하는 통에 소위 말하는 품귀현상이 일어날 정도였다.

한국 교회에서 젊은 여전도사를 데리고 와서 심방전도사를 시킨 것은 우리 교회가 처음이었다. 한국 교회에 큰 파장을 일으켰다고 해도 과언이 아니었다. 돌아보면 우리 교회가 가장 부흥했던 때였다. 내가 기대한 대로 열매를 거둬들였던 시기였다. 나이 어린 여전도사의 덕을 보게 될 줄은 나도 전혀 예상치 못했었다.

3. 완전히 독립된 청년교회

2000년대 초반만 해도 예배에 꼬박꼬박 나오는 청년들이 스무 명 정도 왔다갔다 했다.

청년들이 모이지 않으면 교회에 미래가 없다는 생각에 늘 마음 한편이 무거웠다. 많이 와야 서른 명이었는데, 교회의 허리 역할을 해줘야 하는 청년들을 어떻게 모으고 양육해야 할지 고민하지 않을 수 없었다.

성전을 건축하고 난 뒤에는 장년들에게 우선 집중했다.

교회가 안정되어야 조직을 만들고, 사역을 넓혀갈 수 있기 때문이었다. 그러는 사이 교회에 헌신하는 일꾼들이 꾸준히 세워졌다. 다음 세대를 키우는 교회학교도 아동부부터 청소년부까지 차곡차곡 쌓아올릴 수 있었다. 이제 새벽이슬 같은 청년들을 일으킬 차례였다.

그리고 2년을 기도로 매달려서 얻은 답이 '청년교회'였다.

먼저 부목사 한 사람을 청년교회 담임으로 세웠다. 청년부 담당 목사가 아닌 청년교회 담임목사였다. 그리고 인사, 재정, 행정 등 모든 것을 독립시키기로 했다. 어른들의 간섭에서 벗어나 청년들 스스로 일꾼을 뽑고, 사업을 계획하고, 재정까지 관리하는 그들만의 장을 마련해준 거였다.

십일조, 주일헌금, 절기헌금 등 청년들이 한 해에 드리는 헌금을 합산해보니 대략 3천4백만 원 정도 되었다. 몇몇 장로들은 심각한 우려를 표했다. 그 헌금을 전부 청년교회로 돌리면 그만큼 교회 재정이 줄어들기 때문이었다. 다른 교회의 사례는 찾을 수 없었다. 처음 시도해보는 사역이라 궁금증이 더했다.

긴 회의 끝에 애초에 계획한대로 다 떼어주는 쪽으로 마음이 모아졌다.

우리 교회의 미래를 위해 청년들에게 투자하는 것이라고 생각하기로 했다. 거기에 청년교회 담임목사의 사례비까지 당분간 부평제일교회에서 짊어지기로 결정했다. 재정에 큰 구멍이 생겼지만 늘 그래왔듯 하나님께 맡겨드리기로 정리했다.

자기들만의 시간과 공간을 갖게 된 청년들은 물 만난 고기처럼 행복해 했다.

왜 진작 이렇게 못 해주었을까 싶을 정도로 예배마다 뜨거운 열정을 쏟아 부었다. 얇은 지갑에 사회 경험도 많지 않음에도 불구하고 어른들보다 더 꼼꼼하게 예산을 편성하고 관리하는 모습을 보였다. 계획하고 준비하는 사업도 알차게 진행될 수밖에 없었다.

새로 등록한 청년들도 고민을 나눌 수 있고, 적절한 말씀을 먹여주는 부평제일청년교회를 금세 자기 교회로 받아들이는 것 같았다. 기대했던 대로 모든 청년들이 책임감을 가지고 청년 교회의 사역에 참여했다. 사회봉사활동, 단기선교 등 우리 교회를 대표해서 나가는 사역에도 열심을 내주었다.

서른 명으로 시작한 부평제일청년교회는 1년 만에 예순 명 가까운 청년들이 출석하면서 나름 짜임새 있는 모습을 갖추어갔다. 헌금 결산액도 5천만 원으로 늘어나 있었다. 청년교회 담임목사의 사례비까지 감당할 수 있는 액수였다. 사실 3년 이상 내다보고 있었기에. 불과 1년 만의 자립은 아무도 예상치 못한 일이었다.

아울러 청년들에게 헌신을 부탁했다. 찬양대에도, 교회학교에도 청년들의 섬김이 절실했다.

"청년교회는 부평제일교회의 미래를 위해 만들었습니다. 청년끼리만 모였다가 끝난다고 하면 청년교회를 세울 이유도 없고, 청년교회도 모이는 의미가 없습니다. 앞으로 여러분들이 부평제일교회의 일꾼으로 성장해주어야 합니다."

청년교회 담임목사에게는 교회학교 전체를 책임지는 역할도 같이 맡겼다. 주일 3부 예배 찬양대도 담당하게 했다. 청년교회가 부평제일교회의 인재풀이 되어주기를 바랐다. 그 안에서 일꾼들을 키워 적재적소에 보내주기를 기대해마지 않았다.

청년교회는 건실하게 성장해 갔다.

잠시 주춤한 때도 있었지만 지금 백삼사십 명이 나오는 어엿한 청년 특성화 교회로 자리 잡았다. 교회 곳곳에서 봉사하고 섬기는 청년들을 이제는 쉽게 볼 수 있다. 집행하는 예산도 해마다 1억 원이 넘는다. 청년교회가 교회 안팎에서 감당해주는 일도 그만큼 많아졌다.

그들의 힘 있는 예배를 들여다볼 때마다 내 가슴도 덩달아 쿵쾅거린다. 머지않아 부평제일교회의 주인 노릇을 할 사람들이다. 같은 공간에 완전히 독립된 청년교회를 세운 것은 우리 교회가 처음일 것이다. 그들만의 자리를 마련해주어야 한다는 판단이 적중했고, 많은 청년이 모이는 교회를 이룰 수 있었다.

13
부목사

하나님이 허락하신 동역자이다.

1. 부목사에게 내준 담임목사 역할

심방 전도사로 우리 교회를 섬겨준 여전도사들은 나중에 모두 목사 사모가 되었다.

뒤에 온 다른 여전도사들도 선교사가 되고, 목사가 되어 사역지를 옮겨야 했다. 우리 교회의 성공 사례를 듣고 다른 교회에서도 너도 나도 젊은 여전도사를 채용하는 바람에 사람 찾기가 어려웠다. 교회학교를 맡아줄 사람도 찾기 어려울 정도였다. 어떻게 해야 하나 고민되지 않을 수 없었다.

고심하며 기도하다보니 심방전도사를 쓰지 않는 쪽으로 계속 마음이 기울었다. 그렇다고 부교역자 없이 나 혼자 목회할 수는 없었다.

대신 부목사를 청빙하기로 했다.

심방전도사가 했던 역할을 목사 사모에게 맡기면 되겠다는 생각에 이르자 마음이 흡족해졌다. 오히려 심방전도사가 있을 때보다 훨씬 괜찮을 것 같았다.

부목사 부부는 이미 3년간의 담임목회를 경험한 사람들이다.

영적으로나 인격적으로나 심방전도사보다 부목사 사모가 더 훈련되고 단련되어 있었다. 전부 대학교 이상 졸업한 재원이었다. 남편처럼 신학대학을 나온 사모도 많았다. 그런데도 남편이 목사 안수를 받는 순간부터 아이를 돌보며 집안일만 하고 있는 경우가 대부분이었다.

부목사 두 가정을 모시기로 했다. 그리고 교회를 두 교구로 나누고 부목사들에게 한 교구씩 맡기겠다고 했다. 부목사로 하여금 사모와 함께 담임목사처럼 교인들을 돌보게 할 생각이었다.

"목사님! 그러다 교회가 깨지기라도 하면 어떻게 하시려고 그러십니까? 재고해주세요."

나이를 제일 많이 드신 장로님이 우려를 표했다. 부목사에게 그렇게 교회를 맡기다시피 하면 나중에 감당치 못할 일을 맞을 수 있다는 얘기였다.

"교회가 갈라지는 것도 하나님의 뜻입니다. 그것이 하나님 뜻이라면 당연히 깨져야지요. 혹시라도 교회가 깨지면 저를 좋아하는 사람이 나가겠습니까? 제게 불만 있는 사람들이 떠나지요. 설사 교인이 준다고 해도 더 은혜로워질 텐데 뭘 걱정하십니까?"

전도여행에 나섰던 바울과 바나바도 서로 싸우다 갈라서고 말았다. 지난 여행에서 도중에 제멋대로 되돌아간 마가를 바울은 품을 수 없었다. 하지만 끝내 바나바는 마가를 포기하지 않았고, 바울은 마가 대신 실라와 동행하며 각자의 길을 떠났다. 하지만 두 사람이 따로따로 움직인 겉으로 보기에는 분열이었지만 결국 복음에는 더 나은 발걸음이 되었다. 넓은 지역으로 나가 더 많은 사람들에게 복음을 전하는 계기가 되었던 것이다.

"부목사들 잘 들어. 교회 깨뜨려서 나가려면 나한테는 허락 안 받아도 돼. 하지만 하나님한테는 꼭 허락 받아야 돼. 그런 다음에 깨뜨려!"

갓 부임한 부목사들에게도 반 농담 삼아 단단히 일러두었다.

그렇게 부목사를 청빙하고, 부목사 부부에게 일을 맡겨온 지 벌써 20년 가까이 되었다. 담임목사 없이도 교회가 굴러갈 정도가 되었는데도 그동안 교회가 갈라지기는커녕 갈라질 것 같은 기미조차 없었다.

전에는 부목사와 심방전도사가 서로 협력할 때 매끄럽지 않았던 부분이 조금씩 있었다. 부목사는 심방전도사에게 책임을 돌리고, 심방전도사는 부목사 탓을 할 수 있는 여지가 없지 않았다. 하지만 이제는 부부가 같이 심방을 다니니까 누가 잘못했다고 떠넘겨봐야 남편이고, 부인이다. 오히려 더 책임감 있게 일한다.

그리고 다른 교회의 얘기를 들어보면 간혹 결혼한 부목사와 아직 미혼인 전도사가 서로 이상한 마음을 품는 일이 생긴다는데 우리는 그런 걱정을 하지 않아도 된다. 밤새도록 같이 다녀도 부부 사이이니 전혀 문제될 게 없다. 도리어 안심이 된다. 교인들도 부부가 심방하러 오는 것이 더 은혜가 된다고 말하고 있다.

당연히 대심방도 부목사 부부 몫이다.

담임목사가 하듯이 부부가 같이 챙긴다. 주일 예배 안내 역시 사모가 맡는다. 누가 안 나왔는지 금방 알아보고, 바로바로 부목사와 소통한다. 수시로 얘기하고 나누니 어지간한 교인들의 사정을 무언가를 맡기고 부탁하는 것도 서로 부담이 없다. 무슨 일을 해도 그렇게 손발이 척척 잘 맞을 수 없다.

2. 담임목사와 부목사는 부르신 자리가 다를 뿐

이런 좋은 경험이 있기 때문에 나는 개인적으로 한국 교회들도 부목사를 이렇게 활용하면 굉장히 좋을 것 같다.

사실 사모도 고급인력이다. 20년 가까이 부목사 부부가 일을 같이 할 수 있도록 해보니 좋은 점이 한두 가지가 아니다. 방 안에만 가두지 말고 남편과 함께 사역할 수 있게 해주면 교회에 정말 큰 도움이 된다고 자신 있게 말할 수 있다.

그러려면 담임목사가 자기 자신을 비우지 않으면 안 된다. 부목사들이 스스로 결정할 수 있도록, 사모들이 알아서 일할 수 있도록 그동안 내가 하고 있던 것들을 상당 부분 넘겨줘야 한다. 결코 쉽지 않다. 믿어주고, 지켜봐주는 것에도 익숙해져야 한다. 하는 일은 줄어드는데 비해 책임은 오히려 무거워지는 선택이 될 수도 있다. 그리고 한두 해 가지고는 부목사의 색깔이 드러나는 목회를 기대하기 힘들다.

지금까지 교회가 걸어온 길을 파악하고, 교인들과 충분히 교제하고, 담임목사의 목회 철학을 죄다 이해하기까지 적어도 3년 이상 걸린다. 그래야 심방 가서 그 가정을 위해 진심으로 기도할 수 있다. 교인마다의 사정을 잘 알지 못하면 수박 겉핥기식의 위로가 될 수밖에 없다. 따지고 보면 부목사도 교인들과 오랜 시간 관계를 가지며 장기목회를 해야 교회에 제대로 된 도움을 줄 수 있다. 하지만 많은 교회가 부목사가 오래 있으면 담임목사의 짐이 된다고 생각한다. 몇 년 안 지났는데도 다른 교회를 알아보라는 무언의 압력을 가하기도 한다. 목회 한 번 제대로 해보지도 못하고 담임목사가 시키는 심부름만 하다가 떠나야 하는 처지가 되는 것이다.

나만 목회자고 부목사는 자기 종이라고 생각하는 담임목사들도 더러 있다. 부목사를 늘 조수처럼 부리고, 상명하복 식으로만 대한다. 괜히 능력 있고 특출난 모습을 보였다가 담임목사에게 찍히지 않을까, 눈 밖에 나서 다른 데를 알아봐야 되는 것은 아닐까 눈치 보게 되는 교회도 간간이 보게 된다.

내 입장에서는 건강한 교회로 보이지 않는다. 그러면 부목사가 소신껏 목회하기 어렵다. 얼마 안 있으면 나가야 될 테니까 빨리 살아갈 방법을 마련해 놓아야겠다는 생각을 항상 먼저 하게 된다. 교회 안의 불만세력을 규합해서 새로 개척해볼까 궁리할 수도 있다. 마음 놓고 목회할 수 있어야 그것이 부목사의 역량이 된다. 그래야 담임목사한테도 도움이 되는 것이다.

담임목사도 부목사도 다 똑같은 목사이다.

하나님이 부르신 자리가 다르고, 맡겨진 직분이 조금 다른 것뿐이다. 나와 파트너십을 이룬 동역자라고 생각해야 한다. 담임목사는 지시만 하고, 부목사는 무조건 따르기만 하는 목회가 바람직하다고 할 수 있을까? 담임목사의 교회는 될 수 있을지 모르지만 하나님이 원하시는 교회가 되기는 분명 쉽지 않을 것이다.

교회를 같이 이끌어가고 있다고 생각하면 담임목사도 한결 수월해지고 편안해진다.

부목사를 세워준다고 해서 담임목사에게 주어진 권위가 없어지는 게 아니다. 오히려 교인들은 부목사를 따르는 것 이상으로 담임목사를 사랑하고 존경해준다. 내가 아무리 받들어주어도 교인들은 담임목사와 부목사를 절대 동등하게 보지 않는다. 언제 어디서든 담임목사를 부목사 위에 올려놓고 바라봐준다.

"무엇이든지 남에게 대접을 받고자 하는 대로 너희도 남을 대접하라"(마 7:12)는 예수님의 황금률을 여기서도 떠올리게 된다. 담임목사가 없어도 교회가 돌아갈 정도로 부목사들이 열심을 다해 수고하는데도 결국 칭찬은 담임목사인 내게 돌아온다. 교인들도 남다른 자부심을 느끼는 것 같다.

"우리 담임목사님은 부목사님들에게 자신의 리더십을 기꺼이 나눠주시는 훌륭한 분이에요."

3. 부목사도 담임목사처럼 대우하자

우리 교회 사무실에는 부목사가 쓰는 책상과 사모가 사용하는 책상이 나란히 같이 놓여 있다. 두 사람이 이런저런 얘기를 나누며 같이 출퇴근하는 모습도 정말 보기 좋다. 부부가 사역에 전념할 수 있도록 어린 아이들은 교회에서 운영하는 어린이집에서 초등학교에 입학할 때까지 돌봐준다. 초등학생이 된 다음에도 어린이집 식당에서 밥을 챙겨 먹을 수 있게 해준다. 교회와 사택이 가까워 사모가 잠깐씩 들여다보고 올 수도 있다. 그리고 부목사와 전도사를 같이 채용할 때보다 사례비도 적게 들어간다.

부목사를 더 좋은 조건으로 대우해주면 되는 장점이 있다. 부부가 같이 일하니까 본인들도 보람을 느낀다고, 안정감 있게 사역할 수 있어 감사하다고 말한다. 사모들에게 아예 아무 일도 맡기지 않거나 되는대로 불러서 급한 일을 해치우게 하는 교회보다 훨씬 존중 받고 있다는 느낌이 든다는 말도 듣는다.

나는 담임목사 급이라고 생각하고 부목사를 청빙한다.

큰 액수는 아니지만 사례나 복지도 나름 그에 걸맞게 대우하려고 한다. 우선 부임하는 대로 국산 중형 승용차를 한 대씩 마련해준다. 교인들을 관리하다보면 여기저기 다닐 곳이 많아지기 때문이다. 자녀 교육비도 담임목사와 똑같이 지원해주고 있다. 가능하면 자녀가 대학교를 마칠 때까지 학비를 대줄 계획이다.

부목사와 같이 일하는 사모에게도 권한을 줘야 한다.

나는 보고 받을 일이 있을 때 부목사만 들어오라고 하지 않는다. 사모가 와서 보고해도 똑같이 인정해준다. 그래서 사모들이 수시로 내 방을 드나들며 나와 이야기를 나눈다. 여성이기 때문에 파악할 수 있는, 부목사와 얘기할 때는 들을 수 없었던 내용도 전해 듣게 된다. 교회가 건강해지는 느낌이 든다.

휴가도 담임목사와 똑같다. 사무직원까지 여름에 두 주, 겨울에 한 주 동안 휴가를 낼 수 있다. 웬만한 직장에 다니는 사람만큼 쉽게 해주고 싶은 바람이다. 어떤 교회는 휴가 기간에도 주일은 평상시처럼 교회를 섬겨야 된다고 한다. 우리는 그런 것에 얽매이지 말자고 못을 박았다. 그래야 가족끼리 맘 편히 여행도 다녀오고, 쉽다운 쉼을 누릴 수 있기 때문이다.

대신 다른 교회에 가볼 것을 권한다.

타 교회에서 예배드리며 그곳 설교를 잘 들어보라고 말해준다. 다른 데서는 어떻게 목회하는지 살펴보며 지금 나의 목회와 비교해보는 것만으로도 큰 공부가 된다. 그동안 놓치고 있던 것을 알게 되거나 고쳐야 될 부분을 깨닫는 시간이 되기도 한다. 좋은 것이 있으면 벤치마킹할 수도 있다.

부목사도 가정이 있다.

어느 담임목사는 자기가 퇴근하기 전에는 부목사들도 집에 가지 않게 한다는데 나는 생각이 다르다. 자기는 칼같이 퇴근하면서 부목사들은 밤 10시까지 교회에 묶어두는 사람도 있다고 한다. 나는 출퇴근 시간만 정확히 지켜주기만 하면 된다. 그 외의 시간은 얼른 귀가해서 가족과 함께 보내라고 권한다.

가화만사성이라는 옛말도 있다.

목회를 잘 하려면 무엇보다 가정이 화목해야 한다. 우리 아버지가 목사여서 늘 희생하고 자랐다는 말을 듣지 않게 아이들과 자주 놀아주었으면 좋겠다. 아버지가 목사인 것을 자식들이 든든해하고, 자랑스러워하기를 진심으로 바라마지 않는다. 가족의 응원과 지지를 얻어야 진정성 있는 목회가 되기 때문이다.

대신에 반드시 1년 간의 수습 기간을 거친다. 면접을 볼 때도 1년 간은 수습 딱지를 붙이고 있어야 된다는 것을 확인시켜주고 부목사를 채용한다.

"우리 교회에 오면 1년 동안 수습 기간을 거쳐야 합니다. 그 사이 우리 교회와 맞지 않는다는 판단이 들면 바로 다른 교회를 알아봐야 하는데 괜찮겠습니까?"

사계절을 같이 지내보면 계속 함께 할 수 있는 목사인지 아닌지 마음이 정해진다. 영 안 되겠다 싶어 1년이 채 안 되어 아쉽게 작별 인사를 고한 적도 있다. 우리 교회에 지원한 다른 목사와 자리를 서로 맞바꾸는 형식을 취했다.

수습 기간을 무사히 보내고 나면 부목사의 부모님을 교회로 초청한다. 처갓집 부모님까지 같이 모신다. 우리 아들하고 며느리가 어떤 교회에 가서 부목사가 되었는지, 담임목사는 어떤 분인지, 교회에서는 무슨 일을 하는지 모든 게 궁금하실 것이다. 이상하게 우리 교회 부목사들은 전부 장로 아들이다. 처갓집 어른들도 장로가 많다. 서로 공감할 수 있는 부분이 참 많다.

1박2일 일정으로 초청해 모신다.

제일 먼저 부평제일교회를 소개해드리는 시간을 갖는다. 우리 교회는 이런 교회고, 지금까지 이렇게 목회해왔다고 설명해 드린다. 교회의 발자취를 담은 영상도 보여드리고, 교회가 담당하고 있는 여러 일도 차트로 만들어서 보여드린다. 부목사 부부가 담임목사처럼 사역하고 있다고, 귀한 자녀를 보내주셔서 감사하다는 말도 빠뜨리지 않고 전한다. 그러고 나서 교회를 둘러본다. 딸과 사위가 쓰는 책상에 앉아보기도 하신다.

첫날에는 목회자 부부가 전부 모여 맛있는 도시락을 준비한다.

양가 부모님이 오시는데 작은 정성이라도 보이고 싶어서다. 좋은 곳에 모시고 나가 관광시켜드리면서 준비한 도시락을 같이 먹는다. 마음이 훈훈해지는 식탁교제가 된다. 저녁도 근사한 곳에서 따뜻한 음식을 대접해드리고 편히 주무시게 호텔에다 방도 얻어드린다. 다음 날 돌아가실 때는 부평제일교회 이름이 새겨진 손목시계를 선물로 드리고, 교통비도 넉넉히 넣어드린다.

아들, 며느리가 몸담고 있는 교회에 와본 것과 말로만 전해들은 것은 정말 어마어마한 차이다.

담임목사를 직접 만나게 되면 그 밑에서 많이 배울 수 있을 것이라는 기대감이 자연스레 생기기 마련이다. 딸과 사위 두 사람의 사역을 위해 늘 기도해주실 것이기에 교회 입장에서는 손해 보는 일이 아니다. 변치 않는 든든한 지원군을 얻은 것이나 마찬가지다.

또 매년 성탄절마다 선물 꾸러미를 부목사의 양가 부모님께 소포로 보내드리고 있다.

그 때는 전도사들 부모님들까지 챙긴다. 두 분의 귀한 자녀가 교역자로 와서 우리 교회가 더 좋은 교회가 되었다고, 덕분에 담임목사인 나도 행복하게 목회하고 있다고, 기도해주셔서 감사하다는 인사말도 카드에 곱게 적는다. 자랑은 아니지만 대한민국에서 부목사의 처갓집까지 챙기는 교회는 아마도 없을 것 같다.

부목사들이 우리 교회에서 오래 사역하고 싶다는 마음을 가지길 바라서다. 그래야 부목사들이 편안하게 소신껏 목회할 수 있고, 교회에도 큰 유익이 된다. 부목사가 기쁘게 일해야 담임목사인 나도 행복해질 수 있는 것이다.

4. 믿어주고 끝까지 책임져주자

십년 정도 지난 일이다.

아직 집집마다 에어컨이 없을 때였다.

어느 날 부산한 소리가 나서 내다보니 기사가 부목사 집에 와서 에어컨을 설치하고 있었다. 궁금해서 누구한테 받은 것이냐고 물어봤다. 한 교인이 시원하게 여름을 나라고 달아주는 것이라고 했다. 그전까지 선물 같은 것을 거의 주신 적이 없는 분이어서 좀 의아했다.

'그동안 나한테는 얇은 노트 한 권 안 사주셨으면서 부목사한 테는 비싼 에어컨을 달아주시네!'

내가 부목사만큼도 대접 받지 못하는 담임목사인가 싶어 은근 히 질투가 났다. 하지만 잠깐이었다. 부목사가 잘 하고 있으니 저 렇게 교인들로부터 사랑받는 게 아닌가 하는 생각이 들었다. 그 동안 여름마다 어떻게 지냈을까 싶었다. 불평 한 마디 없이 열심 히 일해 준 부목사 내외가 가슴 찡하게 고마웠다. 진작 에어컨을 달아주지 못한 미안한 마음도 함께 밀려왔다. 부목사가 나도 모 르는 사이 훌쩍 성장해 있는 것을 엿볼 수 있었던 날이었다.

어느 담임목사는 부목사가 교인한테 선물을 받아서 심하게 야 단쳤다고 한다.

담임목사에게 말도 안 하고 받았다는 것이 이유였다. 자기 몰 래 교인을 부추겨서 평소 갖고 싶었던 것을 얻어낸 게 아니냐고 나무랐단다. 그걸 당연하다는 듯이 말했다. 부목사를 자기 손아 귀에 두고 통제하려는 것 같아 별로 듣기 좋지 않았다.

교인들을 양육하는 것도 목회지만 아직 모르는 게 많은 부목 사를 좋은 목사로 키우는 것도 담임목사에게 주어진 목회 가운 데 하나다.

부목사도 인격체다. 부목사가 훌륭하게 성장하기를 바란다면 기회를 주는 수밖에 없다. 담임목사가 가지고 있는 것을 내어주어야 가능하다. 각오해야 맡길 수 있다. 실망하게 되더라도 신뢰하기로 결정하는 것이다.

부목사를 가르친다는 명분으로 담임목사가 시키는 것만 하게 하면 담임목사의 능력만큼 밖에 일을 못하게 된다. 담임목사의 생각과 판단이 만능은 아니다. 어떤 부분에서는 부목사가 훨씬 잘 하는 것도 있다. 젊은 성도들의 삶을 이해하고, 공감하는 것은 아무래도 담임목사보다 부목사가 더 나을 것이다.

어설퍼보여도 부목사를 인정하고, 존중해주어야 한다.

자신의 능력을 발휘할 수 있도록 장을 마련해주고, 기다려주는 어른스런 모습을 보여주는 게 필요하다. 하나님도 우리를 무작정 믿어주셨다. 담임목사의 경험과 지혜, 부목사의 달란트가 합쳐지면 그만큼 교회에 많은 유익을 가져다주지 않을까? 결국 담임목사의 목회가 돋보이게 되는 것이다.

어느 담임목사와 아침 일찍 만나 이야기를 나누는데 메시지가 도착했다는 휴대폰 알림음이 계속 울렸다. 부목사들이 출근했다고 알려오는 것이라고 했다. 어떤 목사는 교회 사무실에 폐쇄회로 카메라를 설치해 놓고 자기 방의 모니터로 부목사들이 근무하는 것을 지켜본다고 한다. 누구보다 서로 신뢰하고 의지해야 하는 관계가 왠지 뒤틀려 있는 것 같은 느낌을 지울 수 없었다.

우리 교회도 매일 아침 조회를 하지만 어떤 식으로 심방하고 있고, 심방 내용은 어떻게 되는지 꼬치꼬치 캐묻지 않는다. 특별한 것만 말해달라고 한다. 어느 집사가 병원에 입원했다든지, 누가 이사를 해서 오늘 심방을 가기로 했다는 얘기를 주로 전해 듣는다. 내가 심방해주기를 바란다고 하면 시간을 정해서 부목사와 같이 가면 된다.

따로 심방보고서를 올리지 않아도 뭐라 하지 않는다.

가만히 들여다보면 부목사가 제대로 목회하고 있는지, 놀러 다니고 있는지 다 알 수 있다. 그들보다 먼저 경험했기 때문이다.

내 파트너로 받아들였으면 믿어줘야 한다. 믿어주면 시키지 않아도 목숨 걸고 일한다. 감시하지 않았는데도 기대했던 것보다 훨씬 잘 하고 있는 것을 그동안 수도 없이 확인할 수 있었다.

부목사가 못마땅하다고 쉽게 내보내서도 안 된다.

부목사가 성장할 수 있는 기회를 앗아가 버리는 결정이 되기 때문이다. 세상에서도 직원을 함부로 내치지 못한다. 노동법에 따라 적법하게 조치를 취하게 되어 있다. 다름 아닌 교회가 인권 사각지대라는 말도 심심치 않게 나온다. 담임목사 한 마디에 부목사의 임기가 좌지우지되고 있어서 그렇다.

목회자에게는 세상의 법 이상의 법이 있다.

하나님의 지켜보고 계시다는 것을 항상 기억하고 있어야 한다.

어느 날 교인들이 모여 담임목사를 거부하기로 담합했다고 가정해보자. 대부분의 담임목사는 아마 상상도 못한 일일 것이다. 교인들과 마찬가지로 부목사 역시 하나님이 맡겨주신 동역자이다. 담임목사 마음대로 이래라저래라 할 수 있는 존재가 아니다.

재작년이었다. 우리 교회에서 14년을 같이 지낸 부목사가 이제 담임목회를 하고 싶다고, 담임목회를 할 수 있는 데로 보내달라고 부탁해왔다. 대학교 졸업반이 되는 큰 딸과 막 대학교에 들어간 작은 딸을 두고 있는 목사였다. 마침 강화도에 있는 교회에서 담임목사를 구하고 있는 중이었다. 재정적으로도 자립해 있는 괜찮은 교회였다.

"담임목사님으로 모시고 싶긴 한데…. 저희 교회는 두 따님의 학비를 지원해 드릴 여유가 없습니다."

그 교회 장로 한 분이 자녀 교육비 문제가 걸린다고 난색을 비쳤다. 좋은 기회인데 놓치면 안 될 것 같아 내가 끼어들었다.

"걱정 마십시오. 부평제일교회에서 대학을 졸업할 때까지 둘 다 책임지겠습니다."

약속한대로 두 자녀의 대학교 등록금을 우리 교회에서 지원해주고 있다. 그 목사는 교회를 옮긴지 2년이 지난 요즘에도 틈날 때마다 나를 찾아온다. 늘 이것저것 물어볼 것을 한 아름씩 안고 온다. 여전히 돌봐준다는 심정으로 그 목사를 맞는다. 내게 맡겨진 후배 목사를 키우는 일을 계속 하기 위해서다.

교회에서 나를 지켜주고 끝까지 책임져준다는 확신이 들어야 부목사들이 마음 놓고 일한다. 정말 목숨 걸고 교회를 위해 헌신한다. 장로들에게도 목사들이 성장할 수 있게 해주어야 우리 교회가 소문나서 좋은 목회자들이 몰려온다고 말한다. 부목사를 훌륭한 목회자로 만드는 일이 이토록 중요한 것이다.

5. 내가 담임목사라는 주인의식

"우리 교회에 새로운 담임목사님 두 분이 오셨습니다. 저는 교회 행정과 교회를 대표하는 일만 하겠습니다. 교구를 맡아 여러분을 양육하는 일은 새로 오신 젊은 목사님들이 하실 겁니다."

처음 부목사를 청빙했을 때 교인들에게 담임목사를 새로 모셨다고 소개했다.

이후에도 부목사가 바뀔 때마다 똑같이 말했다. 그래서 우리 교인들은 무슨 일이 일어나면 부목사를 찾지 내게 연락하지 않는다. 부목사도 자기가 알아서 처리하고, 마무리 지은 다음 내게 알려준다. 정말 담임목사처럼 사역한다. 내 도움이 필요할 때만 와서 봐달라고 부른다. 안타까운 것은 부목사들이 자기 자신을 부목사라는 틀에 자꾸 가둬놓으려 한다는 것이다.

담임목사가 시키는 것만 잘 하면 된다고 생각하고 거기서 멈춰버리고 만다. 담임목사 밑에서 일하는 사람이라고 스스로를 한정지으면 그 안에만 머무를 수밖에 없다. 매일 부목사 노릇만 하다가 목회 인생을 마칠 수도 있다.

하나님이 불타는 떨기나무 가운데서 모세를 부르셨을 때 모세는 "내가 누구이기에 바로에게 가며 이스라엘 자손을 애굽에서 인도하여 내리이까"(출 3:11)라고 반문했다. 거기서 모세가 자기는 그럴만한 사람이 아니라며 자신을 백성의 지도자로 삼으신 하나님의 뜻을 거부했다면 어떻게 되었을까? 출애굽의 역사에 참여하기는커녕 살인을 저지른 도망자라는 낙인도 평생 벗어던지지 못했을 것이다.

'나는 담임목사다!'라는 마음을 가지고 일해야 한 단계 성장할 수 있다. 나는 기회가 될 때마다 후배 목사들에게 주인의식을 가지고 사역하라고 당부한다. 내가 이 교회 담임목사라면 어떻게 했을지 고민하고, 담임목사의 의중을 헤아리며 일하라는 얘기다. 그런 생각을 품지 못하면 부목사의 타성에 쉽게 젖어들 수 있다.

쉬운 예로 내 눈에는 복도 구석의 거미줄이 보이는데 부목사들한테는 보이지 않는 것 같다. 나는 쓸데없이 켜져 있는 전등을 보면 꼭 꺼야지 직성이 풀리는데 부목사들은 별 신경 안 쓰고 휙휙 지나가버린다. 내가 화분에 물 좀 주라고 시키기 전에는 꽃이 말라죽어가고 있는 지도 모른다. 알아서 해주면 좋을 텐데 그게 잘 되지 않는다. 목회는 거창한 게 아니다.

낮은 자리에서 남들이 싫어하는 하찮은 일을 하는 것이 목회다. 예수님도 제자들 앞에 무릎 꿇고 먼지 묻어 냄새나는 발을 친히 닦아주셨다. 이렇게 섬기는 것이라고 가르쳐주신 것이다.

담임목사가 시키는 것만 하고 끝내면 그것은 섬김이 될 수 없다. 겸손히 자신을 희생할 때, 다른 사람의 필요를 먼저 채워줄 때 비로소 서번트 리더십이라는 이름이 붙는다.

심방대원들과 심방을 마치고 돌아올 때 운전하느라 수고로워도 한 분 한 분 집 앞까지 모셔다드리는 것은 어떨까?

바로 교회로 와서 한꺼번에 내려놓는 것도 깔끔하고 좋지만 힘들더라도 조금 더 섬겨드리는 것도 나쁘지 않을 것 같다. 교인들은 거기서 감동을 받는다. 그런 분이 자신의 목사인 것을 든든해하며 존경을 내비친다.

생각은 결과를 낳는다고 했다. 부목사들이 나도 이 교회의 담임목사라는 주인의식을 가지고 교인들을 섬겼으면 한다. 늘 아쉬운 부분이기도 하다.

14
섬김

종이 머물러야 할 자리이다.

1. 교회에서 차려주는 생일상도 받지 않는다

예수님은 꼬박 3년 동안 제자들과 함께 지내며 그들을 가르치셨다. 요한복음 13장을 보면 예수님이 십자가에 못 박히시기 전날 밤 만찬석상에서 제자들에게 마지막 교훈을 건네주시는 장면이 나온다. 제자들 앞에 무릎 꿇고 앉아 한 명 한 명 그들의 발을 씻겨주신 것이다. 제자들의 발을 씻겨주시는 행동으로 제자학교 졸업식 훈사를 대신하신 것이라는 생각이 든다. 분명 당신이 가장 중요하게 여기는 메시지를 그 안에 담으셨을 것이다.

섬김은 목사가 지녀야 할 가장 큰 덕목이다.
21세기 최고의 리더십은 서번트 리더십이라는 말도 있다. 섬기는 리더십이다. 예수님이 제자들에게 마지막으로 전해주신 가르침이기도 했다. 평생 섬기라는, 낮은 자의 모습으로 교회를 이끌어가라는 음성으로 내게 다가온다. 그게 바로 하나님의 종이 걸어가야 하는 길인 것이다.

예수님이 제자들의 발을 씻겨주는 종의 모습을 취하셨지만 누가 예수님을 우습게 보겠는가? 진정한 리더십은 섬김에서 나온다. 그리고 진정으로 자신을 낮추고 상대방을 섬길 때 오히려 존경을 얻게 된다.

목사들이 이런 예수님의 섬김을 반의 반만이라도 따라갔으면 좋겠다. 목회자로 40여 년을 지낸 지금까지 커다란 숙제처럼 내게 남아 있다.

나는 지금까지 한 번도 교회에서 차려주는 생일상을 받아본 적이 없다.

내가 못 차리게 한다. 생일에는 주로 아버지, 어머니와 함께 했던 시간을 돌아보며 보낸다. 부모님 사진을 보며 감회에 잠기기도 한다. 내가 축하 받는 날이 아닌 나를 낳아주신 부모님이 위로 받고, 두 분에게 감사하는 날이 되었으면 하는 바람이 아직 누그러지지 않았다.

종은 섬기는 자리에 머물러 있어야지 대접 받는 자리에 앉아 있으면 안 된다는 생각도 여전하다. 하도 선을 긋는 바람에 교인들도 생일선물 같은 것은 사들고 오지 않는다. 여선교회 회장단 몇 분이 잠깐 와서 가볍게 전해주는 축하만 받고 끝낸다. 목사가 교회에서 교인들에게 생일 축하 받는 일이 아직은 내키지 않는다.

"무엇이든지 남에게 대접을 받고자 하는 대로 너희도 남을 대접하라"(마 7:12)는 예수님의 황금률은 설교자이고 목사인 나에게도 해당되는 말씀이다. 목사라고 교인들한테 대접만 받아서는 안 될 것 같다. 당연히 목사도 교인들을 대접해야 한다. 대접 받은 것보다 더 많이 대접하고 감사하며 목회하는 것이 옳다고 본다.

성역 30주년 기념예배를 드린 지도 벌써 일곱 해가 지났다.

대부분은 교회에서 기념이 될 만한 선물을 마련해서 주고, 외국 여행도 보내주고 한다는데 나는 거꾸로 했다. 약소하게나마 손톱깎이 세트를 준비해서 성역 30주년 기념예배에 참석한 교인들에게 하나씩 선물로 나눠드렸다.

자비를 들여서 주문했다. 귀한 손님을 모신다는 마음으로 식사도 한 끼 대접해드렸다.

그리고 성도님들에게 부평제일교회에서 목회하는 게 정말 자랑스럽고, 행복하다고 말씀드렸다.

30년 동안 목회 잘 할 수 있게 부족한 나를 도와주셔서 감사하다고, 우리 교인들이 내게 좋은 동역자가 되어주었다고 소회를 전했다. 더 섬겨드리지 못한 것이 아쉬웠다. 교인들이 있어서 내가 목회할 수 있었다는 생각에 가슴 뭉클해지는 시간이 되었다.

장로들이 금일봉을 건네주었지만 받지 않았다. 30년 동안 목회할 수 있었던 것을 내가 감사드리는 날로 삼고 싶다고 차분한 말로 전했다. 정중하게 사양하고 돌려주었다. 내가 선물 받는 날이 되지 않았으면 좋겠다고 부탁드렸다. 나의 섬김을 받아주는 교인들이 곁에 있어서 감사할 뿐이었다.

2. 늘 종의 모습만 취하자

"저 경목위원입니다."

어느 목회자가 신호를 위반해 경찰의 단속을 받게 되었다.

경목위원을 맡아 경찰 선교에 힘을 보태고 있는 목사였다. 좀 봐달라는 뉘앙스를 담아 자기가 경목위원임을 밝혔다. 그러자 단속을 나온 경찰관이 툭 던지는 말로 한 마디 내뱉었다. 그 말에 목사는 아무 소리 못하고 벌금 딱지를 받아 갔다고 한다.

"그러면 교통법규를 더 잘 지키셔야죠. 목사님이잖습니까!"

나는 로만 칼라 같은 성직자 복장을 한 번도 입어본 적이 없다.

그런 것을 못하고 다닌다. 가지고 있지도 않다. 아직도 내 행동에 자신이 없어서 그렇다. 죄를 지으며 다니겠다는 말이 아니다. 내가 무심코 던진 말이나 실수로 한 행동이 한순간에 하나님의 영광을 가릴 수 있기 때문이다. "저 사람 목사가 왜 저래?"같은 소리는 안 나오게 하고 싶다.

목사들은 특히나 언제 어디서든 조심할 필요가 있다.

우리 교회 차를 운전하는 사람에게도 난폭하게 몰거나 무리하게 끼어들지 말라고 단단히 이른다. 교회 이름이 붙은 차량은 조금만 잘못해도 손가락질을 받는다. 운전하는 사람만 욕먹는 것으로 끝나지 않는다. 교회도 같이 비난받게 된다. 책잡히지 않게 더 신경 쓰고 다녀야 한다.

뒤쪽에 물고기 스티커를 붙이고 다니는 차도 쉽게 볼 수 있다.

차 안 백미러에 십자가를 걸어놓기도 한다. 행실에 자신 있지 않다면 함부로 달아서는 안 된다. 실수하면 누구나 욕먹을 수 있다. 내가 잘못했으니까 내가 욕먹는 것은 당연하다. 하지만 나의 잘못으로 하나님의 이름까지 가려지는 일은 일어나지 않았으면 한다.

목사들이 박사학위가 표시된 가운을 입고 강단에 올라가는 것도 한번쯤은 생각해봐야 한다. 박사라는 자격 있어서 설교하는 게 아니다. 내가 목사이기 때문에 말씀을 선포하는 것이다. 박사 가운은 학위수여식이나 다른 행사가 있을 때 입으면 된다. 예배 집례 역시 목사로서 하는 것이다. 박사는 말 그대로 학위일 뿐이다.

의학박사 가운을 입고 진료하는 의사를 본 적이 없을 것이다.

법관도 단출한 법복을 입고 법정에 앉는다. 그가 법학박사학위를 받았다는 표시는 어디서도 찾을 수 없다. 유독 목회자들만 드러내려 한다. 예배 집례와 박사학위는 아무 상관이 없는 것인데도… 혹시 자기를 과시하려고 하는 걸까? 남들이 하니까 별 생각 없이 따라하는 사람도 많다.

과연 이것이 종이 섬기는 모습이라고 할 수 있을까?

하나님을 더 깊이 알고, 더 섬기기 위해 배우는 것이지 나를 돋

보이게 하려고 학위를 받는 것은 아닐 것이다. 하나님만 드러내면 된다. 십자가를 지고 예수님을 따르는데 학위나 명예가 반드시 필요할 것 같지 않다. 오히려 거추장스러운 것이 될 것 같다는 생각이 앞선다.

3. 리더십은 섬김에서 나온다

나는 주일에 점심을 먹을 때 성도들과 똑같이 식당에서 줄 서서 차례를 기다린다.

교인들이 자기 앞에 서시라고, 자기가 타다드리겠다고 권하지만 곱게 사양한다. 교역자들 식사를 따로 차리는 교회도 있다고 하는데 우리 교회는 구분 짓지 않고 한데 어우러져 같이 먹는다. 비어 있는 자리 아무데나 가서 앉으면 된다.

어색해하고, 어려워하는 면이 없지 않아 있지만 담임목사와 함께 식사하는 자리를 다들 흐뭇해한다. 나 역시 푸근한 시골 아저씨처럼 교인들에게 다가갈 수 있어 좋다. 식당 봉사를 맡은 속회원들에게도 "맛있게 잘 먹었습니다!"라고 건네는 담임목사의 짧은 인사가 자못 큰 격려가 되는 것 같다.

교역자들이 주일 점심 식사를 준비하는 날도 가끔씩 만든다.

교인들이 해주는 밥만 먹지 말고, 이번에는 우리가 따뜻한 음식을 대접해드리자고 마음이 모아지는 때가 있다. 식사비용도 교역자들 주머니에서 나온다. 밥을 담아주고, 국을 떠주는 손이 즐겁다. 성도들은 미안해하면서도 함박웃음을 짓는다.

　단기선교를 준비하는 청년들을 위해서도 교역자들이 발 벗고 나선다.

　맛좋은 커피를 끓여 후원금을 모으고 간장, 고추장, 된장도 같이 판매해 단기선교팀을 돕는다. 한 번으로는 아쉬워 다음 주에도 자리를 마련하고, 일주일 뒤에 또 물건을 펼쳐놓는다. 교역자들이 솔선수범하는 모습을 보이고 싶은 마음이었다.

　예수님은 제자들의 발을 씻겨주시면서 섬김의 본을 보여주셨다.

　"너희도 서로 발을 씻어 주는 것이 옳으니라"(요 13:14)라는 당부도 잊지 않고 전해주셨다. 목회에서 제일 중요한 것은 섬김이 아니겠느냐는 생각으로 줄을 서서 밥을 기다리고, 교인들과 밥상을 같이 한다. 그냥 같이 밥 먹는 주일 오후가 좋다.

　내 자신을 낮추며 교인들을 섬기는 목회보다 더 훌륭한 목회가 있을까?

　그렇게 해도 목사의 권위는 없어지지 않는다. 오히려 섬기는 가운데서 더 강한 리더십이 생기는 것을 수십 년간 경험해왔다.

15
신학대학을 위한 제언

목회 현장을 알아야 한다.

1. 똑똑한 학생들을 목회자로 만들자

지금은 어떤지 모르겠지만, 한 때는 웬만한 일반 대학교에 갈 만한 실력이 안 되니까 신학대학에나 가라고 권하는 경우가 정말 많았다.

신학대학에 지원하는 학생이 많지 않으니까 우선 붙고 보자는 식으로 지원하기도 한다. 사명과 소명은 일단 나중으로 미룬다. 어릴 때부터 신앙생활을 잘 해왔으니 크게 문제될 게 없다고 생각하고 그냥 넘겨버린다.

그런 학생들로 강의실에 채워진다면 앞으로 한국 교회가 어떻게 될지 안 봐도 뻔하다.

물론, 하나님의 특별한 은혜로 세상 공부와 상관없이 하나님께서 쓰시지만, 일반적으로는 똑똑한 학생들을 신학대학으로 보내야 한다.

신학생들의 수준이 한국 교회의 수준을 결정하기 때문이다. 하버드대학교에 갈만하고, 서울대학교에 지원할 수 있는 실력을 지닌 학생들을 교회가 선발해서 보냈으면 한다.

똑똑한 학생들은 세상에서 돈 버는데 보내고, 세상에서도 탐탁찮게 여기는 학생들만 신학대학에 보낸다면 사실 좋은 목회자가 배출되는 것을 기대하기 어렵다. 수능점수가 낮은 학생들을 세상에 내보내야 바람직하다는 뜻은 아니다. 기왕이면 실력 있고, 능력 있는 학생들이 탁월한 목회자가 되기를 바래서다.

신학생들에게도 부단히 노력하고 격려해주고 싶다.

새로 문 여는 교회보다 결국 문 닫는 교회가 더 많은 현실이다. 목회자를 청빙하는 교회도 갈수록 줄어들고 있다. 신학생들 사이에서도 아버지가 큰 교회 목사면 금수저를 물고 태어났다고 말한다고 한다. 아버지 후임이든, 아버지가 넣어준 곳이든 어디든 갈 데가 있기 때문이다. 평신도 아버지를 둔 학생은 흙수저일 수밖에 없다. 목회지를 찾는 것도 어렵다.

금수저들에게만 목회자의 길이 열리는 것은 아니다.

평생 목회하면서 봐왔다. 하나님은 준비한 사람을 반드시 쓰신다. 목회로 성공하기 힘들 것 같다고 지레 포기하지 않았으면 한다. 열등감을 가질 필요도 없다. 영적으로 늘 깨어서 끊임없이 자기 자신을 개혁하는 사람에게 하나님은 반드시 큰일을 맡기신다. 그것을 후배들이 알았으면 좋겠다.

2. 목회 현장을 아는 교수가 필요하다

목회 현장을 잘 아는 교수가 신학생들을 가르쳤으면 하는 바람도 크다.

신학대학은 학자를 키우는 곳이 아닌 목회자를 길러내는 곳이기 때문이다. 비행 경험이 전혀 없는 교관이 제대로 된 전투기 조종 훈련을 시켜줄리 만무하다. 그냥 조종 매뉴얼만 들입다 외우게 하고, 한 번 해보라고 등 떠미는 것으로 끝나고 말 것이다.

목회 경력이 전무하거나 잠깐 발만 담그고 온 사람이 가르치는 목회학이 신학생들에게 얼마나 도움이 될지 의구심이 드는 게 사실이다. 목회 현장에서 꾸준히 설교해본 적이 없는 교수의 설교학 강의도 마찬가지다. 생생한 경험담은 기대하기 어렵다. 책에 나와 있는 이론을 설명해주고, 정리해주는 선에서 그치고 만다.

내가 이 책을 쓰게 된 이유 중 하나다.

신학대학에서 분명 배우긴 배웠는데 막상 목회 현장에 나가보니 적용할 수 있는 것이 아무것도 없었다. 실수하고 창피 당하면서 처음부터 다시 익혀가지 않으면 안 되었다. 교수들이 알 수 없는 목회 현장 경험을 후배들에게 들려주면 조금이나마 도움이 되지 않을까 싶어 펜을 들게 된 것이다.

특별히 실천신학은 20~30년의 목회 경력을 가진 분이 가르쳤으면 한다.

신학교에서 이제 막 졸업한 신학생이라도 설교나 전도, 행정 같은 실질적인 부분에서도 탁월한 능력을 갖춰가게 했으면 좋겠다.

사실 전도사는 전도에 힘쓰라고 붙여진 이름이다. 전도하는 스승이라는 뜻이다. 하지만 가만 보면 전도사가 전도를 제일 못한다. 목사 역시 농담 반 진담 반으로 목숨을 내놓고 복음을 전하는 사람이라고 말하곤 한다. 그런데도 전도하지 않는다. 교회 간판만 걸어놓고 가만히 앉아서 기다리기만 할 뿐이다.

대기업에서도 신입사원들에게 거리에 나가 자사 제품을 세일즈 해보게 한다.

신학생들에게도 그런 실전 훈련이 절실하다. 한 학기 동안 꾸준히 전도해서 몇 사람씩 교회에 등록시키게 하는 것도 여러 방법 중 하나가 될 것이다. 호된 훈련을 다 소화해냈다 하더라도 어려운 게 목회 현장이다. 공부만 시켜서는 좋은 목회자를 길러내는 데 한계가 있을 수밖에 없다.

감리교단은 3년 이상의 단독 목회 경험이 있어야 목사 안수를 받을 수 있다.

개척 교회나 다름없는 작은 교회에서 목회의 첫 발을 내딛는 경우가 대부분이다.

개척신학을 가르치는 것도 고려해볼만 하다. 맨바닥에서 시작해 탄탄하게 목회를 일군 사람이라면 전문성 있는 가르침을 기대할 수 있을 것이다.

구멍가게 운영하듯이 교회를 이끌고 있는 목회자들이 수두룩하다. 개척에 대해 제대로 들어본 적이 없기 때문이다.

그리고 교회 건축은 목회자들에게 굉장히 중요한 터닝 포인트가 된다.

자신이 지향하는 목회와 교회 건축이 어우러져야 완공 이후의 목회를 별 탈 없이 내실 있게 가져갈 수 있다. 건축사무소에서 하자는 대로 따라가는 것은 결코 바람직하지 않다. 3학점짜리 건축학개론 수업이라도 듣게 했으면 좋겠다. 적어도 설계도는 볼 줄 알아야 하지 않을까?

아무리 물고기가 많다고 해도 그것을 잡지 못하면 아무 소용 없다. 실제로 그물을 쥐어주고, 그것을 던지는 방법부터 차근차근 가르쳐 가야 한다. 행하게 해야 한다. 그래야 사람을 낚는 어부가 될 수 있다.

3. 가슴 뜨거운 목회자들을 길러내 주길

교수들이 학문적으로도 뛰어날 뿐만 아니라 영적으로도 성령 충만하기를 바란다.

성령의 불을 품고 매일 강단에 올랐으면 좋겠다. 그래야 가슴이 뜨거운 목회자를 만들어낼 수 있다. 예수님도 "소경이 소경을 인도할 수 없다"고 말씀하셨다. 내게 불이 있어야 학생들의 가슴을 뜨겁게 할 수 있는 것이다.

성령 충만한 사람들은 그늘 하나 없는 허허벌판에서도 기어코 교회를 세우고 만다.

신약성경에 나오는 초대교회도 성령 충만한 역사가 일어나서 만들어졌다. 이천년의 세월이 흘렀지만 성령 충만한 자의 뜨거운 헌신과 수고를 통해 교회가 세워지는 원리는 지금도 변함이 없다. 요즘 교회가 자꾸 흔들리는 것도 목회자들의 가슴이 뜨겁지 않기 때문이다.

신학대학은 사관학교 같은 곳이다.

세상의 사관학교는 육신의 전쟁터에 나가 나라를 지키는 장교를 양성하고, 신학대학은 영적 전쟁터 뛰어들어 하늘나라를 지키는 목회자를 길러낸다. 성령 충만하고, 가슴 뜨거운 일꾼들을 키워내야 한다. 한국 교회의 희망이 거기에 있다. 신학생들도 그 안에서 힘을 기르고 나와야 목회를 감당할 수 있다. 그렇지 않으면 얼마 못가 지쳐 쓰러지고 말 것이다.

이런 마음이 있기에 나는 내가 이사로 재직 중인 대학교에서 가끔씩 교수들에게 주재넘는 조언을 한다.

"머리 큰 사람 말고 가슴 뜨거운 사람으로 만들어서 목회 현장으로 보내세요. 머리 큰 사람으로 키우면 나중에 돌아와서 교수님들 밥줄을 다 끊어놓을 겁니다."

학문적으로만 가르쳐 놓으면 제자들이 목회 현장에 있으려 하지 않을 거고, 공부 더하고 돌아와서 스승의 자리를 빼앗으려고 할 거라고 농담 삼아 건넨다. 그러면 지금 교수들이 학교에서 쫓겨나기 밖에 더하겠냐는 말도 없는다.

목회 현장에 나가 목회하는 가슴 뜨거운 사람으로 만들면 제자들이 우리 은사라고 존경해주고 때마다 대접해준다고 말한다. 제자가 훌륭한 목회자가 되어서 유명해지면 분명히 스승에 대해 말할 텐데 덩달아 칭찬 받고 얼마나 좋겠느냐는 말도 전한다. 내 쫓기지도 않고, 밥그릇도 안 뺏길 것이라고 덧붙인다.

내가 볼 때는 요즘 교수들이 옛날 교수들보다 실력도 좋고 아는 것도 많은 것 같다.

쟁쟁한 석학들이 학교마다 포진되어 있다고 해도 과언이 아니다. 그럼에도 신학생들은 갈수록 변변찮아지는 것 같다. 예전의 신학대학 졸업생들에게서 묻어나오던 성숙함이 요즘은 잘 보이지 않는다. 그게 가장 안타깝다.

16
재정

성도들의 피와 눈물이다.

1. 복음 전파, 지역사회 봉사, 성도 교육

교회 재정은 성도들의 피와 눈물이다.

추운 겨울 시장 바닥에서 발 동동 굴러가며 콩나물 팔고, 두부 팔은 돈으로 교인들은 십일조를 내고, 감사헌금을 드린다. 한여름 뙤약볕 아래서 고생고생하며 번 돈에서 헌금을 떼어내 바친다. 회사 상사한테 싫은 소리 듣고, 무시당하면서 받은 월급이지만 그래도 감사하다고 얼마씩은 꼭 하나님 것으로 돌려드린다.

헌금마다 마음 아픈 사연이 한아름씩 담겨 있다.

수고한 땀방울이 맺혀 있지 않은 헌금이 없다. 교인들이 어떻게 사는지 사정을 훤히 다 알던 개척 시기에는 헌금주머니를 바라보면 가슴이 저릿하고 아릴 때가 많았다. 크게 애쓰지 않고 비교적 쉽게 버는 사람도 더러 있겠지만 대부분은 부족한 가운데서 아끼고, 참아가며 헌금생활을 한다.

교회가 성장하면 교인들의 어렵고, 고단한 삶을 이전처럼 관심 있게 들여다보기 어렵다.

헌금이 늘었다고 해서 교인들의 사정이 나아진 것이 아니다. 교인수가 많아지면서 더 걷히는 것뿐이다. 교인들이 헌금을 내는 것은 하나님께 드린다는 의미도 있지만 자기가 쓰는 것보다 교회를 통해 사용되는 것이 더 가치 있다고 여기는 이유도 그에 못 지않다.

교인들의 마음을 헤아리면서 헌금을 사용해야 한다.

교회는 친목단체가 아니다. 우리 교인들이 낸 것이니 그들을 위해 좋게 사용하면 된다고 생각하는 목회자도 있다.

천만의 말씀이다. 드리는 것은 성도들 각자의 몫이지만 쓰는 것은 오로지 하나님의 뜻을 좇아야 한다. 사람의 편의가 아닌 하나님이 기뻐하시는 일에 사용되어야 한다는 얘기다.

교인들이 죽도록 고생해서 번 돈이 놀이공원에 가고, 야유회에 가는데 쓰여서는 안 될 것 같다. 단 돈 십 원이라도 절약해서 그것이 복음을 전하고, 지역의 어려운 이웃을 돕고, 성도들을 교육하는데 사용되도록 해야 한다. 다른 교회는 다 이렇게 하는데 우리 교회는 왜 안 되느냐는 불평이 나올 수 있다.

때로는 단호해질 필요도 있다. 교회 재정이라는 이름이 붙긴 하지만 헌금을 낸 순간 그 돈은 하나님의 소유가 되기 때문이다.

대입수학능력시험이 끝난 후였다.

중고등부를 담당하는 전도사가 수고한 고3 수험생들을 위로할 겸 학생들을 데리고 놀이동산에 다녀오겠다고 했다. 한 사람당 회비가 1만 5천 원이었다. 수험생이 아닌 다른 학생들도 같이 갈 수 있는 행사였다. 부족한 부분은 교회 예산으로 보태겠다는 계획을 가지고 있었다.

"학생들이 놀이기구 타면서 하나님으로부터 크게 배우는 게 있을까?"

"작년에 따라간 친구들 몇 명이 그 다음 주에 새신자로 왔었어요."

그 전도사의 생각이 이해가 안되는 것은 아니었다. 하지만 나는 꾸지람을 주고 회비 내역을 바꾸라고 일렀다.

학생들이 전도대상자를 불러올 수 있는 기회가 된다고 했지만 교인들이 헌금한 돈이 단순히 아이들 놀러 가는데 쓰이게 하고 싶지 않았다. 수험생들을 위로하는 시간이니까 고3 학생들은 본래 생각해 놓은 대로 챙겨주면 될 것 같았다. 대신 다른 학생들은 자기 돈을 다 내고 가게 하는 것으로 정했다.

우리 교회는 친목회나 야유회에 재정을 함부로 지출하지 않는다.

놀이공원에는 부모님이 데려갈 수도 있고, 친구들끼리 따로 날을 잡아 다녀올 수도 있다. 교회가 하는 일은 세상이 하는 일과 분명 다르다. 예수님의 사랑을 경험하고, 하나님 안에서 큰 꿈을 품도록 교회만이 줄 수 있는 특별한 무언가를 내어주어야 하는 것은 아닐까?

목회자들과 장로들이 매년 기획위원회 수련회를 갈 때도 교회 재정은 십 원 한 푼도 가져가지 않는다. 전부 자비를 들여 비용을 충당한다. 하나님의 손에 들어 있는 재정을 우리 자신을 위해 쓰기보다 우리 도움이 필요한 곳에 더 많이 사용하는 게 마땅하다는 확신에서다. 복음을 전하고, 지역사회에 봉사하고, 성도들을 교육하는데 우선 쓰여야 한다는 큰 원칙을 지켜가고 있다.

2. 목회도 경영이다

목회는 설교만 잘 해서 되는 게 아니다.

심방을 열심히 한다고 해서 목회가 술술 풀리지만은 않는다. 어떻게 보면 목회도 경영이라고 할 수 있다. 출석 교인이 삼백 명 정도 될 때까지는 주먹구구식으로라도 끌고 갈 수 있다. 목사의 기억에 의존해 교인들을 챙기는 게 불가능하지 않다. 교인들도 한 눈에 들어온다. 조직이 다소 엉성해도 부족한 부분을 그때그때 어렵지 않게 메워갈 수 있다.

교인수가 늘어나면 행정, 재정, 기획 등 모든 분야를 전문화시켜야 한다.

그에 걸맞은 경영 능력도 길러놓아야 된다. 탁월하게 조직하고, 관리하고, 지원해야 교회가 계속해서 성장할 수 있다. 목회의 경영적 측면을 소홀히 여기면 교회가 금세 정체되어버리고 만다.

조직이 갖춰져 있지 않고, 잘 관리되지 않으니 교인들이 왔다가 금세 떠나고 마는 것이다.

인사가 만사라고 했다.

일손이 필요한 자리에 알맞은 사람을 세우는 것도 목사가 해야 할 일이다. 교인들이 수입의 일부를 하나님께 기쁜 마음으로 드릴 수 있도록 교회 재정도 지혜롭게 관리해야 한다. 회사에서는 얼마나 많은 이익을 올리느냐로 경영자의 능력을 평가한다. 어느 기업이나 이윤을 남기기 위해 안간힘을 쓴다.

교회는 이윤을 추구하는 곳은 아니다.

땅 끝까지 복음을 전하기 위해, 죽어가는 영혼을 구원하기 위해 세워진 게 교회이다. 그렇다면 이 일에 가장 많은 재정을 쓰는 것이 옳다. 쓸데없이 지출되는 비용은 최대한 줄이고, 반드시 지불되어야 하는 비용은 극대화시키는 목회가 반드시 필요하다. 교인들이 드린 헌금을 하나님이 교회를 통해 하시고자 하는 일에 온전히 사용하기 위해서다. 허투루 사용되는 재정이 가능한 없게 해야 한다는 말이다.

어떻게 하면 전기료가 적게 나올까? 어떤 방법을 써야 관리비를 줄일 수 있을까? 늘 고민하게 된다. 지출을 알맞게 조절하고, 제어하는 것도 결국 목사의 몫이 된다. 장로들도 교회 살림을 신경 쓰지만 목사도 재정을 아낄 수 있는 대안을 내놓아야 한다. 그래야 교회가 선교와 교육, 봉사에 더욱 집중할 수 있기 때문이다.

우리 교회는 예전에 사찰 집사라고 불렀던 관리인을 따로 두지 않고 있다.

그 빈 자리는 일주일에 두 번씩 청소해주는 용역회사에 맡겼다. 한 달에 80만원만 입금해주면 된다. 그 사람들이 와서 크기가 꽤 되는 교회 건물을 열심히 관리해준다. 달마다 사례비에 4대보험비까지 내주었던 때보다 인건비가 크게 절감되었다.

물론 아무래도 교회 관리인이 항상 자리를 지키던 때만큼은 못하지만.

목사들과 전도사들이 힘을 합쳐 아쉬운 부분을 채우고 있다. 서로 미루지 않고 조금 더 수고하면 된다. 영선위원회에 속한 성도들도 틈틈이 시간을 낸다. 깜박이는 전등을 새 것으로 갈아 끼고, 낡은 화장실 수도꼭지를 교체하며 교회 관리를 도와주고 있다보니 아무래도 교회에 대해 조금 더알게 되고 애착도 생기고 좋은 점도 분명히 많다.

교회 버스도 처분했다.

전에는 큰 버스로 교인들을 실어 날랐지만 이제는 운행하지 않는다. 버스 기사도 교회 직원으로 채용해서 운전을 맡겼었다. 지금은 12명씩 타는 승합차 두 대만 돌린다. 새벽예배와 주일예배 때만 잠깐씩 운전해주는 사람들을 아르바이트 식으로 사서 쓰고 있다.

사실 교회 버스가 있으면 요긴하게 쓸 때가 많다.

재정이 넉넉했다면 예산을 계속 편성했을 것이다. 교회를 경영하고, 운영해 가야 하는 담임목사 입장에서는 비용을 줄일 수밖에 없었다. 부목사도 본래는 세 명이었다. 한 사람이 다른 교회로 옮긴 뒤 앞으로 둘이서 해보라고 권했다. 나도 더 일하겠다고 했다. 그리고 청빙하지 않았다.

교회가 재작년부터 어려워지기 시작했기 때문이다.

헌금도 눈에 띄게 줄었고, 교인도 늘지 않고 있다. 한국 교회가 전반적으로 침체된 분위기이다. 그렇다고 파송한 선교사한테 돈이 없어 지원을 끊으니 거기서 알아서 하라고 할 수 없다. 미래를 짊어질 다음 세대를 양육하는 일이 우선순위에서 밀려서도 안 된다. 지역사회의 어려운 일을 나 몰라라 외면하고 있을 수도 없다.

그러다 보니 여러모로 긴축할 수 밖에 없다. 당분간은 소수 정예 인원으로 최소한의 경비를 가지고 교회를 이끌어 가야 하는 때인 것 같다.

될 수 있는 대로 무던히 아끼고, 줄여야 한다. 그렇게 해야 교회가 환경에 휘둘리지 않고 끄떡 없이 서 있을 수 있다. 선교, 교육, 봉사의 사명을 다 하면서도 위기에 처하지 않게 교회를 경영해야 하는 것이다.

서양의 교회들이 무너진 이유가 바로 교회를 방만하게 경영했기 때문이다. 앞날을 내다보지 못하고 무작정 교회를 크게 짓다 보니 이전보다 수십 배, 수백 배 늘어난 관리비를 감당하지 못했다. 소방, 안전설비 등 전문기술자들을 직원으로 둬야 하는 바람에 지급되는 인건비도 덩달아 치솟았다. 대형 교회가 먼저 문을 닫을 수밖에 없었다.

매주 들어오는 헌금을 낭비하지 않고, 꼭 필요한 일에만 써나 간다면 하나님도 분명 기뻐하실 것이다. 교인들이 드린 헌금이 정말 보람 있게 쓰이고, 값지게 쓰일 수 있게 겸손히 지혜를 구해 야 할 때다.

3. 거짓 한 점 없는 헌금 관리

30년도 더 된 이야기이다.

어느 교회의 여선교회에서 건축헌금을 마련했다. 여선교회 회 원들이 바자회를 열어 모은 헌금이 무려 2백만 원이나 되었다. 당시에는 지금 가치보다 엄청 큰 돈이다. 주일 예배 시간에 건축 헌금을 강단 앞에 드리고, 담임목사가 축복기도를 했다. 담임목 사는 그 2백만 원이 든 헌금봉투를 강단에 놓고 예배를 마치고 내려왔다.

예배를 마친 후 그 교회 재무부장이 헌금 바구니를 가지고 재 무부실로 갔다.

사건은 거기서 일어났다. 헌금을 집계해보니 여선교회에서 드 린 헌금이 감쪽같이 사라지고 없었다. 몇 번을 다시 세보고, 맞 추어 봐도 그 2백만 원은 보이지 않았다. 어디로 증발해버렸는지 기가 막힐 노릇이라고 다들 혀만 찰뿐이었다. 얘기를 전해들은 담임목사가 재무부장을 맡고 있는 장로에게 물었다.

"장로님, 어떻게 된 겁니까? 저는 강단에서 기도하고 분명히 헌금봉투를 강단에 놓고 내려왔습니다. 재무부실로 가는 동안 누가 집어간 것도 아닐 텐데 2백만 원이 어디서 없어졌을까요?"

"아니, 지금 저를 의심하는 겁니까?"

그때부터 갈등이 시작되었다.

장로의 아들이 담임목사를 내쫓는데 앞장섰다. 담임목사를 흉보고 다니는 것은 예삿일이었다. 저런 사람의 설교는 들을 수 없다며 강단에 서 있는 담임목사의 멱살을 잡아 끌어내리기도 수차례였다. 심지어는 주일 아침 일찍 담임목사가 머무는 사택 현관을 못으로 박아놓고 아예 밖으로 못나오게 한 적도 있었다.

1년 넘게 별의별 수모를 다 당한 담임목사는 억울한 마음을 달랠 길이 없었다.

자기가 이대로 나가면 이 문제는 해결되지 못하고 그냥 묻혀버릴 것 같았다. 사역지를 옮기더라도 조금이라도 해결되는 것을 보고 가야 되겠다는 생각이 들었다. 자신의 답답한 마음을 풀어주시고, 모든 것이 합력하여 선을 이루게 해달라고 기도하는 수밖에 없었다.

그러던 어느 날 은행에서 전화가 걸려왔다.

여선교회에서 건축헌금으로 낸 백만 원짜리 수표 두 장을 잃어버렸다고 분실신고를 해놓은 터였다. 지급이 정지되어 있던 수

표를 누군가 현금으로 바꾸려고 한다는 전화였다. 수표를 들고 은행으로 간 사람은 재무부장의 며느리였다. 1년 정도 지났으니 괜찮을 것이라 생각하고 며느리에게 다녀오라고 시킨 거였다.

그 담임목사는 결국 누명을 벗게 되었다.

자신을 향한 수많은 오해도 단번에 풀어버릴 수 있었다. 하지만 그동안 겪은 마음고생은 이루 말할 수 없었다. 적지 않은 교인들이 이미 교회를 떠나고 난 뒤였다. 헌금 바구니를 들고 재무부실로 오는 잠깐 사이에 벌어진 일이었다. 한 사람이 재정을 잘못 관리하는 바람에 온 교회가 혹독한 대가를 치러야 했다.

"목사님, 어느 집사님이 지난주에 헌금을 내셨는데 이름이 주보에 안 실렸다고 하는데요."

우리 교회에서도 비슷한 사건이 있었다.

헌금 명단에 자신의 이름이 없다는 얘기가 여러 번 들렸다. 사무원들을 시켜 지난주에 걷은 헌금 봉투를 죄다 다시 살펴보게 했다. 정말 그 집사 이름이 보이지 않았다. 그전에 누락되었던 분들의 이름도 찾아봤지만 마찬가지였다. 분명히 냈다고 했다. 한두 사람이 아니었다. 누군가 자기 주머니에 몰래 넣었다고 볼 수밖에 없었다.

짐작 가는 데가 있었다.

우리도 재무부장이 헌금 바구니를 강단에서 가지고 내려왔다. 그때 사고가 난 게 틀림없었다. 고심하다 후회스런 결정을 내리고 말았다. 직책을 맡은 사람이 헌금을 착복한 사실이 알려지면 그 사람은 더는 우리 교회에 나오기 어려워진다. 교인들이 헌금하기를 주저하게 되는 것은 물론 우리 교회를 믿지 못하고 다른 교회로 옮기는 사람이 줄을 잇게 될지도 몰랐다.

누가 헌금을 가져갔는지 명확하게 가려내야 했지만 그러지 못했다.

수표가 아닌 현금이었다. 본인이 고백하지 않는 한 당사자를 찾는 일은 거의 불가능에 가까웠다.

재무부장은 자기는 떳떳하다고 말하고 있었다. 함부로 따져 물을 수도 없는 노릇이었다. 주보에 이름이 오르지 않은 분들께는 무명으로 잘못 기재되었다고 둘러대고 무마시켰다. 최선이 아니라는 것을 알면서도 그냥 덮어버리고 말았다. 지금도 이 일을 올바르게 처리하지 못한 것이 후회스럽다. 그리고 회개한다.

헌금을 보관하고, 관리하는 것도 드리는 것 못지않게 중요하다. 교회 재정은 그 누구에게도 안심하고 맡길 수 없다는 생각을 가지고 다뤄야 한다는 것을 되새긴 사건이었다. 사람이 하다 보니 뜻하지 않게 불미스러운 일이 일어나곤 한다. 헌금은 절대 혼자나 둘이 만져서는 안 된다는 원칙도 세우게 되었다. 재무부원이 반드시 세 명 이상 모였을 때 헌금 바구니를 운반하고, 열게 하고 있다.

교인들이 아무리 믿음으로 헌금을 드린다고 하더라도 그것을 관리하는 사람이 욕심을 부리는 순간 하나님의 은혜는 철저하게 가려지고 만다. 재무부 일을 맡는 성도는 어느 누구보다 정직한 사람이어야 한다. 1년 365일 내내 거짓 한 점 없이 임하도록 목사가 교육하고, 지도해야 한다. 하나님의 손에 있는 하나님의 재정이기 때문이다.

4. 지출 예산을 세우는 게 먼저

우리 교회는 여느 교회와 달리 예산을 편성할 때 수입 예산이 아닌 지출 예산을 먼저 세운다.

1년 동안 예산을 집행해보면 재정이 부족했던 부분, 더 보태야 할 부분이 나오게 되어 있다. 담임목사가 새해에 역점을 두고자 하는 사역도 있다. 한 해 살림에 전부 얼마가 필요할 것 같은지 우선 살핀다. 그리고 거기에 맞춰 수입 예산을 적어 넣는다. 지출 예산이 작년보다 15% 정도 올랐다면 수입 예산을 그만큼 높여 잡는 것이다.

처음에는 우려의 목소리가 높았다.

혹시라도 계획한대로 재정이 들어오지 못할 경우 큰 차질이 빚어질 것을 걱정했기 때문이었다. 하나님이 원하시는 일이라면 반드시 채워주신다고 설득하며 예산을 편성했다. 감사하게도 생각지도 못했던 특별헌금 등 이 모양 저 모양으로 부족함 없이 공급해주시는 하나님을 해마다 경험하고 있다. 이제는 하나님이 바라시는 사역이 무엇인지 말씀해주시길 간절히 구하며 한 해 예산을 고심한다. 더는 염려하지 않는다.

대부분은 수입 예산을 정해놓고 그 안에서 지출 예산을 세운다.

그렇게 하다 보면 이 일은 돈이 없어서 하고 싶어도 못하고, 저 일은 돈이 너무 많이 들어 엄두도 못 낸다는 말만 번갈아 가며 나온다. 그래서 우리는 거꾸로 하고 있다. 하나님의 신실하심을 믿음으로 붙잡고 있기 때문이고, 하나님의 일하심을 우리 스스로 제한하지 않기 위해서다. 그렇게 수입과 지출이 얼추 들어맞는 것을 매년 두 눈으로 직접 보고 있다.

그렇게 편성된 예산은 선교부, 교육부, 관리부, 예배부 등 각 부장들이 책임지고 관리한다. 부서별로 세부 내역을 정하고, 집행하는 것까지 전부 부장들 몫이다. 예산을 청구할 때도 부장의 사인만 있으면 된다. 재무부장은 청구서에 적힌 그대로 군소리 않고 내주어야 한다. 추경예산을 편성하거나 예비비를 지출할 때에는 담임목사와 재무부장의 의견을 반영하지만 이미 결정된 예산에 대해서는 부장들의 재량에 맡기고 있다.

그래서 우리 교회에서는 재무부장이 가장 힘이 없다. 대단한 권세를 지닌 양 재무부장이 부서 지출을 일일이 간섭하고, 서로 재무부장을 하겠다고 나서는 교회도 있다는데 우리는 그렇게 못한다.

2년간의 부장 임기를 채우고 나면 다른 부서로 옮겨가는 게 원칙이다. 일곱 개 부서를 다 돌고난 뒤에는 더는 부장을 맡을 수 없다. 재무부장도 모두가 돌아가면서 섬기는 자리 중 하나일 뿐이다.

사실 재무부장은 각 부서가 원활하게 사업을 진행할 수 있도록 뒤에서 지원해주는 역할을 맡는 것이지 이 일에 왜 이렇게 많은 돈이 필요하냐고 까다롭게 따지는 자리가 아니다. 우리 교회 재무부장은 작은 꼬투리 하나 못 잡아보고 고생만 하다가 끝난다. 담임목사도 마찬가지다. 처음에 예산을 잘 세우면 지출되는 것을 가지고 부장들과 실랑이를 벌일 필요가 없어진다.

5. 당당하게 받고, 받은 만큼 헌금하자!

예산위원회에도 담임목사인 내가 직접 들어가서 주재한다.

보통은 장로들이 예산을 세우고 담임목사는 비껴서 있는 경우가 많다. 사례비가 걸려 있어서 그렇다. 담임목사가 본인의 사례비를 올려달라고 흥정하기 낯 뜨거우니까 장로들에게 맡겨버리는 것이다.

담임목사만큼 교회 사정을 잘 아는 사람이 있을까? 교회를 이끌어가는 사람은 목회자이다. 예산 역시 장로들과 함께 논의하는 것이 옳다.

"금년에 공무원 봉급이 4% 인상된다고 합니다."

"물가 상승분을 감안하면 4%는 적은 것 같은데요."

"그러면 우리 목사님들은 한 7% 정도 올려야 하지 않겠습니까?"

장로들이 사례비를 논할 때 나도 당당히 의견을 낸다.
5%만 인상하는 것은 어떻습니까? 이의 있습니까?"
 줄다리기 하지 않고 일괄해서 정한다.

 지난 3년간은 교역자들과 직원들 모두 사례비를 동결했다.
 헌금이 조금씩 줄었기 때문이다. 우리가 목회를 잘못해서 이렇게 된 것이니 책임을 나눠지겠다고 했다.
 먼저 동결하겠다고 알렸다. 그렇게 해놓고 나면 예산을 세우는데 아무 문제가 없다. 담임목사가 중심을 잡고 일사불란하게 처리하니까 세 시간 정도면 다 마칠 수 있다.
 다른 교회들도 예산을 어느 한쪽에게만 맡기지 말고 담임목사와 장로들이 같이 편성했으면 좋겠다. 목회도 재정적 뒷받침이 있어야 할 수 있다. 분명 담임목사에게도 중요한 시간이다. 담임목사와 장로들이 재정과 관련해서도 동일한 생각, 같은 기대를 품는 자리가 되기도 한다. 사례비 문제에 얽매이지만 않으면 어려울 게 없다.

 반대로 목사에게 최고의 대접을 해주겠다는 마음을 교회가 가졌으면 한다. 다른 교회의 목사님보다 더 대접 받게 해드려야 된다는 생각으로 대해주면 좋겠다.
 그럴 때 목사는 대접만 받고 있으면 안 된다. 대우 받은 것 이상으로 아끼지 말고 헌금하며 사역해야 한다. 장로들은 목사들이 어떤 대우를 받고 있고 거기서 얼마나 헌금하고 있는지 훤히 알고 있다.

목사가 열심히 헌금하고 있는데 사례비 많이 받아간다고 고깝게 보는 교회는 없을 것이다. 장로들의 불만을 사게 되는 이유는 교역자들이 받기만 하고 내놓을 줄 모르기 때문이다. 장로들한테서 밥 한 끼를 얻어먹었다면 나도 한 끼 살 수 있는 것이다.

두 번, 세 번 더 사드려도 된다. 대접만 받으려고 드니까 목사들은 입만 가지고 다닌다는 볼멘소리를 듣게 되는 것이다.

교회 사정이 어려워 사례비는 몇 개월째 구경도 못하고 있다는 목사들을 가끔 본다.

어디서 도둑질해 올 수도 없고, 부업을 하며 목회하기도 만만치 않을 텐데 어떻게 먹고살지 솔직히 안타까운 마음이 든다. 요즘, 택배나 대리운전을 하는 목회자들도 많다고 한다. 그러나 교회가 아무리 곤란한 지경에 처했다 하더라도 목회자에게 돌아갈 몫은 반드시 챙겨줘야 한다.

나는 교회 건축에 재정을 쏟아 부었던 때에도 사례비를 한 번도 거르지 않고 받았다. 교회가 내게 베풀어주는 것만큼 나도 하나님께 헌금을 드려 보답하겠다는 생각을 가지고 수십 년 간 목회해왔다. 허리띠를 졸라매고 살지언정 작정한 헌금은 꼬박꼬박 내며 지냈다. 우리 교회에도 부자들이 있지만 내가 가장 많은 헌금을 드리고픈 마음은 지금도 변함없다.

"우리 목사님은 받은 만큼 교회를 위해 쓰시기 때문에 아무리 많이 드려도 아깝지 않다!"고 칭찬받는 목사들이 많아졌으면 좋겠다. 헌금의 중요성에 대해서도 떳떳하게 말하고 강조할 수 있을 것이다.

"목사님! 목회에 성공하는 비결이 무엇입니까?"

경건과 검소의 삶을 실천한 한경직 목사님이 살아계셨을 때 어느 목사님이 찾아와 어떻게 해야 목회를 잘 할 수 있느냐고 여쭈었다고 한다.

"교인들에게 빡빡 긁어내십시오. 그게 성공 비결입니다."

"아니, 그게 무슨 말씀이십니까?"

무슨 말인지 몰라 다시 여쭙자 한경직 목사님의 설명이 이어졌다.

"교회를 위해, 주님을 위해 가슴 아프도록 헌신하는 교인들에게 하나님이 복을 주십니다. 교인들이 온전히 헌신할 수 있도록 믿음을 키워주십시오. 그러면 하나님이 물 붓듯이 복을 부어주시지 않겠습니까? 그게 성공하는 목회가 아니고 무엇이겠습니까?"

영락교회가 바로 한경직 목사님이 말한 헌신의 결정체이다.

한국전쟁 후 갈 곳 없는 실향민 스물일곱 명이 모여 자신의 삶을 하나님께 내어드렸고, 온전히 하나님을 위해 살겠다는 사람들이 큰 무리를 이룬 교회로 성장해 갔다. 그리고 그 안에서 사회 곳곳에서 크게 쓰임 받는 수많은 일꾼들을 배출해낼 수 있었다.

이처럼 교인들에게 헌신을 요구하는데 인색하면 안 된다.

마음껏 헌신할 수 있도록 장을 마련해주고, 동기를 불어넣어주어야 한다. 그러려면 목사 자신부터 남부끄럽지 않게 헌신하는 모습을 보여주어야 한다. 교인들의 헌신을 이끌어내는 것은 목사의 사명이기도 하다. 성도들이 복을 얻으며 살 수 있는 길이기 때문이다.

헌금도 돈이 넉넉한 사람들이 하는 게 아니다.

우리 교회만 봐도 어느 경우 부자들보다 믿음이 단단한 사람, 하나님께 헌신된 이들이 더 많은 헌금을 내고 있다. 본래 헌금과 믿음은 정비례하는 것이기 때문이다.

흔히 헌금을 강조하면 기복신앙을 추구하는 것이 아니냐며 부정적인 반응을 보인다.

이단이 교회를 공격할 때도 헌금을 들먹이는 경우가 많다.

천만의 말씀이다.

나는 그 같은 생각에 동의하지 않는다. 억만금을 드린다 해도 하나님이 주신 은혜를 갚기에는 턱없이 부족하기만 할뿐이다. 그리고 헌금에 후한 이들이 결국 복을 누리는 것을 수도 없이 봐왔기 때문이다.

헌금은 하나님이 기뻐하시는 일에 잘 쓰면 된다.

헌금이 많이 걷히는 게 잘못된 것은 아니다. 문제는 교인들이 낸 헌금을 가지고 자신의 사리사욕을 채우고, 교회 재산을 남몰래 자기 이름으로 돌려놓는 사람들에게 있다. 헌금을 걷는 교회가 비판의 대상이 된 지 이미 오래다. 교인들에게 헌금에 대해서 제대로 가르치지도 못하고 있는 형편이다.

성경에는 하나님 앞에 헌금을 바치는데 인색하게 굴지 말라고,

후하게 드리라고 적혀 있다. 그렇게 할 때 하나님이 복을 주시겠다고 약속하셨다.

성경에 나와 있는 그대로 가르쳐야 한다. 성도들이 그런 설교는 듣기 싫어한다고, 요즘 교회에서 헌금 얘기하면 욕만 먹는다고 기피한다면 그 사람은 삯군 목자가 될 수밖에 없다.

그래서 고 한경직 목사님이 교인들에게 빡빡 긁어내라고 말씀하신 것 같다. 헌금을 강조해야 한다. 복 받는 길을 잘 가르쳐줘야 목회에 성공할 수 있다.

6. 주실 것을 믿고 선불 감사

보통은 받은 은혜에 감격해 감사드린다.

부어주신 은혜를 되새기며 감사헌금을 따로 준비하기도 한다. 나는 거기서 한 발 더 나아가 하나님이 주실 것에 대해서도 감사해야 한다고 가르친다. 믿지 않는 사람들도 받은 것에 대해서는 감사할 줄 안다. 믿음을 지니고 있어야만 받은 것을 감사하게 되는 게 아니기 때문이다. 믿음이 없는 사람도 감사해 할 수 있다.

하지만 예수님을 모르는 사람은 주실 것에 대해 감사할 줄 모른다.

오직 믿음을 지닌 사람만이 앞으로 되어질 일을 감사할 수 있다.

좋은 예를 요한복음 6장에서 찾아볼 수 있다.

예수님이 어린 아이가 내어놓은 보리떡 다섯 개와 물고기 두 마리를 들고 축사하시는 장면이 묘사되어 있다. 그리고 그것을 나눠주실 때 기적이 나타났다.

"예수께서 떡을 가져 축사하신 후에 앉아 있는 자들에게 나눠 주시고 물고기도 그렇게 그들의 원대로 주시니라"(요 6:11)

여기에 나오는 축사는 헬라어로 '유카리스테오'이다.

축사라는 말로 번역되어 있지만 더 자세히는 '감사기도를 드리다'는 뜻이다. 그런데 이 '유카리스테오'의 시제는 미래에 맞춰져 있다. 과거에 받은 것을 기억해내서 감사하는 게 아니다. 현재 주고 계신 것에 대해 감사기도를 드리는 것도 아니다. 머지않아 주실 것을 믿고 올려드리는 감사기도가 바로 '유카리스테오'이다.

"어린 아이 한 명이 먹을 만한 음식이지만 이것으로 여기 있는 모든 사람이 먹고도 남게 해주실 것 믿고 감사드립니다."

이 기도가 보리떡 다섯 개와 물고기 두 마리를 받아든 예수님의 축사였다.

조금 전 한 어린 아이가 자신이 먹을 음식을 내놓은 것이 뭉클해서 드린 감사가 아니었다. 지금 조그만 떡 덩어리와 생선 몇 마리라도 있는 게 감사해서 축사하신 것도 아니었다. 곧 크나큰 기적을 베풀어주실 것을 확신하며 올려드린 감사였다.

우리는 보리떡 다섯 개와 물고기 두 마리로 무려 오천 명을 먹이신 사실에 자꾸 눈을 돌린다.

먹고 남은 게 열두 광주리나 되었다는 결과만 가지고 이 말씀을 설명하려고 한다. 하지만 오병이어 기적의 중심 메시지는 예수님의 축사에 있다. 하나님의 돌보심과 채우심을 바라본 당신의 믿음을 우리도 품으라고 말씀해주신 것이다.

신앙생활을 하고, 헌금생활을 할 때도 이 같은 믿음이 있어야 복을 받는다.

하지만 우리는 이미 주신 것도 다 감사하지 못한다. 툭하면 올라오는 불만, 불평을 누그러뜨리기에 바쁘다. 그래서 팽이채로 팽이 몸통을 때리듯이 하나님이 가끔씩 우리를 혼내신다. 계속 때려야 팽이가 멈추지 않고 도는 것처럼 감사를 잃어버리지 말라고 손보시는 것이다.

예상치 못하게 큰 교통사고를 당했다고 쳐보자.

사경을 헤매다가 겨우 살아나서 넉 달 만에 교회에 다시 나왔다. 이런 경우 백이면 백 감사헌금을 준비해가지고 온다.

'죽음의 골짜기에서 저를 건져내주셔서 감사합니다!'

감사헌금 봉투에 감사제목을 적어 넣었을 것이다. 당연히 감사드려야 할 일이다.

하지만 이보다 더 감사해야 하는 사람은 교통사고를 당하지 않은 이들이다.

교통사고를 당해 죽다 살아난 것보다 교통사고 근처에도 가지 않고 살고 있는 게 오히려 더 감사한 일이 아닐까? 지금 누리고 있는 것도 다 감사하지 못하고 지낸다. 우리가 가진 신앙이 잘못되어도 한참 잘못된 것 같다는 생각이 들기도 한다.

여기서 더 나아가야 한다.

나는 그것을 선불감사라고 부른다.

지금까지 되어져온 일에만 감사하는 게 아니라 앞으로 내게 행하실 일들에 대해서도 감사하는 것이다. 선불감사를 할 줄 아는 사람이 성숙한 신앙인이고, 큰 믿음을 지닌 성도라고 가르친다. 예수님이 보여주신 '유카리스테오'를 나의 것으로 만들어야 그분의 기적을 체험하며 살 수 있기 때문이다.

지금까지 쥐고 두드렸던 세상의 계산기도 하늘나라 계산기로 바꿔야 한다.

세상의 계산기는 열에서 하나를 빼면 아홉이 남는다고 보여준다. 열 개를 가지고 살기도 어려운데 한 개를 헌금으로 내고 난 뒤 어떻게 생활할지 고민하게 만든다. 하지만 하늘나라 계산기의 답은 다르다. 십분의 일을 하나님께 돌려드리면 아홉 개가 남는 게 아니라 쌓을 곳이 없도록 부어진다고 알려준다.

일주일에서 하루를 제하면 엿새다.

세상 계산기로는 일주일 내내 일하는 사람이 더 많은 돈을 벌고, 더 풍성하게 살게 되어 있다. 하지만 우리가 보는 현실은 그렇지 않다. 주일을 지키기 위해 엿새만 일하고도 크게 성공한 이들이 수도 없이 많다. 그것이 하늘나라 계산기를 두드리면 나오는 답이다.

오병이어 기적에 나오는 어린 아이는 자기가 준비해온 음식

전부를 아낌없이 내어놓았다.

세상 계산기로 따지면 그 어린 아이는 굶어야 했다.

결과는 정반대였다. 자기도 배불리 먹었을 뿐만 아니라 많은 사람이 같이 먹을 수 있었다. 어쩌면 그 어린 아이 역시 선불감 사를 드렸던 것인지도 모른다. 우리가 어떤 마음으로 헌금생활을 해야 하는지 가르쳐주고 있다.

"우리 가족 1년 병원비를 하나님께 드립니다. 하나님께서 우리 가족의 건강을 책임져주세요."

교회를 개척하던 때였다.

조현수 집사는 연초가 되면 강단에 두둑한 감사헌금 봉투를 올려놓으셨다. 30년 전만 해도 가난한 사람은 병원에 가기가 어 려웠다. 국민의료보험에 가입한 사람이 드물 때였다.

선불감사였다. 하나님이 가족을 건강하게 지켜주실 텐데 괜히 아파서 병원비로 쓰면서 고생하는 것보다 헌금하는 게 훨씬 좋 다는 생각이었다.

실제로 조 집사 가족은 1년 내내 병원 신세 한 번 지지 않고 지 냈다.

아프지 않고 건강해서 좋고, 그만큼을 하나님께 드릴 수 있어 행복하다고 늘 말씀하셨다. 내가 그렇게 말렸는데도 건축헌금을 내려고 퇴직도 마다하지 않으셨다. 사표를 내고 수령한 퇴직금을 교회 건축에 써달라고 내미셨을 때 눈시울을 붉히지 않을 수 없 었다.

그리고 얼마 지나지 않아 멀리 대구로 옮겨갔다.

하나님이 사업을 시작하게 해주셨다고 했다. 그분이 운영하는 자동차 부품 공장은 나날이 번창해 갔다. 30년이 지난 지금까지 하나님이 형통하게 이끌어주시고 계시다. 유카리스테오와 선불 감사를 가르칠 때마다 떠올리게 되는 분이다.

7. 1월 둘째 주 설교 제목, 온전한 십일조

나는 교인들에게 십일조 헌금도 강조한다.

매년 1월 두번째 주는 십일조에 대해 설교하는 날이다.

십일조는 하늘의 문을 여는 열쇠이다. 온전한 십일조를 드릴 때 쌓을 곳이 없도록 복을 부어주시겠다는 약속의 말씀이 구약 성경의 말라기에 나온다. 정말 그렇게 하는지 안 하는지 당신을 시험해보라고까지 말씀하셨다.

"만군의 여호와가 이르노라 너희의 온전한 십일조를 창고에
들여 나의 집에 양식이 있게 하고 그것으로 나를 시험하여 내
가 하늘 문을 열고 너희에게 복을 쌓을 곳이 없도록 붓지 아
니하나 보라 만군의 여호와가 이르노라 내가 너희를 위하여
메뚜기를 금하여 너희 토지 소산을 먹어 없애지 못하게 하며
너희 밭의 포도나무 열매가 기한 전에 떨어지지 않게 하리니
너희 땅이 아름다워지므로 모든 이방인들이 너희를 복되다
하리라 만군의 여호와의 말이니라"(말 3:10-12)

이렇게 큰 축복을 글로 써서 약속해주셨는데 교인들이 듣기 싫어한다는 이유로 십일조에 대해 힘주어 말하지 않는다면 그는 삯군 목자일 수밖에 없다. 자신의 양이 복을 받고, 잘 될 수 있는 길을 왜 가로막고 있는지 모르겠다. 목자 혼자만 알고 있으면 안 된다. 힘들어 하고, 부담스러워 해도 가르쳐줘야 한다.

십일조를 드리는데 있어 중요한 것은 온전함이다.

십일조가 아닌 온전한 십일조를 바치라고 성경에 쓰여 있기 때문이다. 온전한 십일조가 되려면 자신의 주수입 뿐만 아니라 부수입까지 포함시켜야 한다. 이천 년 전 바리새인들은 추수한 곡식 낱알을 하나하나 일일이 다 세어보았다고 한다. 온전한 십일조를 드리기 위해서였다.

요즘 온전한 십일조를 드리는 성도가 그리 많지 않은 것 같다.

직장에서 다달이 주는 봉급에서는 십일조를 떼지만 집을 세내 주고 얻는 수입은 계산에 넣지 않는 경우를 본다. 교수로 지내며 받는 월급에서 십일조를 내면서도 따로 의뢰를 받고 나간 강의 료나 비정기적으로 발생되는 원고료는 전부 자기 것으로 가져가 기도 한다.

상여금, 부동산 임대 소득, 회사 수익 등등 내 손에 들어오는 모든 수입을 십분의 일로 나눠야 한다. 그래야 온전한 십일조가 된다. 사실 온전한 십일조와 무늬만 십일조는 대부분 그 액수에 서 별 차이가 안 난다. 나의 작은 욕심이 온전함을 방해하고, 하 나님의 복을 피해가게 하는 것이다.

오늘 날에는 두 개의 선악과가 있다.

하나는 물질의 선악과이고, 다른 하나는 주일 선악과이다. 두 가지 다 하나님의 소유이다. 절대 내 것이 될 수 없다. 먼 옛날 에덴동산에 있던 선악과와 똑같다. 내 편의대로 손대고, 사용하면 안 되는 것이다. 절대 건드리지 못하도록, 평생 온전하게 드리며 지내도록 교인들을 가르쳐야 한다.

17
모임
성도들이 훈련 받는 장소이다.

1. 교회 안의 작은 교회, 속회

감리교에는 속회라는 중요한 조직이 있다.

장로교의 구역 모임에 해당된다. 교회 안의 작은 교회라고 부를 만큼 큰 비중을 차지하고 있다. 감리교는 속회로 부흥되었다고 해도 과언이 아니다. 어느 교회든지 속회에 가장 많은 정성을 들인다. 새해 첫 머리에 속회를 편성해 발표하면 한해 목회의 반을 했다고 말할 정도다.

속회 편성이 여간 어려운 게 아니다.

보통 다섯 가정 내지 일곱 가정을 한 속으로 묶는다. 우리 교회만 해도 속회 수가 58개나 된다.

편성하는 방법도 교회마다 각양각색이다. 어느 교회는 이렇게 편성하는 게 제일 무난하다고 하고, 다른 교회는 이 방법이 그나마 괜찮은 것 같다고 말한다. 사실 속회 편성에는 시원한 답이 없다. 어떤 식으로 하던 불평 어린 소리가 나오게 되어 있다.

어느 교회 목사가 속회 편성이 너무 힘든 나머지 본당 앞에 큰 칠판 두 개를 가져다 놓았다고 한다. 속회 수만큼 칸을 나누고 속장들에게 속회원으로 삼고 싶은 사람을 써보라고 했다. 불만 없이 말끔하게 정리될 줄 알았지만 그게 아니었다. 대여섯 군데에 이름이 오른 사람이 한두 명이 아니었다. 이름이 아예 없는 사람도 상당수였다. 편성을 처음부터 다시 할 수밖에 없었다.

속회 모임에 열심히 참석하고, 잘 따라주는 사람은 속장들에게 인기가 많다. 다들 말 잘 듣는 사람을 속회원을 두고 싶어 한다. 모임이 있을 때마다 이런저런 핑계를 대거나 모임에 와서 까다롭게 구는 사람은 별로 환영받지 못한다. 그런 사람을 자기 속회원으로 받은 속장은 대부분 불만이 한가득이다.

모든 사람이 만족해하고, 흐뭇해하는 속회 편성은 이제껏 본 적이 없다. 그렇다고 뺀질거리는 사람을 속회에서 빼버릴 수도 없다. 어딘가는 꼭 넣어야 하고, 누군가는 반드시 맡아줘야 한다. 이 사람을 자기 속회로 보내면 속장을 맡지 않겠다고 버티는 경우도 왕왕 있다. 그만큼 속회를 편성하는 게 쉽지 않다.

어느 목사님이 자기는 찬송가 355장을 부른 다음 속회를 편성한다고 귀띔해주었다.

"가사의 뜻을 묵상하면서 찬송가 355장을 다 같이 부르시겠습니다."

"아골 골짝 빈들에도 복음 들고 가오리다… 멸시 천대 십자가는 제가 지고 가오리니…"

듣고 보니 괜찮은 생각 같았다.

그 다음 해부터 우리 교회도 똑같이 '부름 받아 나선 이 몸'을 부르고 있다. 그러고 나서 1속장 누구, 속회원 누구누구 하고 속회 조직을 발표한다. 다들 얼굴이 총천연색으로 변하며 붉으락푸르락 달아오른다. 그러면서도 아무 소리 못하고 순종한다. 어디든지 가겠다고 믿음으로 고백하고, 아멘으로 마쳤기 때문이다.

하지만 속장들이 분명히 알아두어야 될 것이 있다.

목사 입장에서는 훌륭한 속장이 아니면 말 안 듣고, 모임에 관심 없는 교인을 맡기지 않는다. 감당할 만한 그릇이 되니까 그런 속회원을 맡기는 것이다. 시원치 않은 속장이 맡아 속회가 망가지는 경우도 비일비재하다. 속장의 영향력이 아직 약하기에 속장을 도와줄 수 있는 괜찮은 속회원을 편성해 주는 것이다.

그렇기에 속 썩이는 속회원을 받았다고 해서 기분 나빠할 필요가 없다.

그것은 담임목사가 속장의 능력을 인정해주었다는 뜻이기 때문이다. 성실한 교인으로 잘 키워낼 수 있기에 맡긴 것이다. 속장을 신뢰하고 있고, 속장에게 기대하는 바가 크다고 달리 표현할 수도 있다. 오히려 기뻐하고, 감사해야 될 일이다. 담임목사가 자기를 미워해서 저런 사람들만 줬다고 오해하지 않아도 된다.

괜찮은 사람도 시원찮은 속장 밑에 가면 똑같이 변변찮은 교인이 된다. 그저 그런 사람도 훌륭한 속장을 만나면 신실한 신앙인으로 바뀐다. 1년 사이에 그런 변화가 일어난다. 정말 중요한 조직이 아닐 수 없다. 그래서 속회를 편성해 발표하는 것만으로 한해 목회의 반을 했다고 말하는 것이다.

속회는 감리교단법에 명시되어 있는 개교회 내 평신도 모임의 이름이다. 요즘 속회 이름을 바꿔서 사용하고 있는 교회를 간혹 보게 된다. 장로교처럼 순이라고 고쳐서 부르기도 하고, 속회 대신 밴드라는 이름을 쓰기도 한다. 감리교의 정식 명칭을 놓아두고 굳이 다른 이름을 써야 하나 고개를 갸우뚱하게 된다.

이름을 바꿔서 달면 잘 풀릴 것이라 생각하지만 천만의 말씀이다. 속회를 다른 이름으로 바꿔서 부흥되었다고 하면 이미 모든 교회가 전부 고쳤을 것이다. 사람도 개명했다고 해서 인격이 변화되고, 성격이 바뀌지는 일은 일어나지 않는다.

지금 부흥하고 있는 교회들을 보면 다들 속회라는 이름을 사용하고 있다. 교회를 처음 세울 때부터 지금까지 줄곧 속회였다. 다른 이름으로 불렀다가 도로 속회로 되돌리는 일은 아예 만들지도 않았다.

핵심은 모이기에 힘쓰는 것이다.

이름을 바꾼다고 해서 성경공부하고, 서로 교제하는 기본 틀은 바뀌지 않는다. 알찬 내용과 진심이 담긴 교제가 채워지면 된다. 교단에서 정해준 이름을 가지고도 내실 있는 속회를 운영해 갈 수 있다.

2. 큰 일꾼을 만드는 연합회 활동

적지 않은 목사들이 지방회 같은 연합회 활동을 별로 반기지 않는다. 이웃에게 좋은 바가지를 빌려주었더니 깨뜨려서 가지고 온 것처럼 성실하게 신앙생활 하던 교인들이 연합회 활동에 참여한 후로 교회 봉사를 등한시 하게 된 경우가 예전에 종종 있었기 때문이다. 그래서 교회의 일꾼들을 연합 행사에 보내지 않으려고 한다. 연합회에서 일하는 것을 금하기도 한다.

감리교에는 남선교회, 여선교회, 청장년선교회, 장로회연합회 같은 여러 연합 기관들이 있다. 분명 필요성이 있기에 조직 안에 그런 연합 기관을 만들었을 것이다. 그렇다고 하면 무조건 참여하지 못하게 막는 것이 능사는 아니다. 감리교에 속해 있는 목회자라면 각 기관의 사역과 역할을 존중해야 하지 않을까?

교인들을 잘 돌보는 것뿐만 아니라 감리교의 여러 조직을 관리하고, 육성하는 것도 목회의 한 부분이다. 일단 우리 교회 먼저 챙긴 다음에 여유가 되면 고려해보겠다는 태도는 예수님도 기뻐하시지 않을 것 같다.

예수님은 내가 섬기는 교회뿐만이 아닌 세계 곳곳에 흩어져 있는 모든 교회의 머리가 되시기 때문이다. 이미 우리는 그리스도 안에서 한 몸을 이루고 있다. 그래서 우리 교회만 문제없으면 그만이라는 생각은 아집이 될 수 있다.

연합 기관을 없앨 수 없다면 차라리 잘 세워야 하지 않을까?

문제가 많다고 기피하기만 해서는 안 된다. 고칠 게 있다면 희생해서라도 바로 잡아야 한다. 그래야 교회에도 도움이 되고, 연합 기관에도 미래가 있는 것이다. 목사들이 짊어져야 할 사역이다. 건강하게 유지되도록 적극적으로 참여해야 할 책임이 있는 것이다.

보통 남선교회연합회가 행사를 개최하고, 여선교회연합회 이름으로 집회가 열리면 웬만한 교회에서는 모시기 힘든 훌륭한 강사가 와서 말씀을 전한다. 교인들을 보낸다고 해서 손해 볼 게 없다. 또 한 번 은혜 받을 수 있는 기회를 얻게 되는 것이다. 우리 교회에서는 많이 참석하도록 독려해서 참가비까지 내주면서 보낸다. 이것도 교인들을 훈련시키는 좋은 방법이기 때문이다.

이런 행사에 열심으로 교인들을 참여시키다보면 얻을 수 있는 또 한 가지 유익은 연합회를 섬기고, 교단을 위해 헌신하는 좋은 일꾼들이 나오게 된다는 것이다. 우리 교회에서도 전국남선교회 회장, 전국청년연합회 회장, 남선교회중부연회 회장, 장로회중부연회 회장, 여장로회 중부연회 회장, 원로장로회중부연회 회장, 인천북지방사회평신도부 총무·회계, 인천북지방남선교회 회장, 인천북지방여선교회 회장 등, 많은 일꾼들이 나왔다.

어항보다 큰 물고기가 그 안에서 살 수 없듯이 교회 안에서는 그 크기만큼의 역할 밖에 맡지 못한다. 연합회 사역은 여러 교회가 한데 뭉쳐 큰 어항을 만드는 것이다. 그만큼 큰 일꾼으로 자랄 수 있다.

교회에 조직된 여러 기관들은 감리교단이 성장하는데 다 필요한 기관들이다.

본래 의도했던 역할을 잘 감당해주므로, 교단도 건강하게 세우고, 교회에 유익을 가져다 줄 것이다. 교회들의 연합을 하나님도 바라실 것이다. 좋은 기관으로 만들어가는 것 또한 중요한 목회이다.

3. 성지순례 팀만의 교제와 감동

그동안 우리 교회는 여섯 차례에 걸쳐 성지순례를 다녀왔다.

이스라엘과 소아시아 지역을 교인들과 함께 밟고 돌아왔다. 스위스, 독일, 체코 등 유럽의 종교개혁지를 방문해 기독교의 역사와 본래 의미를 되새겼을 때도 깊은 인상을 받았다. 될 수 있는 대로 자주 성지순례에 나서라고 얘기해주고 싶다. 꼭 교인들을 데리고 말이다.

많이 알려졌듯이 성지순례는 교인들에게 좋은 훈련의 장이 된다.

성경에 나오는 지역에 직접 가보는 것만으로도 말씀을 사모하는 마음을 불러일으킬 수 있다. 실제로 성지순례 하는 곳과 관련된 말씀을 시키지 않아도 계속 들여다보게 된다. 은혜로운 사건이 일어난 현장에서 실감나게 말씀을 가르칠 수도 있다. 성지순례를 마친 뒤에도 그 지역에 대해 계속 관심을 갖게 되는 것은 물론 말씀에 새롭게 눈이 떠지는 것을 보게 된다.

온종일 같이 지내는 열흘은 교인들과 깊이 교제하는 시간이 된다. 믿음의 분량이 얼마나 되는지도 나름 가늠되고, 그릇이 얼마나 큰 사람인지도 확인할 수 있다. 그리고 교회에서와는 또 다른 코이노니아를 이룰 수 있다. 따로 떨어진 장소에서 함께 말씀을 붙들며 동일한 은혜에 잠기게 된다. 팀원들만 아는 특별한 은혜이다.

나는 사진 찍는 것을 좋아한다.

성지순례를 갈 때마다 항상 카메라를 가져간다. 여행하는 내내 부지런히 셔터를 누른다. 같이 간 성도들이 활짝 웃는 모습도 틈틈이 프레임 안에 담는다. 그리고 귀국해서 내가 찍은 사진으로 성지순례 기념 앨범을 머리수대로 만들어서 선물해준다. 장수도 제법 된다. 아기들 돌 앨범 마냥 앨범에 들어간 사진은 단체사진과 전경사진만 같고 한 명 한 명 다 다르다. 성도들이 무척이나 좋아하는 모습은 내게 큰 기쁨이다.

하나님이 내게 맡기신 양들을 위해 무언가를 준비하는 시간이 행복하다.

앨범에 넣을 사진을 고르다보면 함께 했던 시간이 떠오르며 마음이 훈훈해진다. 그리고 그 사람을 위해 기도하게 된다.

성도들과 특별한 관계를 누리는 목회자이고 싶다. 우리 교회가 최고라고, 다른 목사와는 비교가 안 된다는 말을 항상 들었으면 좋겠다.

성지순례를 가이드해준 여행사 직원도 기념 앨범을 만들어주는 교회는 부평제일교회 밖에 못 봤다며 놀라워한다. 그렇게 목자의 돌봄을 받는 교인들은 하나님께 더 헌신하고, 충성하지 않을까? 그 모습에 나 역시 더 세심하게 보살피고, 무엇 하나라도 더 가르쳐주려고 할 것이다. 그러다보면 교인들과 나 사이에 계속 좋은 기억이 만들어질 것이다.

부목사들에게 우리 교회 목회는 탁월해야 한다고 강조한다. 세계 일등이 되어야 한다는 말이 아니다. 교인들과 돈독한 관계 안에 머물며 그들에게 감동을 전해주는 목회를 해나가자는 뜻이다. 우리 교회만이 할 수 있고, 누구도 따라할 수 없는 우리 교회만의 목회가 될 것이다. 그것이 교인들을 꾸준히 양육하는 길이다.

18
선교를 위한 제언

아무 조건 없이 나눠줘야 한다.

1. 선교는 한 형제자매가 되는 것

예전에는 고아원이 참 많았다. 내가 다녔던 중학교에도 고아원이 자기 집인 친구들이 여럿 있었다. 내가 교회 다닌다는 말을 듣고 한 친구가 와서 물었다.

"천휘야, 하나 물어볼 게 있는데 너희 교회에서도 성탄절 되면 고아원을 방문하니?"

그 때는 이런저런 모양으로 고아원을 돕는 교회가 대부분이었다.

"응. 우리 교회도 근처 고아원에 매년 가고 있어. 벌써 어른들이 가져갈 선물을 준비하시는 것 같던데."

그러자 친구 입에서 전혀 예상치 못한 얘기가 나왔다.

"그런데 교회 사람들은 왜 오기만 하면 우리하고 사진을 찍으려고 하는 거니? 너희 교회는 안 그랬으면 좋겠다. 제발 사진 좀

찍지 말라고 네가 얘기해봐."

어렸을 때는 원장님이 모이라고 하니까 뭣 모르고 쪼르르 달려갔지만 중학생이 되면서부터 카메라 앞에 서는 게 창피해졌다고 했다. 고아원에서 사는 것만도 남부끄러운데 내가 고아라고 얼굴을 들이미는 것 같아 마음이 무지 힘들었다고 했다. 좋은 일 하고 있다고 자랑하려는 건지 싶어 교회 사람들이 미워보였다는 말도 들을 수 있었다.

"듣고 보니 네 말이 맞네. 그게 기분 나쁠 거라고는 정말 생각도 못했다."

중학생이었던 나도 그 친구가 무슨 말을 하는 것인지 금방 이해할 수 있었다.

누군가를 도와주면서도 큰 상처를 입힐 수 있다는 사실이 크게 와 닿았다. 교회에 가면 교인들과 고아원 아이들이 작년에 찍은 단체 사진이 한 쪽 벽에 붙어 있었다. 이렇게 알리고, 광고하는 게 반드시 좋은 것만은 아니라는 생각도 하게 되었다.

선교도 마찬가지다. 하나님 안에서 한 형제, 자매이기 때문에 따뜻한 마음으로 다가가서 꼭 안아주는 것이 선교다. 저 민족은 가난하고, 우리는 부유하니까 도와주는 것은 진정한 선교라고 할 수 없다. 딱하고, 불쌍해서 베푸는 쪽으로 흐르기 쉽다. 자칫 우리보다 못한 사람들이라는 생각을 갖게 될 수도 있다.

나는 베트남, 캄보디아가 적성국가로 분류되어 있던 때부터 그 곳을 다니며 복음을 전했다. 먼저 태국으로 가서 거기서 쪽지 비자를 받아 건너가야 했다. 일정을 마치고 나오자마자 비자를 바로 찢어서 버렸던 기억이 난다. 아직 한국 교회가 그 지역에 본격적으로 발을 디디기 전이었다. 벌써 30년 가까이 된 얘기다.

그동안 수없이 현장을 다니면서 선교하는 이들의 마음 자세가 어떠해야 하는지 깨달은 바가 크다. 선교는 아무 대가 없이 나눠 주는 것이다. 선교를 통해 절대 무언가를 얻으려 해서는 안 된다. 선교를 투자라고 여기거나 자랑하기 위한 수단으로 삼으려고 하는 것도 굉장히 위험하다. 그런 마음을 품으면 건강한 선교가 이루어질 수 없기 때문이다.

지금 중국 교회가 다른 나라에서 자기 땅에 들어와 선교하는 것을 거부하는 이유 중의 하나가 과거 열강이 중국을 상대로 제국주의 선교를 펼쳤기 때문이다.

잘 아는 것처럼 홍콩은 오랫동안 영국의 지배 아래 있었다. 산둥성의 청도와 푸젠성의 샤먼은 독일과 프랑스가 각각 가져갔다. 지배국과 피지배국의 관계를 지속할 수밖에 없었다. 역사의 상처로 인해 자치, 자립, 자양이라는 삼자원칙을 세우고 외국 교회와 손잡기를 외면하고 있는 것이다.

두 민족 사이에 어느 한 쪽이 우위를 점하고, 다른 쪽이 예속되는 모양이 만들어져서는 안 된다. 저 사람들과 우리 모두가 다 주님의 자녀라고 고백할 때 비로소 진정한 선교가 시작된다. 같은 믿음 안에서 서로 사랑하며 협력하는 것이 하나님이 기뻐하시는 선교라는 얘기이다.

2. 내 이름은 지우고, 하나님 이름은 남기고

미국의 시카고대학교는 석유 재벌 록펠러에 의해 설립된 것으로 잘 알려져 있다.

미국의 동부에는 이미 하버드대학교 등 아이비리그가 자리 잡고 있어서 교육 기반이 상대적으로 빈약한 중부 지역에 대학교를 지었다고 한다. 록펠러는 시카고대학교에 8,000만 달러 이상을 기부했다. 지금도 엄청 큰 돈이지만 그 당시의 화폐가치를 현재 가치로 환산한다면 어마어마한 기부금을 내놓고도 대학교 운영에는 일절 관여하지 않았다.

한 번은 시카고대학교에서 캠퍼스에 기념이 될 만한 것을 세우면 어떻겠느냐고 록펠러의 의중을 물었다. 학문의 장을 마련해준 록펠러를 기념 할 수 있는 무언가를 남기고 싶어서였다. 하지만 록펠러는 고개를 가로저었다. 자신의 이름 석 자보다 하나님의 이름이 기억되길 바란다는 간절한 뜻을 전했다고 한다.

그리고 평소 품고 있던 생각을 담아 오히려 거꾸로 대학교 측에 제안했다.

자신이 가장 아쉬웠던 게 시카고대학교 안에 예배당을 짓지 못한 것이라고, 기왕 대학교에서 재정을 마련해놓았다고 하니 그 돈을 가지고 예배당을 지었으면 좋겠다는 바람이었다. 그렇게 세워진 예배당이 지금의 채플이다. 그가 죽은 뒤부터 록펠러 채플이라고 부르고 있다고 한다.

"하나님이 제게 주신 재정을 그분을 위해 사용했을 뿐입니다. 영광은 하나님이 받으셔야죠."

시카고대학교는 미국에서 가장 많은 노벨상 수상자를 배출한 학교로 성장했다. 미국 내에서 학습량이 가장 많은 대학교로도 유명하다.

록펠러는 시카고대학교 뿐만 아니라 미국 곳곳에 열 개가 넘는 대학교를 설립했다. 초등학교와 고등학교까지 더하면 전부 150여 개 달한다. 그럼에도 록펠러의 이름은 어디에서도 찾아볼 수 없다.

예수님은 산상수훈을 통해 "너는 구제할 때에 오른손이 하는 것을 왼손이 모르게 하여 네 구제함을 은밀하게 하라 은밀한 중에 보시는 너의 아버지께서 갚으시리라"(마 6:3~4)고 말씀하셨다.

선교는 그냥 주고 끝나는 것이다. 하늘에 상급을 쌓는 것이 선교다. 예수님이 자신의 이름이 드러나는 것을 조심하고, 경계하며 사역하라고 전해주신 메시지라고 해도 틀린 말은 아닐 것이다.

하지만 요즘 한국 교회가 다른 나라에 가서 행하는 모습에 현지인들은 눈살을 찌푸린다고 한다. 동남아 지역의 어느 섬나라에 가면 나무를 얼기설기 붙이고, 엮어서 만든 교회당들을 볼 수 있다. 한국 돈 몇 백만 원이면 교회당 한 채를 충분히 지을 수 있다고 하는 바로 그 교회의 모습이다. 웬만한 회사에서 주는 한 달치 급여 정도 밖에 되지 않지만 솔직히 누가 봐도 오래 갈 수 있는 건물이 아니다. 안타깝게도 어떤 교회들은 그것을 가지고 "우리가 거기에 100개 교회를 지어주었다", "우리는 교회를 200개나 세웠다"고 과시하듯 말한다. 마치 영업 실적 늘어놓는 것처럼 자꾸 숫자를 강조하려 든다. 눈에 보이는 공적이 중요한걸까.... 하지만 수백 개나 되는 교회 중에서 제대로 지은 건물은 과연 몇 개나 될까?

교회 이름이 죄다 한국식인 것도 현지인들에게는 어렵고 씁쓸하다고 한다.

'무슨 교회'에서 '교회'는 그 나라 말인데 교회 앞에 붙는 '무슨'은 우리나라 말이기 때문이다. 현지인들은 교회 이름이 어떤 뜻인지도 제대로 모르고 사용하고 있다. 대충은 들어서 알고 있지만 자기네 말이 아니니 크게 와 닿지도 않고, 동떨어진 느낌마저 든다고 한다. 믿음이 없는 현지인들의 공감을 얻기도 어렵다.

교회 간판도 대부분 한국에서 제작해서 보내주었거나 직접 가지고 가서 달아준 것들이라고 한다. 선교 현장과 그곳의 현지인들을 배려했다기보다 재정을 지원해준 교회의 입장을 앞세운 것 같은 느낌을 지울 수 없다고 한다. 선교 현장에 알맞은 이름은 현지인들의 마음 안에 있을 것이다. 선교사를 파송한 교회와 똑같은 이름을 사용해야 믿음 안에서 하나 된 관계를 이어갈 수 있다고 생각하는 것일까? 목사님 중에 재임하고 있을 동안 뭐라도 하나 해놓고 싶은 욕심이 자꾸 땅에 상급을 쌓게 만드는 걸까?

정동교회, 새문안교회, 내리교회…. 1800년대 후반 개화기에 조선 땅을 밟은 선교사들은 교회를 건축한 뒤 우리에게 전혀 거부감이 들지 않는 친숙한 이름을 붙였다. 본국에서 보내온 큰돈을 들여서 지었다는 것을 노골적으로 드러내지도 않았다. 외국인이 세운 교회였지만 조선의 성도들은 그 안에서 소속감을 느꼈고, 애착심을 가질 수 있었다.

정동제일교회 같은 경우 지어진지 120년이 흐른 지금까지 예전의 고풍스러운 모습을 그대로 간직하고 있다. 얇은 지붕 아래 촘촘히 쌓아올린 붉은 벽돌 예배당은 지난 1977년 국가 문화재로 지정되기도 했다. 외국인 선교사들이 우리에게 남겨준 선물이 정말 소중하고 귀하다. 그들이 떠난 뒤에도 믿음을 굳건히 해주는 터전이 되었다. 우리도 100년, 200년이 지나도 번듯한 교회를 지어줘야 하지 않을까?

한국 교회는 담임목사를 경쟁력으로 생각하는 경향들이 있는 것 같다.

예수 그리스도를 보고 오게 해야 하는데 교인들은 주로 담임목사를 내세우는 분위기다. 자칫 담임목사의 제자가 될 수 있는 환경이 갈수록 단단해지는 것 같다. 예수님의 제자로 키우면 그 사람은 어느 교회에 가더라도 무난하게 적응할 수 있다. 하지만 담임목사의 제자들은 자기 교회만 좋은 교회인 줄 안다. 다른 교회는 하찮게 여기고, 낮추어 보는 경향도 짙다.

그래서인지 이와 관련된 한국교회만의 두드러진 특징이 있다.

교회와 관련한 모든 곳에 담임목사님 이름을 집어넣으려고 한다. 교회 간판에도 담임목사 아무개라고 새겨 넣고, 교회 달력 하단에도 많은 교회가 담임목사가 누구인지 적는다. 다들 의례 그렇게 해야 하는 것으로 안다. 담백하게 교회 이름만 표기한 곳을 보기 힘들다.

적지 않은 목회자가 선교도 비슷한 맥락으로 바라보는 것 같다. 보이지 않게 묵묵히 도와주는 일은 어지간해서는 짊어지지 않으려고 한다.

나는 지금까지 예순 번 넘게 중국을 오갔다. 그동안 감히 액수를 따질 수 없을 만큼 많은 돈을 선교비로 지출했다. 도움이 절실하고, 사역이 꼭 필요한 곳에 쥐여 주고 돌아왔다. 하지만 그 어떤 곳에도 적당한 기념물을 세우고, 거기에 '부평제일교회 담임 이천휘 목사'라고 새겨 넣는 일은 벌이지 않았다. 내 돈을 들인 게 아니었다. 하나님이 주신 것을 하나님의 뜻대로 나눠준 것뿐이었다. 굳이 내 이름을 남길 이유가 없었다.

조선 땅을 밟은 외국인 선교사들도 고아들을 돌보고, 아픈 이들을 치료해주는 일부터 먼저 했다. 병약한 사람은 아픈 몸이 회복되는 것이 당장 급한 소원이다. 배고픈 사람에게는 우선 밥 한 끼부터 먹여야 한다. 교회를 아무리 근사하게 지어놓더라도 병들어 거동도 못하는 사람에게는 아무 소용없는 것이 되고 만다. 선교는 내가 하고 싶은 일을 하는 것이 아니다. 빛도 없이, 이름도 없이 현지인들의 필요를 채워주는 것이 선교라고 생각한다.

3. 하나의 교단을 만들어주자

"선교는 혼자 감당하기 어렵습니다. 가능한 많은 사람들이 참여해서 힘을 한데 모아야 효과를 극대화시킬 수 있습니다. 가령 여기에서 고만고만한 교회를 세우는데 5백만 원이 든다고 칩시다. 열 개 교회가 연합하면 5천만 원으로 훨씬 영향력 있는 교회를 지어줄 수 있습니다. 그것이 이곳에 더 유익이 되지 않겠습니까?"

나는 보통 1년에 열 차례 이상 비행기를 타고 선교지를 방문한다.

다른 교단의 선교사들과 교제하는 자리가 마련되기도 하고, 여러 선교사들이 세미나로 모인 곳에서 마이크를 잡을 기회를 얻기도 한다. 그래서 선교사들을 만날 때마다 제발 선교 현장에서까지 교단끼리 갈라서 있지 말아달라고 부탁한다. 교파에 얽매이지 말고 함께 선교 사역을 감당했으면 좋겠다는 얘기도 건넨다.

오늘날 한국 교회가 직면하고 있는 폐해 중 하나가 우리 안에 너무 많은 교단이 생겨났다는 것이다. 어떤 한 교단은 무려 백 개가 넘는 교단이 저마다의 목소리를 내고 있다고 한다. 하나가 되지 못하고 제각각 나뉘어져 있는 바람에 교계가 크게 병들고, 한국 교회의 질이 떨어지고 있다고 교회성장 학자들이 지적하고 있다.

문제는 이런 한국 교회의 상황이 선교 현장에서도 그대로 재현되고 있다는 점이다. 선교의 거점이 되는 도시마다 각 교단의 지원을 받는 교회들이 자리 잡고 있다. 다들 눈물겹도록 열심히 사역하고 있다. 하지만 발 딛고 있는 지역을 위해 함께 머리를 맞대고, 힘을 모으는 노력은 한국 교회와 크게 달라 보이지 않는다.

천주교를 제외한 중국 안의 모든 교회는 중국기독교협회라는 조직 아래에 하나로 모여 있다. 정치적 강압과 통제에 의해 어쩔 수 없이 통일된 교단을 만들긴 했지만 오히려 우리가 배울 점이 상당하다. 무슨 일을 하더라도 흐트러짐 없이 늘 일사분란하게 힘을 모아서 해낸다. 다른 교단의 부족함을 탓하거나 우리 교단이 더 옳다고 주장할 일이 없으니 믿지 않는 사람들도 후한 점수를 주고 있다고 한다.

비록 선교사를 파송하는 교단은 각기 다르지만 복음을 전하는 선교 현장에서는 한데 모여 하나의 교단을 만들게 되기를 간절히 기도하고 있다. 감리교단에서 파송 받았다고 감리교회를 세우고, 장로교단에 속해 있다고 장로교회를 세우고, 침례교단에서 파송 받았다고 침례교회를 세우고, 성결교단에 속해 있다고 성결교회를 세우는 대신 선교사들이 연합해 하나의 교회를 이루어가는 것을 오래 전부터 바라왔다.

어떤 선교사의 이야기이다.

"한국 교회의 폐해가 선교지에까지 심겨져서는 안 됩니다. 지금은 감리교단이든, 장로교단이든, 침례교단이든, 성결교단이든... 가리지 않고 다 받아주지만 10년 뒤나 20년 뒤에 교회가 서로 갈라져 있는 모습에 그들도 개탄스러워 하지 않겠습니까? 한국 사람들이 자기들 교파 위주로 사역하는 바람에 결국 탈이 나고 말았다고 원망하지 않을까요?"

하나가 되지 못해 자꾸 삐거덕거리는 한국 교회의 전철을 현지인들은 밟지 않았으면 좋겠다. 선교지에 세운 교회를 지교회 정도로 여기는 생각도 이제 멈췄으면 한다. 땅 끝을 향한 헌신과 수고를 하나님은 넉넉히 기억하신다. 현지인들에게 연합할 수 있는 환경을 마련해주면 100년, 200년이 지난 뒤에도 우리에게 고마워하지 않을까?

4. 만나는 사람을 소중하게 대하라

나의 아버지는 초등학교 문턱도 밟아보지 못하셨다. 한 마디로 배운 것이 없는 분이셨다. 하지만 아버지는 예수님을 만나고, 성경을 읽으면서 아주 명철한 사람으로 변화되셨다. 서른두 살 젊은 나이에 장로가 되셨고, 설교도 꽤 잘 하는 분으로 알려지셨다. 글도 조리 있게 쓰셨다. 웬만한 중고등학교를 졸업한 사람들보다 더 나았다.

"네가 지금 만나는 사람이 가장 소중한 사람이라고 생각하면서 그 사람을 대해야 한다!"

아버지는 밥상머리에 앉을 때마다 만남을 소중히 여기라고 말씀하셨다. 지금 만나는 사람을 한 사람이라도 소홀히 생각하지 말라는 말을 정말 귀가 닳도록 들었다. 그 사람이 나의 운명을 바꿔줄 수도 있다는 얘기도 얼마나 많이 하셨는지 모른다. 그래서인지 나도 자연스럽게 아버지의 이런 가르침을 좌우명으로 삼고 되도록 실천하려고 노력하면서 살게 되었다.

고봉 목사는 20년 전 중국 제남에 있는 중국기독교협회를 방문했을 때 만났다.

중국기독협회에는 나이 지긋한 할아버지 같은 분들이 임원을 맡고 있었다. 나보다 열 살 어린 고봉 목사는 거기서 막내였다. 미국에서 공부를 마치고 막 돌아와 있던 때였다. 중국에 머무는 동안 마치 비서처럼 나를 도와준 사람이 고봉 목사였다.

중국에 발을 디딘 날부터 한국행 비행기에 오를 때까지 잠시도 떠나지 않고 내 곁을 지켜주었다. 그림자처럼 따라다니며 행여 내가 불편해하는 게 없는지 살폈다. 귀찮을 법한 여러 잔심부름도 마다하지 않고 해주었다. 고마울 수밖에 없었기에 나는 나대로 열심히 고봉 목사를 섬겼다. 중국 교회의 지도자들을 위해 마련해 간 선물을 고봉 목사에게도 진심을 담아 전해주었다.

이후 고봉 목사는 중국기독교협회 회장의 자리에 올랐다.

중국 기독교의 최고 지도자가 된 것이다. 덕분에 중국에서 마음껏 다니며 사역하고, 말씀을 전할 수 있는 길이 열리게 되었다. 외국인이 설교하는 게 매우 드문 일임에도 불구하고 내게는 큰 제제 없이 허락해주고 있다. 우리 교회의 중국찬양선교단이 매년 중국을 방문해 순회 집회까지 열고 있다.

고봉 목사는 지금도 나를 둘도 없는 친구로 여긴다. 제일 밑바닥에 있던 자신을 귀하게 대해준 고마운 사람으로 생각하고 있다. 내가 만약 고봉 목사를 처음 만났을 때 심부름 나온 사람쯤으로 생각하고 소중하게 대하지 않았다면 지금의 결실을 보지 못했을 것이다. 며칠 같이 지낸 적이 있는 데면데면한 사이로 남았을 것이다.

지금도 중국 상해를 방문할 때마다 고봉 목사를 만나고 온다.

멀리 다른 나라에 나가 있지 않은 한 내게 꼭 시간을 내준다. 아무나 만날 수 없고, 만나기도 어렵다는 중국기독교협회장과 허물없이 독대하는 사이가 된 것이다. 사람을 소중히 여기라는 아버지의 밥상머리 교육이 내 인생의 좌우명이 되었고, 선교지에서 이 같은 귀한 인연까지 맺게 해주었다.

그러나 이렇게 중국에서 나름 왕성한 활동을 함에도 나는 중국어를 한 마디도 하지 못한다.

그런 나에게 하나님은 모세에게 아론을 붙여주신 것처럼 석은복 목사를 만나게 해주셨다. 중국을 방문하고 와서 중국 교회의 지도자들을 한국으로 초청했다. 그때 조선족인 석은복 목사가 중국 대표단의 일원으로 한국에 들어왔다. 통역을 맡고 있었다.

같이 다니면서 보니까 굉장히 신실하고 똑똑한 사람이었다. 조선족인데도 중국어를 능통하게 하고, 한국어 통역도 기가 막히게 잘 했다. 석은복 목사도 나보다 열 살 아래였다. 기회만 되면 한국에 와서 공부를 더 하고 싶다는 바람을 듣고 그럼 기다려보라고 얘기해주었다. 만난 지 며칠 밖에 되지 사람인데도 어떻게든 도움을 주고 싶은 마음이 한 가득이었다.

얼마 지나지 않아 중국에 갈 일이 생겼다.

지금은 고인이 되신 염필형 전 감리교신학대학 총장님이 자기도 중국 교회를 보고 싶다고 하셔서 모시고 갔다 왔다.

염 총장님은 중국 교회의 역동적인 모습에 큰 감동을 받으셨다. 자기도 중국 선교에 힘을 보태고 싶은데 도울 일이 없겠느냐고 물어오셨다.

"총장님이 도와주실 일이 있습니다. 제가 사람을 한 명 데려다가 키우고 싶습니다. 혹시 전액 장학금을 주실 수 있습니까?"

"그건 내가 해줄 수 있지."

석은복 목사를 다시 한국으로 불러들였다. 중국 최고의 신학대학인 남경금릉협화신학교에서 공부한 사람이었다. 싱가폴의 트리니티 신학대학에서 석사 학위를 받은 이력도 있었다. 이제 감리교신학대학교에서 박사 과정까지 밟으면 더 없이 귀한 일꾼이 될 것 같았다. 이미 중국어를 한국어로 통역할 수 있는 실력을 갖추고 있었다. 공부하는데 아무런 문제가 없었다.

우리 교회의 중국어 동시통역 예배까지 맡겼다.

한국에 나와 있는 중국인 근로자들이 출석하고 있었다. 그렇게 공부하는 3년 동안 매주 내 설교를 중국어로 옮겨주었다. 중국에 다녀올 때도 꼭 같이 갔다. 예전의 김장환 목사님과 빌리 그래함 목사님 같은 분위기로 어느새 잘 맞는 한 팀이 되어 있었다. 지금도 중국에 가면 내 옆에는 항상 석은복 목사가 있다. 소중한 만남이 중국 선교라는 크나큰 사역으로 이어져왔다.

　나중에 알고 보니 석은복 목사와 중국기독교협회장인 고봉 목사가 신학교를 같이 다닌 친구 사이였다. 다른 한국 목사들도 많이 만났을 텐데 왜 유독 나와 가까워졌는지 놀라울 뿐이었다. 두 사람 다 하나님이 치밀한 계획 아래 연결시켜주신 관계임을 고백하지 않을 수 없다. 그들의 목회를 깔보지 않고 동등한 사역자로 대해주는 나의 모습에 마음을 활짝 열어주었기 때문이었다.

19
교계 정치

제발, 그만 해야 한다.

1. 돈으로 사고파는 성직

가끔 요즘 교단 내의 정치 이야기를 듣다보면 정말 큰일 났다는 말 밖에 안 나온다. 때마다 무슨 선거 때면 엄청난 돈이 뿌려진다고 한다. 그래야 무슨 연합회 회장이 되고, 교단 총회장 자리에 오를 수 있다고 한다. 내가 직접 확인한 것은 아니지만 들리는 얘기가 그렇다. 그런데 문제는 이 같은 사실을 부인하는 사람이 없다는 것이다. 수단과 방법을 가리지 않고 권력을 거머쥐려는 모습이 정말 위태해 보인다.

그렇다면 그 많은 돈은 과연 어디서 나왔을까?

교인들이 낸 헌금이 선거자금으로 은밀하게 쓰인다는 것은 공공연한 비밀이 된지 이미 오래다. 그 가운데에는 추운 겨울에 발 동동 구르며 콩나물 장사해서 바친 십일조 만원, 2만원이 들어 있다. 술집 앞에서 밤새도록 군고구마 팔아서 드린 5만원도 거기에 담겨 있다. 다 성도들의 피땀이 어려 있는 돈이다.

돈을 뿌렸다면 받은 사람이 분명 있을 것이다. 다 목사들이고, 장로들일 것이다. 투표권이 없는 평신도에게 전해졌을 리 만무하다. 세상에서는 국회의원 후보자에게 밥 한 끼만 얻어먹어도 50배에 해당하는 벌금을 물어야 한다. 선거기간에 지역주민에게 돈 만원이라도 건넸다가 걸리면 당선 무효를 감수해야 한다. 누가 신고할까봐 겁나서 못 준다고 한다.

그런데 교계에서는 분명 어마어마한 돈을 썼다는데 내가 받아먹었다고 양심선언한 사람을 아직 단 한 명도 보지 못했다. 거짓 한 점 없게 처신해야 하는 목사들, 장로들이 침묵으로 일관하고 있는 것이다. 양심의 보루가 되어야 하는 교회가 전혀 그 역할을 하지 못하고 있는 현실이 안타깝기만 하다. 결국 돈을 많이 쓴 사람이 총회장에, 감독회장에 오른다고 한다.

주면 받고 싶은 게 인지상정이다. 더구나 돈을 뿌렸다면 누구나 조금이라도 회수하기를 원할 것이다.

당선된 것으로 끝난 게 아니라는 얘기다. 총회장이나 감독회장이 방문해서 설교한 교회는 사례비를 최소 얼마 이상 준비해야 하는 게 그동안 행해져온 암묵적 관행이다.

"고추농사 지을 시간이 있나요. 선거 따라다녀야지. 아주 잘 먹고 다녀요. 잠도 호텔에서 편하게 자요."

경기도의 한 장로님은 선거철이 되면 아예 농사까지 팽개치고, 후보자를 돕는다고 한다. 힘들게 고추농사를 짓는 것보다 벌이가 더 낫기 때문이란다.

그리고 요즘은 농촌에 있는 작은 교회도 수천만 원씩, 많게는 수억 원씩 가져다줘야 그곳에서 담임목회를 할 수 있다고 한다. 전임 목회자를 위한 돈이라고 한다.

진리가 아닌 돈을 쫓는 것 같은 인상을 지울 수 없다.

성직을 사고파는 것과 다를 게 없다는 생각마저 든다. 돈에 한 번 맛을 들이면 헤어 나오기가 어렵다고 한다. 걷잡을 수 없이 빠져드는 게 돈이다.

"목사님, 이번에 출마하시면 어떻겠습니까? 제가 선거비를 다 댈 테니까 돈은 신경 쓰지 마세요. 교회 돈을 끌어오는 일도 없을 겁니다."

우리 교회의 어느 장로님은 자기가 은퇴하기 전에 나를 감리 교단 감독으로 만들고 싶다는 얘기를 잊을 만하면 꺼낸다. 이 나이 먹도록 한 번도 생각해보지 않았다면 거짓말일 것이다. 감독은 귀한 자리임에 틀림없다. 하지만 고민할 때마다 나라고 별 수 있겠냐는 결론에 늘 도달하고 만다.

"장로님, 지금은 장로님이 저를 좋게 봐주시지만 만약 제가 감독이 되면 분명 저도 똑같은 사람이라고 하실 걸요. 장로님이 생각하시는 것처럼 제가 그렇게 훌륭한 사람이 못 됩니다. 장로님의 마음만 감사히 받겠습니다. 제가 감독이 되어야 감리교에 희망이 있다는 얘기는 더 이상 하지 마세요."

2. 타락한 정치에는 발을 들이지 말라

"목사님이 감독 한 번 해봐요. 제가 앞장 설 게요. 우리 의기투합해서 돈 들지 않는 선거 해봅시다!"

절친하게 지내는 부평감리교회 홍은파 목사님에게 감독회장선거에 나가보라고 권한 적이 있다. 단칼에 거절하시는 그분의 대답이 걸작이었다.

"이 목사, 나 지옥에 보내려고 그러냐?"

더는 말할 수 없었다. 나 역시 정말 돈 한 푼 쓰지 않으면서 감당할 자신 없었기 때문이었다.

다들 선거에 너무 많은 돈을 뿌리다보니 돈을 조금만 쓰면 정말 양심껏 깨끗하게 임하는 것이라고 생각하기 쉽다. 하지만 천만의 말씀이다. 천만 원을 훔치나 단 돈 천 원을 훔치나 하나님 입장에서는 똑같다.

하나님의 기준은 명확하다. 단 한 번을 받아먹더라도 그것은 잘 못 된 것이다. 사실 오만 원짜리 몇 장이 든 봉투를 받는다 하더라도 일평생 몇 차례 밖에 되지 않을 것이다. 그 얼마 안 되는 돈 때문에 목회자들이 거룩함에서 멀어지는 현실이 너무 가슴 아프다.

나는 친한 후배 목사들에게 정치에 발을 들일 생각은 아예 하지 말라고 꼭 얘기한다.

교인들이 땀과 피눈물 흘려서 낸 헌금으로 사는 거니까 어디 가서 밥 한 그릇이라도 얻어먹어서는 안 된다고 일러준다. 일단 들어가지 않는 게 중요하다. 그러면 계속해서 자신을 보호할 수 있다. 타락한 정치에 물드는 일이 없기를 바라서다.

"목사님이 은퇴하시기 전에 천지개벽이 일어나서 우리교단이 돈 한 푼 안 쓰고 선거하는 때가 올지도 모릅니다. 그러면 목사님이 뛰어드셔야 됩니다. 그러니까 안 한다는 말씀은 하지 마세요. 아셨지요?"

우리 교회 장로 가운데 한 분은 누구도 감독하는데 나라고 못할 게 뭐가 있느냐고 말하기도 한다. 그 장로가 아쉬워할지 모르지만 내가 이 땅에서 사는 날 동안은 그런 일은 일어날 것 같지 않다. 지금으로서는 상당히 어려워 보인다. 아마 거의 모든 교단이 다 그런 것 같다. 정말 존경 받아 마땅한 분이 모든 사람의 추대를 받아 지도자로 서는 때가 더디 오지 않기를 간절히 기도할 뿐이다.

"만나서 반갑습니다.
저는 원불교 신자입니다."

제주도에 여행 갔을 때의 일입니다.

저희를 안내하는 가이드가 자신을 원불교 신자라고 소개해서 눈이 동그래졌습니다. 하나님을 잘 믿는 집사가 사람들 앞에서 왜 저런 소리를 하는지 의아했습니다.

"교회 다니시는 집사님 아니셨어요?"

"제가 늘 원망하고, 불평하는 교만한 사람이거든요. 그래서 원불교 신자입니다."

저도 별반 다르지 않다는 생각이 들었습니다.

목회자로 산지 수십 년의 세월이 지났지만 여전히 부족하고, 모자란 것투성이입니다.

지금도 하나님 앞에 부끄러운 모습으로 나아가는 날이 얼마나 자주 있는지 모릅니다.

사실 저는 내세울 만한 게 전혀 없는 사람입니다. 학력도 그저 그렇고, 외모도 변변찮습니다. 그렇다고 출중한 능력이 있는 것도 아닙니다.

이런 저를 하나님이 부르셨고, 수십 년간 목회자로 살게 해주셨습니다.

맨주먹 하나 가지고 시작했습니다.

돌아보면 제가 한 일은 아무 것도 없습니다. 하나님이 인도하시는 대로 따라가며 그분이 하시는 일을 지켜보기만 했을 뿐입니다. 기도하게 하셨고, 기도한 대로 이루어주셨습니다. 더 이상 덧붙일 말이 없습니다.

힘들어 할 때마다 "무엇이든지 남에게 대접을 받고자 하는 대로 너희도 남을 대접하라"(마 7:12)는 말씀으로 저를 붙들어주셨습니다.

서번트 리더십을 가르쳐주신 분도 하나님이셨습니다. 늘 종(놈)의 모습을 취하고자 했습니다. 목회자의 권위는 섬김에서 나온다는 사실을 되새기며 지냈습니다.

그것이 제가 감당해야 할 목회였습니다.

그랬더니 오히려 제가 대접 받는 자가 되어 있었습니다.

하나님이 허락하신 양들로부터 신뢰와 존경을 얻을 수 있었습니다. 이런 대접을 받아도 되나 싶을 정도로 과분할 때가 많았습니다. 40년 가까이 한 교회에서 이만큼 목회할 수 있었던 것은 정말이지 전적으로 하나님의 은혜였습니다.

친애하는 후배 목회자들에게 하나님께서 내게 가르쳐주신 지혜들이 하나라도 더 도움이 돼 복음 전파의 강력한 동지가 되길 바라는 안타까운 마음으로 이 책을 쓰게 해주신 하나님께 모든 영광과 감사를 올려드립니다. 정말 감사할 것 밖에 없습니다. 부족한 제게 사람들을 붙여주셨기 때문에 목회할 수 있었습니다.

그리고 부평제일교회 성도들이 저를 목회자로 대해주고, 따라주었기에 부르심을 쫓아 살 수 있었습니다. 성도님들께 마음을 다해 감사하며, 언제나 어느 곳에서나 함께 주님의 은혜를 나눈 가족들의 수고에도 말 할 수 없는 감사를 전합니다.

또, 제가 그간 써온 원고를 잘 정리해준 구자천 작가의 수고에 감사합니다. 그리고 나침반출판사 김용호 대표에게도 고개 숙여 감사를 전합니다. 나의 서툰 고백을 귀담아 들어주고, 정성을 들여 귀한 책으로 엮어주셨습니다. 나침반출판사의 문서선교에 하나님의 기름 부으심이 늘 임하길 기도합니다.

우리 모두는 주님 안에서 하나가 된 복음의 동역자입니다.

주님을 위해 삽시다!

지금도 위대한 목회를 꿈꾸며-

이천휘 목사

"내가 본 이천휘 목사를 소개합니다."

이군호 박사(전 목원대학교 총장)

기독교 대한감리회가 온갖 선거부정과 사회법정에 제소되어 교단의 수장을 잃고 혼란 속에 빠져있을 때 김기택 임시 감독회장이 이를 수습하기 위해 임명 되었다. 그가 주재한 총회첫날 관심의 집중은 김 감독회장과 함께 이 난국을 정리할 총회 서기로 누구를 지명할까 였다. 그런데 예상과는 달리 김감독 회장은 이천휘 목사를 지명하였다. 의외의 인물이지만 그가 당당한 걸음으로 나와 인사하자 그를 뜨거운 박수로 맞이했다. 김 감독회장은 난국을 정리할 파트너로 어느 파에도 속하지 않고 열심히 목회와 선교에 열중하는 그를 선택 지명한 것이다. 그 날로 부터 김 감독회장을 도와 이천휘 목사는 함께 법적인 문제를 모두 정리하고 정상적인 감독회장 선거를 치를 기틀을 마련하고 총회 서기를 떠났다.

필자가 이 목사를 처음 만난 것은 연신원을 다닐 때 갈월감리교회 고등부 교사로 잠시 고등부를 지도하고 있었는데 그때 그가 송도고등학교 2학년 학생이었으며, 고등부 회장이었다. 그는 지금처럼 당당하고 논리적인 지도력을 가진 학생이었다. 그 후 우리가 다시 만난 것은 필자가 미국 유학을 마치고 목원대학교 신학대학에 구약학 교수로 부임하면서였다. 그는 그때 더욱 당당해져 있었고 학우들과 교정에서 신학토론하기를 좋아했다.

우리는 그때부터 스승과 제자로 최근에는 함께 목원대학교 재단 이사회의 이사가 되어 학교 정상화에 같이 노력하고 있다.

그는 실로 개척교회를 도움 없이 성장시킨 성공한 목사이다. 그의 강인하고 당당한 정신은 독립적으로 전도에만 힘썼다. 맨 주먹으로 시작한 교회는 그의 장점인 "이 길이 아니면 나는 죽는다"라는 결심으로 전도에만 힘을 써 교회가 성장하기 시작했다.

그는 교인들을 사랑한다. 그 사랑은 언제나 교인들을 정의롭게 변화시켰고, 교회 지도자를 육성하는 데에도 최선을 다했다.

아무래도 오늘의 이 목사의 목회는 부모님의 신앙과 그 기도의 덕으로 생각한다. 이 목사의 선친이신 이보성 장로님은 정말 법 없이도 사실 만큼 온유 겸손하셨고 항상 목사님을 도와 교회를 섬기셨다. 지금 이 목사께서 교회를 부흥시키고 안정적으로 성장시키는 것은 교회를 충성스럽게 섬기시던 아버님이 뿌리신 씨앗의 댓가, 열매로 본다.

그는 중국 선교 열정이 대단하다. 그는 일찍부터 중국의 지하교회 선교는 성공하지 못하리라고 생각하고 삼자교회와 접촉하여 중국을 선교 개방시키는 것이 중요하다고 보았다. 필자도 여기에 전적으로 동조한다. 선교를 비밀조직이나 이름을 숨기고 지하교회로 선교하는 것은 우선 정의롭지 못하며 실효성이 없다는 점을 그의 중국 선교여행에 두 차례 동행하면서 실감하였다.

중국 삼자교회교인들의 신앙은 뜨겁다. 필자는 몇 천 명씩 모여 박수를 치며 뜨겁게 찬송하는 것을 보며 20세기 초 우리나라를 휩쓸고 간 성령 운동을 연상했다.

지금 이천휘 목사의 소개 없이는 중국 정부의 종교정책 고위 당국자들과 직접 협상을 할 수 없을 정도이다. 그가 유일한 통로일 것이다. 중국선교는 그의 해외 선교의 최종 목표이지만 그가 접촉하는 중국 당국자들의 활동을 통해 결국 북한까지 어우르는 현실적인 광대한 꿈을 펼치고 있다.

그는 신학대학에서의 강의, 대학원 연수회 주 강사로, 또한 평신도 교육 현장에서 그 어느 목사들보다 바쁘게 초청되어 활약하고 있다. 그의 설교와 강의를 나는 듣기를 좋아한다. 막힘없는 강의, 열정적인 설교, 논리적이고 설득력 있는 강의와 설교를 듣다 보면 필자가 그의 제자 같은 착각을 하게 된다.

그는 위대한 설교자이다. 그는 만 명이 넘는 대형교회의 목사도 아니다. 그렇다고 유명한 부흥사도 아니다. 그러나 그는 필요한 곳에 부름을 받아 어느 곳에서나 훌륭하게 쓰임을 받는 사역자이다. 지역 중심지이고 교통의 요충지에 세워질, 말 그대로 부평제일교회의 아름다운 모습을, 그래서 지역사회를 위해 섬기는 교회를 영상화 해본다. 그리고 중국을 거쳐 북한에까지 선교의 불길이 타올라 북한 주석궁 앞에 세워진 십자가 앞에 무릎 꿇는 꿈에 젖어 있는 한 선교사의 열정을 뜨겁게 느껴본다. 하나님께서는 이 시대 한국교회를 위해 특별히 이천휘 목사를 예비하신 것이라고 확신한다.

망망한 바다 한가운데서 배 한 척이 침몰하게 되었습니다.
모두들 구명보트에 옮겨 탔지만 한 사람이 보이지 않았습니다.
절박한 표정으로 안절부절 못하던 성난 무리 앞에 급히 달려 나온 그 선원이
꼭 쥐고 있던 손바닥을 펴 보이며 말했습니다.
"모두들 나침반을 잊고 나왔기에 … "
분명, 나침반이 없었다면 그들은 끝없이 바다 위를 표류할 수 밖에 없을 것입니다.

우리는 삶의 바다를 항해하는 모든 이들을 위하여
그 나침반의 역할을 하고 싶습니다.
우리를 구원하신 위대한 주 예수 그리스도를 널리 전하고 싶습니다.

"하나님은 모든 사람이 구원을 받으며
 진리를 아는 데에 이르기를 원하시느니라"
(디모데전서 2장 4절)

위대한 목회

지은이 | 이천휘
발행인 | 김용호
발행처 | 나침반출판사

제1판 발행 | 2016년 8월 1일

등   록 | 1980년 3월 18일 / 제 2-32호
주   소 | 07547 서울특별시 강서구 양천로 583
          블루나인 비즈니스센터 B동 1607호
전   화 | 본사 (02) 2279-6321 / 영업부 (031) 932-3205
팩   스 | 본사 (02) 2275-6003 / 영업부 (031) 932-3207
홈   피 | www.nabook.net
이메일 | nabook@korea.com / nabook@nabook.net

ISBN 978-89-318-1521-4
책번호 마-4047

값은 뒷표지에 있습니다.